采购供应链管理百问百答

陈小之◎著

机械工业出版社
CHINA MACHINE PRESS

本书围绕采购供应链人工作的五大核心主题——采购人的职业定位、供应商开发评估与关系管理、采购成本控制与降低、采购谈判的方法与技巧、采购管理优化与质量提升，针对全球大环境对采购供应链的影响，设立了130个问题进行全方位解读。对于每个问题，分别从理论知识、解决问题的办法、在企业实践中的实际案例分析三方面进行回答阐述。书中问题对应的案例和小故事，均来自于企业实践，针对性、实用性强，读者可以根据自己的需求查找相应问题，启发思路，获得解决问题的方法和技巧。

　　本书适合采购部门、销售部门、计划部门、订单管理部门、供应商质量管理部门、工程部门、SQE部门的采购供应链管理人员参考使用。

图书在版编目（CIP）数据

采购供应链管理百问百答/陈小之著. —北京：机械工业出版社，2023.7（2025.1重印）
ISBN 978-7-111-73368-3

Ⅰ. ①采… Ⅱ. ①陈… Ⅲ. ①采购管理 ②供应链管理 Ⅳ. ①F25

中国国家版本馆CIP数据核字（2023）第109466号

机械工业出版社（北京市百万庄大街22号　邮政编码100037）
策划编辑：李万宇　　　　　责任编辑：李万宇
责任校对：张亚楠　李　婷　　封面设计：马精明
责任印制：单爱军
北京虎彩文化传播有限公司印刷
2025年1月第1版第2次印刷
170mm×230mm·19.25印张·302千字
标准书号：ISBN 978-7-111-73368-3
定价：79.00元

电话服务　　　　　　　　　　网络服务
客服电话：010-88361066　　　机　工　官　网：www.cmpbook.com
　　　　　010-88379833　　　机　工　官　博：weibo.com/cmp1952
　　　　　010-68326294　　　金　书　网：www.golden-book.com
封底无防伪标均为盗版　　　　机工教育服务网：www.cmpedu.com

自序

如果十几年前你问我从事什么职业，我会很神秘地告诉你，我是做"国际贸易"的。因为我觉得这样说显得很高级，这其实是内心的不自信，因为我以为许多人认为"采购管理"不是一个"正规"的职业，这个职业不需要专业技能，却还是"肥差"。对于我这样的"优等生"、曾经的"全村的骄傲"来说，读了那么多年书，在世界顶尖的企业就职，却从事这样一个"毫无专长"的工作，自己也感觉是浪费了。曾经在参加朋友和同学聚会时，他们都会投来惋惜的眼神，问我为什么不换个"对口"的工作。但是，现在你要问我从事什么工作，我会很自豪地告诉你：从事采购管理工作。我现在认为这是老板对我的信任，觉得我是靠谱的人，才把我从技术岗位调到"关键"岗位。

2010年8月2日，我递交了辞呈，放弃了外界认可的安定和高薪的工作，准备去潜心研究采购与供应链管理。在之前十年的采购管理工作中，我越来越发现知识不够用，常常在琐事中"沦陷"而"无法自拔"。从事采购职业的伙伴，大致分为两类，一类是什么都懂一点，却又什么都不精通，选择做采购人是因为采购人很多时候就是"杂家"；还有一类是从技术或者研发岗位调任来做采购工作的。我就属于后者，老板觉得我来自农村，有理工科背景，也有研发工作经验，调我过来做采购工作，他觉得放心。起初我的工作和其他工作一样，老人带新人，凭借经验一步步走，后来发现，采购工作和想象中的完全不一样，甚至比我之前的研发工作或者质量管理工作要"难干"很多。很多人不理解这一点，说采购难道比技术还难？我说的难不是指技术上的，而是指标准上和意识上的。我在从事研发工作的时候，很多技术参数是有界定标准的，即有上、下限或者基准值，通过就是通过，不通过就是不通过。有既定的标准，可以量化，就好判别，而采购管理的标准异常复杂。比如说，要设定一个材料供应商的准入标准，经过考核量化评分，80分才可以准入，但会发现很多50分的供应商，公司也准入了，为什么呢？因为这类资源的供应商稀缺，公司购买的金额很少，尽管按照准入标准供应商不合格，但别无选择时也要尝试着选用。还有些供应商明明商务和技术都满足公司需求，却不能用，因为客户指定了其他家。类似这样的问题，在采购部天天在重演，如果只能遵照标准执行，生硬地去做采购管理，是困难重重的。后来我发现，做采购最重要的不是专业技能，而是采购人员自己的"悟性"。人的悟性来源于工作经验的积累和专业知识的转化，但在工作过程中，许多人却在做重复性工作并且在不断地犯同样的错误。比如，采购人员觉得采购价格太高了，一味地砍价，而供应商就会想办法降低采购其他指标来削减成本，如服务、质量、交期等。时间长了，采购人员又开始抱怨服务、质量、交期的问题，出现供应商的延期交货、采购人员延期付款、质量人员推诿等情况。采购人员要能跳出这个怪圈，找到事情的本质所在，从根本上去解决问题和优化流程。价格高了，除了后期的砍价，应考虑在选型阶段是否可以给出合理建议，在供应商评估选择阶段是否可以进行有效的管控，在供应商关系管理中是否可以采取些策略。当市场价格波动的时候，前期工作往往会减少很多后续风险，提高整个供应链的抗风险能力。这个时候别人拿不到的货，你可能可以拿到，别人拿到5000元的货，或许你可以拿到更多，这就是采购人的能力发挥了作用，也就是所谓的"乱世出英雄"。大环境的异常化是检验一个企业采购供应链模式抗风险能力最好的试金石。

采购管理虽然没有既定标准，但有一定的方法和技巧可以使之便捷高效。在从事采购供应链工作的20多年间，我花了大量时间参与企业的采购管理实践，并不断进行提炼、总结、复盘，萃取经验，再回头运用于工作实践。在本书中，我将采购管理中遇到的130个常见问题整理分享出来，旨在给从事相关工作的你一定的启发和借鉴，也希望可以帮助更多的企业实现降本增效，打造高绩效的采购供应链团队，增强企业综合实力，为中国制造业贡献自己微薄的力量。

俗话说"术业有专攻，专业的人做专业的事"，这20年来，我从未偏离过采购管理这个轨道。在工作期间，受到过一些行业内专家和朋友的帮助和指导，让我更加明确了自己身上的责任。作为制造业人，我认为每一个坚守和担当的小小个体都值得骄傲和被尊重，感谢在工作中受到过的很多客户和朋友多年的支持和厚爱，感谢他们的信赖，我将继续砥砺前行。

自 序

　　还要特别感谢在此书写作过程中给予帮助的两位朋友，潘长县与缪燕子。最后我要特别感谢我的家人，尤其是我的先生徐兵，在我想放弃稳定工作做自己的时候，他总是第一个站出来支持我、指引我、鼓励我，为我鼓掌；还有我亲爱的儿子浩轩，时不时地帮我出谋划策，比如书籍的名称和图表就有他的灵感。我今天的点滴成就，离不开你们的帮助和支持，我爱你们。

陈小之

目 录

自序
第一章 采购人的职业定位 ·································· 1
  第一节 采购人的精准定位 ·································· 1
    ① 采购人是"专家"还是"杂家" ·································· 1
    ② 企业最看重采购人员的专业度还是忠诚度 ·················· 6
    ③ 商务型采购如何转型为技术型采购 ························ 9
    ④ 采购人从称呼上、功能上、办公软件上分为哪些类 ········ 12
    ⑤ 采购人如何从成本、供应商及物料管理上实现能力提升 ···· 14
  第二节 采购人的自我诊断 ·································· 16
    ⑥ 采购工作的三大要点是什么 ·································· 16
    ⑦ 采购组织架构怎样设置才算合理 ························· 20
    ⑧ 采购人常说的"黑话"有哪些 ····························· 25
    ⑨ 采购人应具备哪些基础能力 ······························ 26
  第三节 采购人的绿色通道 ·································· 28
    ⑩ 采购供应链相关的证书有哪些 ···························· 28
    ⑪ 采购人怎样实现工作与生活的平衡 ························ 31
    ⑫ 回首,我在500强企业打地鼠的日子之初入职场 ············ 33
    ⑬ 回首,我在500强企业打地鼠的日子之离职 ················ 35
    ⑭ 采购与研发,相爱相杀的冤家 ····························· 39
第二章 全球大环境对采购供应链的影响 ······················ 41
  第一节 采购供应链面临的困境和机遇 ·························· 41

⑮	集体阵痛的供应链危机有哪些表现	41
⑯	芯片短缺的主要原因是什么	42
⑰	有色金属价格急速冲高是偶然还是趋势	43
⑱	当前有哪些朝阳产业迅速崛起	44
⑲	采购管理中的数字化变革表现在哪些方面	46

第二节　采购人应该具备的五大思维 49

⑳	供应链思维在采购管理中体现在哪些方面	49
㉑	互联网思维在采购管理中是如何运用的	55
㉒	采购人必须具备的产品思维是什么	57
㉓	如何站在销售的角度用逆向思维去思考采购问题	58
㉔	为什么说财务思维可以为公司从源头上省钱	59

第三节　采购人突破困境迎难而上的做法 60

㉕	新形势下采购工作的新定位是什么	60
㉖	采购人需要加强的核心能力有哪些	65
㉗	如何做好采购人员的绩效考核	73

第三章　供应商开发评估与关系管理 79

第一节　供应商寻源和信息的收集 79

㉘	怎样收集供应商的需求与信息	79
㉙	如何快速有效地找到合适的供应商	84
㉚	供应商是朋友还是敌人	87
㉛	不同类型企业与供应商的关系有哪些差异	88
㉜	经常上门的供应商就是绩效好的供应商吗	90
㉝	不是供应商名录中的供应商要不要见面	90

第二节　供应商分类分层和关系管理 91

㉞	从生产策略上如何有效地管控供应商	91

㉟ 从原材料上如何对供应商进行分类管理 ················· 95
㊱ 如何从供应环境上理解供应商的强弱势 ················· 100
㊲ 面对强势供应商如何八招制胜 ························· 105
㊳ 有了合格供应商名录就万事大吉了吗 ··················· 109
㊴ 供应商数量是两家好还是三家好 ······················· 111
㊵ 采购时是选择代理商还是原厂 ························· 111

第三节 供应商评估与绩效考核的做法 ····························· 113
㊶ 供应商评估的基本资质审核有哪些 ····················· 113
㊷ 如何评估供应商的运营能力和财务能力 ················· 115
㊸ 外资供应商的资质要不要特别审核 ····················· 116
㊹ 从供应链的角度如何降低库存 ························· 118
㊺ 评估供应商常用的方法是什么 ························· 123
㊻ 供应商评估的流程是怎么实际操作的 ··················· 128
㊼ 现场评估的四大模块包括哪些细节 ····················· 131
㊽ 设备供应商要签订的合同包括哪几个 ··················· 135
㊾ 供应商管理分为哪六大范畴 ··························· 135
㊿ 供应商的绩效评估怎样做更有效 ······················· 137
51 采购人员如何有效地激励供应商 ······················· 138
52 供应商的书面调查怎么做更全面 ······················· 139
53 供应商的产品验证要注意哪些问题 ····················· 144
54 通过哪十步可以完整地做好供应商开发与评估 ··········· 144
55 供应商管理的三大核心模块是如何运作的 ··············· 146

第四章 采购成本控制与降低 ·· 148
第一节 采购成本控制与降低之"道" ····························· 148

㊾ 采购总成本在供应链中体现在哪些方面 …………………… 148
㊼ 采购人员进行总成本分析时需要考虑的成本项目有哪些 …… 150
㊽ 采购成本与库存控制有哪些关联 ……………………………… 152
㊾ 影响采购成本的内外部因素有哪些 …………………………… 154
⑥ 如何从战略层面上控制采购成本 ……………………………… 155
⑥ 如何从战术层面上降低采购成本 ……………………………… 158
⑥ 如何从操作层面上管控采购成本 ……………………………… 159
⑥ 如何从物料管理上削减采购成本 ……………………………… 159
⑥ 如何从系统管理上降低采购成本 ……………………………… 161
⑥ 如何从人员管理上降低采购成本 ……………………………… 164
⑥ 企业如何通过"强效瘦身"来降低成本 ……………………… 166

第二节 采购成本控制与降低之"法" …………………………… 169
⑥ 如何通过企业管理降低采购成本 ……………………………… 169
⑥ 如何理解采购成本预算的编制 ………………………………… 171
⑥ 严格执行采购制度真的可以降低成本吗 ……………………… 172
⑦ 如何避免质量过剩带来的成本问题 …………………………… 174
⑦ 如何通过招标有效地控制采购成本 …………………………… 176
⑦ 有效降低采购成本的15条黄金谈判法则是什么 …………… 179
⑦ 老板们最喜欢的降低采购成本的方式是什么 ………………… 182
⑦ 怎样运用期货来规避采购成本风险 …………………………… 184

第三节 采购成本控制与降低之"术" …………………………… 186
⑦ 供应商价格制定分为哪些步骤 ………………………………… 186
⑦ 供应商有哪两大定价目标 ……………………………………… 188
⑦ 采购人员如何理解供应商的三大定价方式 …………………… 190

㉘ 采购人员还需要了解哪些非主流的定价方式 …………… 193
㉙ 六个日常使用的定价方式给采购人员带来什么启示 …… 194
㉚ 供应商报价分析中暗藏了哪些小秘密 …………………… 196
㉛ 哪些重要因素影响采购价格的高低 ……………………… 198
㉜ 采购成本在总拥有成本中是如何体现的 ………………… 199
㉝ 如何有效地进行供应商报价分析 ………………………… 201

第四节 采购成本控制与降低之"器" ……………………… 203

㉞ 采购降本有哪 18 种常规方法 …………………………… 203
㉟ 如何用物料号优选库来降低成本 ………………………… 203
㊱ 价值分析/价值工程如何实现采购降本 ………………… 204
㊲ 采购人员如何早期参与成本控制 ………………………… 205
㊳ 采购人员如何运用供应链协同来降低成本 ……………… 207
㊴ 联合采购技术在工作中如何降低成本 …………………… 210
㊵ 如何运用赛马机制降低采购成本 ………………………… 211
㊶ 如何通过生产管理来降低成本 …………………………… 214

第五章 采购谈判的方法与技巧 …………………………… 217

第一节 找到采购谈判的方向和目标 ……………………… 217

㊷ 采购谈判前需要准备好哪三大思维 ……………………… 217
㊸ 采购谈判前必须弄清哪三大问题 ………………………… 220
㊹ 如何构建合适的采购谈判团队 …………………………… 222
㊺ 如何设定合理的采购谈判目标 …………………………… 225
㊻ 谈判前如何有效地进行供应商背景调查 ………………… 227
㊼ 采购谈判前如何设计供应商回应表 ……………………… 229
㊽ 如何制定采购谈判计划 …………………………………… 231

第二节　做好采购谈判准备，按照逻辑"出牌" ………………………… 232
- ⑨⑨ 如何根据采购谈判场景制定采购谈判策略 ……………… 232
- ⑩⑩ 成功的采购谈判应具备哪五大核心内容 …………………… 233
- ⑩① 采购谈判开局如何"破冰" …………………………………… 236
- ⑩② 采购谈判中局如何有效地运用筹码 ………………………… 237
- ⑩③ 面对强势供应商，采购人员应如何实施谈判 ……………… 240
- ⑩④ 如何有效地输出采购谈判的结论 …………………………… 242

第三节　采购谈判应筹码为本、技巧先行 …………………………… 243
- ⑩⑤ 采购谈判前中后三阶段的软技巧有哪些 …………………… 243
- ⑩⑥ 采购价格谈判有哪些有效的议价方式 ……………………… 245
- ⑩⑦ 哪些情景是采购谈判的最佳时机 …………………………… 246
- ⑩⑧ 采购谈判中常用的商务软技巧有哪些 ……………………… 249
- ⑩⑨ 采购谈判中遭遇僵局该如何处理 …………………………… 250
- ⑪⓪ 采购谈判的基本礼仪有哪些 ………………………………… 250
- ⑪① 采购谈判中有哪七大灵魂拷问 ……………………………… 251

第六章　采购管理优化与质量提升 …………………………………… 252
第一节　采购人需要了解的质量管理知识 …………………………… 252
- ⑪② 做好采购工作为何要了解质量管理知识 …………………… 252
- ⑪③ 质量管理有哪些相关职位 …………………………………… 253
- ⑪④ 质量管理可分为哪四个级别水平 …………………………… 258
- ⑪⑤ 质量管理的绩效考核指标有哪些 …………………………… 259
- ⑪⑥ 采购人应如何理解不良质量成本 …………………………… 261
- ⑪⑦ 企业减少不良质量成本的基本做法有哪些 ………………… 262

第二节　采购人应了解的质量管理方法与工具 ……………………… 264
- ⑪⑧ 质量管理七大原则是什么 …………………………………… 264

- ⑪⑨ 怎么理解和运用质量管理的七大手法 …………………………… 265
- ⑫⓪ 供应商管理中如何运用质量管理五大工具 …………………… 276
- ⑫① 8D 问题解决法是怎样分步骤实施的 …………………………… 280

第三节　质量管理在供应商管理中的应用 ……………………………… 281
- ⑫② 采购人如何实际操作供应商准入程序 ………………………… 281
- ⑫③ 采购人必须熟知的供应商新产品导入流程是什么 ………… 284
- ⑫④ 采购人如何协助供应商提升质量管理水平 ………………… 285
- ⑫⑤ 为何说采购人应重视质量预防管理 …………………………… 286
- ⑫⑥ 如何全方位做好供应商质量预防管理 ………………………… 287
- ⑫⑦ 供应商现场改善的 5S 管理办法如何有效实施 ……………… 289

第四节　采购人必须掌握的质量提升方法 ……………………………… 291
- ⑫⑧ 克劳士比的零缺陷思想对采购人的启发是什么 …………… 291
- ⑫⑨ 六西格玛质量管理技术是如何具体实施的 ………………… 293
- ⑬⓪ 怎样使用群策群力工作法来参与质量管理 ………………… 295

第一章 采购人的职业定位

第一节 采购人的精准定位

 采购人是"专家"还是"杂家"

从广义上来讲,采购是购买所需的物资、材料,实质上就是以各种方式获取资源,建立广泛的采购途径,采用租赁、购买、借用、外包、置换、赞助、战略联盟、投资等多种方式购买。采购人既是市场资源的发现者,也是市场资源的整合者和管理者,既要满足供应需求,同时还要面向未来,对接企业战略,支撑企业可持续发展。从狭义上来讲,采购是根据客户订单要求,制定采购计划,进行购买的行为,即买方在拟定采购计划、选择供应商、进行采购谈判、签订合同并支付货款后,从卖方获取货物或服务的过程。采购概念认知如图1-1所示。

采购人的工作职能一般包括以下内容:

1)下订购单;

2)控制物料交期;

3)跟踪物料的品质和数量;

4)处理进料的品质和数量异常;

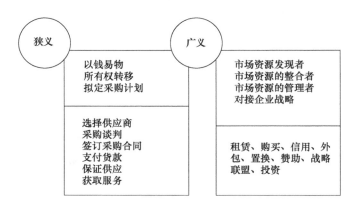

图 1-1 采购概念认知

5）与供应商（技术、品质）进行有关交期、品质、数量等方面的沟通与协调；

6）在 ERP 系统中建立供应商料号、价格、编号等记录；

7）建立采购物料分类档案；

8）协助采购主管开发新的供应商；

9）进行供应商询价、议价、比价；

10）供应商样品的品质初步认证；

11）对付款账单进行审核。

从概念和工作职能中都可以看出，采购人的工作是复杂而广泛的，既要服务内部客户，也要满足外部客户需要，从而保证生产供应。如图 1-2 采购关系管理所示，采购人处于供应链的核心位置。对内，采购人的前端是销售，后端是生产；对外，采购人的前端是客户，后端是供应商。采购人涉及的领域宽泛，需要懂的东西很多，会产生采购人"万能"的感觉，现实工作中相关领域都要

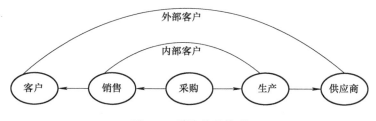

图 1-2 采购关系管理

懂，似乎是"杂家"。真实情况是，想要驾驭采购这个工作，也需要许多专业知识，采购人必须同时成为"专家"。

要想成为一个采购方面的专家，需要尽早地做职业规划，首先要问你自己以下三个问题。

（1）你到底想要什么样的工作呢？

可能现在的你正在厌倦你的工作，正在抱怨你的工作，这里看不顺眼，那里做不顺心，那你有没有想过你到底想要什么样的工作呢？

你想要的工作：_____

_____

（2）你的专长是什么呢？

你觉得你可以用什么技能或者什么专长来实现你的价值，维持正常的工作和生活。

你的专长：_____

_____

如果以上两个问题你还没有明确的答案，表明你现在的工作状态还处于迷茫期。

还有一种情况是你很热衷于自己的工作，也非常喜欢和投入自己的工作，但是已经到了职业瓶颈期，不知道到底该往哪个方向走，这时候应该思考第三个问题。

（3）怎么样突破工作职业瓶颈？

如果你现在已经进入职场有几年了，已经到35周岁了还在原地不动，职位没有晋升，自我价值也没有得到体现，那可能就是遇到职业瓶颈了。那你就要思考自己未来的职业发展方向和趋势。

你的工作年限：_____

你的年龄：_____

你想走管理岗位还是专业岗位：_____

_____

以上三个问题想清楚后，你就可以清晰地知道自己该走哪条职业道路了，就确立了奔跑的方向，向正确的方向跑，才能达到自己的目标。

小案例

　　小王工科背景，做了9年采购，有丰富的专业知识，懂得工艺流程、技术指标，看得懂图纸。他这种情况符合采购专家的雏形，如果小王职业方向不变，他会走采购专家这条职业道路，这就是专业岗。

还有一类采购人，他们非技术出身，不太懂专业技术，但商务工作经验十足，他们走的是管理岗路线。不懂技术，但可以借助技术的力量，懂得运筹帷幄，懂得用人识人，管理人才，是这类采购人的特点。

采购综合岗需要的是既懂商务，又懂技术，还懂管理的复合型人才。

现在企业最青睐的既不是单纯地做了很多年采购的商务人才，也不是只懂专业的技术人才，而是可以独当一面的综合型人才。既有丰富的采购工作经验，也懂专业技术，最好是技术岗位做过的人，任用这样的人才，企业可以用最少的人力，做出最大的"产值"。从企业开出的薪水也可以很明显地看出，企业对这类人才很重视。

小案例

　　采购小张，采购相关工作经验5年，研发工作经验8年，做过3年管理岗。小张到企业任职后，在审核供应商时，与研发和技术部门稍加配合，就可以自行完成全部流程，并且能在后续供应商交付和成本控制的时候，对供应商进行有效的掌控。因为在研发阶段就介入了采购管理，所以采购成本在源头就得到了有效控制，为公司大大降低了采购成本。

现在很多大型跨国集团，从最开始的一个萝卜一个坑、分段式的采购管理，逐渐地转变为由既是专家又是杂家的复合型采购人才来管理采购相关工作。

方向正确后，要知道如何去执行，采购人进行职业规划应该从以下四方面开展行动。

（1）分析自身的优势和劣势

你最大的优势是什么？木桶理论讲的是最短的那块木板决定木桶可以装多少水，所以总是要求什么都要会，什么都要做好，但事实上这是很难做到的。根据长板原理，最优势的能力决定一个人的职业生涯可以走多远，应学会发现自己的优势，并且把优势发挥到极致。

某公司采购员小李，不懂技术，连起码的办公软件也使用得磕磕绊绊，实习期满六个月后，公司不准备继续录用，但领导发现他会三个国家的语言，并且沟通和谈判技巧超群。有一次小李做接待工作时，很好地安抚了强势供应商要涨价的情绪，并且通过谈判与供应商形成了良性互动，与供应商的沟通效果特别好，于是被破格调到了采购管理处的商务部，主要负责供应商的接待和商务谈判的安排，他将工作安排得妥当合理，细致周到，得到了相关部门的一致赞许。

这个例子说明，只要发掘你的优势，并且创造条件将其发挥到极致，一样可以给公司创造出良好的绩效。

（2）了解行业背景

职业规划时需要顺应行业的时代发展前景。人们常常说，选择大于努力，顺势而为，然后才能事在人为。

采购员小赵，这些年一直在采购这个行业摸爬滚打，他自己说是从一个"火坑"跳到另外一个"火坑"。原因是他换工作时候，正好又赶上那个行业走"下坡路"。一个行业处于夕阳之势时，采购的工作就显得格外艰难，会发现所有的供应商都变成了强势供应商，成本开始居高不下，利润开始无限压缩。如果小赵对行业情况预先做些了解，就不会选择在"不利"的时期跳槽，也就不会遇到后面的困境了。

所以作为采购人，必须了解行业背景，顺应时代潮流，顺势而为，不断认知宏观和微观层面的一些基本问题，如：

① 公司的客户群体有哪些？

② 目前市场行情如何？

③ 公司的产品主要用在哪里？

④ 未来需求状况如何？

⑤ 公司的供应商群体有哪些？
⑥ 企业会受哪些政策的影响？
⑦ 目前同行业最先进的工艺水平是什么样的？
⑧ 竞争对手有哪些？目前行业内的头部企业是哪几家？

（3）制定一个合理的职业规划并进行长短期目标分解

例如，你的半年短期目标是什么？你的三年中长期目标是什么？什么时候实现？怎么样实现？具体的规划应分解成要做的事是什么？注意，所设定的一些内容和目标一定是预期可以达成的，不能设得过低，也不能设得过高。在达成目标的过程中，一定会有阵痛期，觉得快要坚持不下来了，而坚持下去养成习惯，定能一个个击破目标。采购职业目标分解见表1-1。

表1-1 采购职业目标分解

序号	问题	目标	什么时候实现	怎么实现	计划是什么	行动方案
1	你的短期目标是什么？					
2	你的三年中长期目标是什么？					

（4）立刻去做

有这样一句话，"时间在哪成就在哪，想好就立刻去做"。在实现目标的过程中，情况会发生变化，这时可以对目标不断进行修正完善。做事时，采购人要不断向专业图书和专业人士学习，增强自己的能力，必要时考虑回炉再造，以待再次出发。

企业最看重采购人员的专业度还是忠诚度

采购人员常常有这样的困惑，我在这家企业工作了好几年，出现了职业瓶颈想换个工作单位，可是四处面试却屡屡挫败，那么在企业看来，采购人员的哪些能力或者品格最重要呢？

（1）忠诚度

忠诚度在很多企业称作"靠谱度"，无论国企、民企、外企，都有一个共性，就是采购人员基本不是科班出身，大部分是"半路出家"的，专业度很难界定。其中有一点可以肯定的是，采购岗位的人都是老板认为"老实可靠"的人，很多企业的采购管理人员是其他技术部门或者非相关部门调职过来的，目前一些国企还有轮岗制度。许多企业一直认为采购岗位不需要专业技术，谁都可以做好，所以在专业度的重视上比较欠缺，认为人靠谱更为重要。

忠诚度很难量化，大部分是靠感觉，所以要让企业感觉到你是一个踏踏实实干活的"老实"人，这样的人才是企业需要的人。

（2）态度

有态度才有执行力，一个人的工作态度不端正，工作能力不会强到哪里去；如果一个人的工作能力很强，那么工作态度也不会差到哪里去。对于非天才型的人来说，很大程度上，态度决定了能力的强弱。

某企业有个采购经理，领导无论给他安排什么工作，他的回答总是正向的、积极的。有一次领导让他沟通一个供应商涨价的事情。这个项目之前是让另外一个采购人员负责的，看到是强势供应商，采购人员直接说做不了。当领导把这个工作给到这个采购经理的时候，他没有询问任何细节，就直接回答"收到，我去试试"，并在跟进的过程中，凡事多汇报，时时跟进进度。当然在跟进过程中遇到诸多困难，但他的态度一直是积极的、正向的，他不是遇到困难就推脱，而是办法总比困难多，最终非常圆满地解决了领导交代的工作。

（3）专业度

忠诚度和态度从专业角度看，是锦上添花，而专业度是忠诚度和态度的底气。

采购小张空降到一个全球500强的企业做采购工程师。有一天，领导把小张叫到办公室，指着电脑问，这个供应商的交期为什么这么晚？供应商的质量出现这样的异常，我们召回到底该怎么去执行？领导一口气问了他几个问题，他来企业才两月有余，并不清楚这个事件的背景如何，也不敢随意给出解决方案，但他给领导说了个期限，在明天下班前给出解决方案。随后，小张详细地罗列了问题清单，做了详细的背景调查，了解问题发生的原因，给出解决的方案、解决的时间。领导觉得小张是一个非常有经验，并且逻辑思维缜密的小伙子，有专业度和实力。自那之后，大家对小张投来的目光中多多少少带着几分认可，也给后续工作的顺利开展带来了一个全新的开始。

进入一个全新的环境，可能是由于当初老板感知的忠诚度或"靠谱度"，但是进了企业后更多需要的是胜任工作的专业度。因为有了足够的专业度，就可以大大降低工作难度，不管是在和外部供应商的接洽上还是在对内部客户的服务上。

虽说隔行如隔山，但当你在一个行业内的工作经验和学习能力足以让你去提炼和总结出更有效的工作方法时，你就成功了一大半。这一点就可以快速让你变得更加专业。

到底是忠诚度重要，还是态度重要，又或者是专业度更重要呢？我认同这样一句话："有德有才是正品，有德无才是次品，有才无德是危险品，无才无德是废品。"我想这句话足以让你明确什么是最重要的。

小案例

有个采购经理小崔，由猎头公司空降来到某公司。工作三个月后，小崔发现供应商名录中有几家供应商的绩效非常糟糕，他想绩效这么差不应该在合格供应商名录里面，于是就"大刀阔斧"地把这几家供应商从合格供应商名录中移除了。后来被老板知道，问他为什么把这几家供应商从名录中删除了，他很委屈地说，他们的绩效这么差，为什么还要用。小崔后来得知，其中一家供应商是做一些非标定制的小金额的配件的，虽然从绩效指标来看不尽如人意，但是公司对这样的供应商是依赖关系，甚至没有可选性，所以不能移除。还有一家供应商绩效也很不好，但接的订单都是小订单、紧急订单，或者非常零散的订单，而合格供应商中很少有公司愿意做这些。其中还有一家供应商是客户指定的。小崔这才意识到自己做错了事，这样的错误空降兵经常会犯，那么空降兵怎样做才不会阵亡呢？

1）快速地融入和了解新环境，包括企业文化、管理体系等。中国有句古话：新官上任三把火。这三把火是要烧起来的，但是千万不要操之过急。在不了解情况时，就急于展示自己的魄力，那将会以失败收场。

2）多听多看少说。在处理任何事情时，发言之前，务必要做一些详细的背景调查，否则你说出去的话可能是荒谬的，也可能是错误的。

3）思考如何树立威信。在企业中，不是得理就可以服人的，也不因为你专业就一定会有人按照你的意见来办事。有时候需要用实力证明自己，在必要的时候要通过制衡来调和不和谐的因素。

总结一下，找到切入点，躬身入局，有担当，平安着陆，才能做一个高质量的采购空降兵。

商务型采购如何转型为技术型采购

国内采购与供应链专业的兴起时间不长，大部分采购人是"半路出家"，所以目前商务型采购人员居多。前景是企业会更多地需要技术型采购人员，实现向技术型采购的快速转变主要有以下三种途径。

（1）方法就在工作中

在某企业里，一个商务型采购在和供应商接洽的过程中遇到质量问题导致交期延误。一般的反应是，这是质量管理工程师的问题，赶紧找质量管理工程师协助，负责供应商质量的工程师接下来就会来处理这个问题，采购员最后询问一下结果就可以了。至于问题是怎么解决的？到底出了什么问题？很少会去追根究底。

企业如果觉得在这个问题的处理上采购没有问题，就真正地把采购做成了商务采购。长此以往，怎么能变成技术型采购呢，永远变不了。

小故事

供应商因为质量问题延误了交期，采购员小红的第一反应不是把问题扔出去，而是第一时间去跟踪、去介入这件事，同时也寻求质量管理同事的协助，探讨以下问题：

- 到底出现了什么质量问题？
- 为什么会出现这个问题？
- 未来如何杜绝和防范这类质量问题？
- 供应商质量工程师是用什么方法解决本次问题的？

与质量相关的案例结束后都要总结和复盘，有意识地积累与技术相关的工作经验，久而久之，在平时的工作中就积累了大量的专业技术知识，后续同类问题发生的频率就会越来越少了。

这就是第一种最直接最实用的途径——方法就在工作中。

小案例

某企业是做 PCB 电路板的，采购员小丽是一名普通的商务采购，由于遭遇经济危机被迫离职。此时另外一家企业招聘寻源采购工程师，而这家企业也是做 PCB 电路板的，当时新公司很担心小丽没有办法胜任新工作，因为商务采购和寻源工程师在工作上还是有很大差异的。结果面试完，新公司很是震惊，说小丽表现得非常好，很适合。在面试中，小丽拿出笔记本，里面记满了各种信息——几月几号去生产线看到了什么、学到了什么，几月几号在供应商处看到了什么、学到了什么，等等，满满的好几本。小丽说她这样的笔记是在平时工作中累积的工作日志。她去和供应商做成本谈判的时候，可以非常熟练地说出 PCB 的制作工艺和瓶颈工序，并且对每一项工序的成本都非常了解，新公司感叹捡到"宝"了。其实小丽完全没有 PCB 技术背景和技术经验，但是"久病成良医"，在工作中遇到的问题多了，解决的问题多了，自然慢慢地摸索清楚了。

（2）方法就在供应商处

供应商非常欢迎采购人去拜访他们，和他们互动，很热情地为采购人讲解产品信息。供应商会给采购人讲解技术、产品信息甚至工艺流程，配合采购人去看生产线、实验室等。同类供应商多拜访几次，把前几次拜访学到的，在后续供应商身上直接试用，可以学到更多的东西。可以说供应商是采购人最好的老师。

那么拜访供应商的顺序如何确定呢？你是先去拜访新供应商还是不常用的供应商呢？还是先拜访交易频繁、交易额很大的供应商呢？大多数人认为应该先拜访交易频繁、交易额大的供应商，因为重视嘛。其实如果你初来乍到，先拜访新供应商和不常用的供应商才是最有利于你开展工作的。采购人去新供应商或者交易较少的供应商处拜访，给了他们希望，他们觉得有可能成为重要供应商，所以会表现得"特别卖力"，倾囊相授，有问必答。这个时候，你想了解的情况都会得到很清晰的解答，比如：

- 本企业产品的质量系数情况如何？
- 行业内排名如何？
- 国际上的行业情况怎么样？
- 国内目前业内情况怎么样？
- 现在行业内有哪些先进的技术、工艺等？

然后你把你学到的这些技术知识，运用到接下来要拜访的常用供应商那里，常用供应商会觉得你是个新来的"专业选手"而不敢随意忽视你。

（3）刻意训练

关于"学习"，流传着一个一万小时定律，大致意思是，一万小时的锤炼是任何人从平凡变成专业的必要条件。如果要成为采购管理领域的专家，需要一万小时的针对性刻意训练：如果每天工作八个小时，一周工作五天，那么成为专家只需要五年。刻意训练非常有必要，可以读采购管理相关的书籍，参加采购管理相关的工作和培训等，无论采用什么方法，学习采购管理相关的知识，并且可以持续地结合自身的工作复盘和输出，必然能成为采购管理领域的专业人士，这时转型为技术采购就是非常简单的事情了。

曾经，需要五年八年十年甚至更久才能成为行内的专家，现在是信息爆炸的年代，人的学习能力更强，周期更短，有的人可以在两三年就快速吸收行业内的"精华"，跃升为高管，人们的主观能动性发挥得更彻底。对于采购管理相关的人员来说，应提前主动设定自己的职业方向，分为以下三条路：

1) 第一条路是专业岗，一条路走到"黑"，从采购助理到采购员、采购主管、采购经理、采购总监。

2) 第二条路是管理岗，要求比专业岗高，专业岗走到一定时候会转型做管理岗，比如运营经理、厂长、总经理等。

3) 第三条路是自由岗，是指在积累了丰富的经验之后，不走寻常路，可以出来做咨询师、培训师或者创业。

三条路有相通之处，也有很大差异，每个人可以根据自身的情况进行选择。比如，你觉得自己性格沉稳，不希望有太大风险，只想好好做好自己专业内的事情，就选择第一条路；如果你发现，你非常有管理才能，善于识人用人、管理团队，你就可以尝试走第二条路；如果你发现你非常喜欢挑战自我，不循规蹈矩，觉得组织已经束缚了你的发展才能，你可以考虑第三条路。无论选择哪一条路，脚踏实地都是发展上升的必要条件。

4 采购人从称呼上、功能上、办公软件上分为哪些类

采购人在企业中也称为采购员，英文名称有 Buyer；Sourcing Specialist；Purchasing Specialist；Purchasing Officer；Sourcing 等。

(1) 在称呼上的区别

在不同企业中，有的企业称采购员为 Buyer，有的企业称采购员为 Fulfill，还有的企业称采购员为 Procurement Specialist 或者采购工程师（Procurement Engineer），寻源工程师（Sourcing Engineer）等，其实都是采购员的意思，只是叫法不同，职能上稍有一些差异。一般情况下，称作采购工程师或者寻源工程师的兼顾着采购前端的策略采购职能，而采购员一般只负责后端的采购执行和跟踪交期工作。

和采购相关的还有以下若干职位：

• 高级采购（Buyer/Senior Buyer）；

- 采购总监（Purchasing Director/Director of Procurement）；
- 供应商关系专员/总监（Executive/Director of Supplier Relations）；
- 采购专员（Purchasing Agent/Analyst/Assistant）；
- 采购经理（Procurement Manager/Merchandising Manager）；
- 供应链总监（Director, Supply Chain Management）；
- 供应商质量项目经理（Supplier Quality Project Manager）；
- 首席采购（Chief Procurement Officer）；
- 策略采购经理（Strategic Sourcing Manager）。

（2）在功能上的区别

前段采购工作的重点主要集中在管理和集中决策的过程上，工作主要内容为产品的开发和建设规划的参与、供应商的选择、价格谈判以及合同的签订等，对采购的成本分析、综合能力评价、供应商的沟通机制和关系改善都有一定程度的参与。一般情况下，很多企业是单独设立一个部门开展前段采购工作的，一般设在总部，称作供应商关系管理部，或称为采购寻源部。

后段采购工作的重点主要是执行和分散操作的过程，工作主要内容为订单的催交和管理、货物的验收、结算付款、进度检查与例行供应商的日常管理等，以操作性和重复性的工作为主。一般情况下，后段采购工作的责任部门设立在集团公司的各大分公司或者工厂端。采购职责分工如图4-1所示。

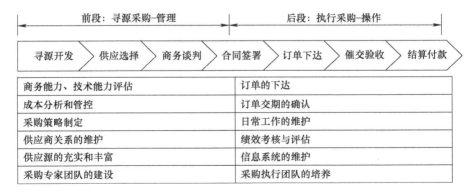

图4-1 采购职责分工图

前后段工作的协同主要是通过前段的供应商管理部门做好相应的策略和成

本管控，比如，供应商的年度评估计划、战略合同的签署计划、年度价格和成本的控管计划；后段采购执行人员，根据前段给出的"指引"，运用前段核定的价格下订单给指定的供应商，执行后续的催交和管控等事宜。

（3）在办公软件上的区别

在职场流传着一个"段子"，一个公司的工资排名规律：用Word的不如用Excel的，用Excel的不如用PPT的，用PPT的不如演讲PPT的，讲PPT的不如听PPT的。意思是说，用Word的一般都是文员、秘书，用Excel的一般都是财务人员，用PPT的一般都是业务代表，讲PPT的一般都是会议上常常发言的部门总管，听PPT的当然是公司领导了，所以他们的工资也是从低到高排列的。

这个规律对采购人也是适用的。虽然说采购人大部分人离不开Excel表，但是在办公软件的使用上还是有一定区别的。在采购部门，一般用Word的基本是采购助理，发通知或者处理一些采购日常报销工作，大部分用Excel的是采购专员或者采购工程师，还有一部分是做PPT的，这一部分人一般就是采购主管或者采购经理了，接下来的就是听取PPT的就是采购总监，这样就从办公软件上将采购人进行分层分级了。

采购人如何从成本、供应商及物料管理上实现能力提升

（1）从降低采购成本管理开始

企业的竞争已逐渐转化为采购与供应链的竞争。人力成本和物料成本不断攀升，客户的要求越来越高，企业通常有50%~85%的成本是用在采购物资上的，这在制造业格外突出。企业一边大力鼓励销售开源，开拓市场，做大版图，用销售创造企业利润，另外一边希望降低采购成本，从采购中获取更多的净利润。

降低采购成本管理主要体现在以下7个方面：

1）通过价格信息管理来形成规范，采购人要进行日常价格的信息数据维护，为日后的采购谈判打下信息基础。

2）在新材料、新供应商的准入和新价格的报备和审批上，主管领导要对采购价格的审核和复核严格细致。

3）采购订单审批权限宜设置成阶梯式，但是应该防止价格的拆分和作弊行为。这样可以提高领导的审批效率，也可以增加各层级之间的互相监督。

4）规范询价、比价、议价等审查流程，对于独家供应资源、定制化需求或客户指定的供应资源，应进行针对性的管控。

5）对于长期合作的大批量稳定供应商，应进行战略性的部署和规划。

6）设置合理的采购绩效考核机制，提升采购人的内驱力，增加采购人的成本控制意识。

7）充分运用科学的降本方式，如早期介入供应商的研发、价值工程降本、联合采购、集中采购或者招投标等。

（2）从供应商规范管理出发

供应商规范管理主要体现在以下 5 个方面：

1）做好供应链的危机管理。比如了解供应商的生产状况、经营情况，实时监控供应商的运输情况，做好应急预案，避免出现类似于 2021 年的原材料暴涨导致的供应商不能按时送货、交期延误等。建立"供应商池"，采购人要掌握供应链上各环节的主动权，一旦出现供应商没有能力合作时，就能及时与之中断合同，转而另寻合作伙伴，开发更多优秀的供应商。这样可以减少采购成本、降低采购风险、提高物料及时到货率，保证物料的质量。

2）与供应商签署内容全面、详细的合同，一旦出现纠纷或者违约时，能有效保护企业的正当权益。

3）建立合理的安全库存。很多人说库存是万恶之源，但是没有库存也是万万不行的。库存要低，但是得够用，这个是原则。2022 年遇到了供应不足的特殊情况，但凡有库存的企业都顺利躲过了涨价大潮。

4）在开发供应商方面，必须制定供应商开发程序。首先从制度上规范作业程序，编制供应商开发计划书，规定开发进程、开发要求和开发考核项目，说明开发供应商对采购工作和企业的必要性和战略性，从制度上统一采购人的行为准则。

5）对供应商进行科学的分层分级管理，做到不同的供应商运用不同的层级管理方式。

（3）从采购物料管理出发

采购物料管理主要体现在以下3个方面：

1）对采购的日常管理，要首先从计划入手。从2022年大宗物资的暴涨来看，有效地做好采购计划很有必要，不论是销售、市场、采购，或者是供应商，都应获取一手信息，做好采购计划，发挥采购人员的主动性。有时眼睁睁地看着材料跌价却不能"逢低买进"，就是因为没有提前做好采购计划。

2）选择合适的采购方式，如期货、现货、计划订单等，根据采购时间和方式来制定采购计划。

3）建立合适的采购周期，让其他协同部门也知道这个标准，从而降低因为操作的随意性而导致的管理不规范，还可以防止由于相关人员变动造成的盲目采购所产生的不必要的库存积压。

第二节　采购人的自我诊断

6　采购工作的三大要点是什么

平时经常可以听到一些外界对采购工作的认知：
- 采购就是一个没技术的工作，谁都可以做；
- 采购招聘的都是内部人员或者由老板自己指定的亲戚朋友；
- 采购就是甲方、肥差、朝南坐；
- 采购就是买东西的。

下面分别从采购的数量、采购的时间、采购的价格这三大要点来了解一下真实的采购工作。

（1）采购的数量

大多数人认为采购人的权力比较大，想下多少单就下多少单，数量大供应商自然高兴，采购人自然就很受欢迎。可是外界却不知道以下两点，一是数量并不是由采购人决定的,采购人只是"照单抓药"而已;二是有时企业以为数量大,却还是没有达到供应商的起订量或者最小包装量,压根没有供应商会理采购人。

(2)采购的时间

在企业做过采购员的都知道,很多时候订单是下班前匆匆到来。内部客户一句话,这个单子很急,赶紧处理,你就得加班到不知什么时候,采购项目一到,不管多晚都得先把订单下出去,一秒钟都不敢耽误。如果遇到新产品,交货周期摆在那里,采购员比任何人都着急。如果遇到外贸的货就更恐怖了,还有各种沟通上的时效问题了,估计你打了七八个电话,还没有拿到你要的答案,在你一顿操作后,好不容易拿到货了,又有可能这个单子已经被取消了,或者客户压根就不急。这些是在采购时间上会出现的问题。

(3)采购的价格

2021年企业遭遇原材料和大宗物资暴涨,价格成为一个"谜",没有人知道明天涨到什么价位,有时候能够拿到货都已经实属不易了。但是,企业对采购的期望是成本控制,而实际上采购可以做的也就是在行情稳定情况下对采购成本进行微小的影响,因为真实的成本由研发源头和采购体量已经决定了,可以改变的东西并不多。

2021年10月长假之后,各大机构发布最新消息,上海、宁波、深圳等地相关协会陆续出台红头文件,指出由于油价的上涨等情况的影响,对企业物流、交通运输造成了巨大的压力,建议各方面理解和支持,维护行业稳定,友好协商运费上涨事宜。可见价格上涨已经是无法阻挡的事情,交通运输费用的涨价会直接影响采购成本的上涨。物资原材料的上涨比比皆是,比如几家化工行业的巨头在市场的压力下纷纷宣布第四季度涨价事宜,最高涨幅超过了人民币6000元/吨。10月14日我在北京上公开课,期间就有学员中午接到供应商的电话,供应商要求水泥每吨涨价100元,到当天下午五点下课时供应商已经要求涨价到600元/吨,从380到480,跳到600。这不是个案,这样的案例每一天都在制造业发生,采购是在与时间赛跑。2022年,制造业原材料采购价格上下游"哀鸿遍野",导致业内流行起一句话的"赚钱无技巧,全凭下单早"。这种情况说明市场情况,当时是一天一个价,价格波动幅度很大。

对于采购人来说,这时大部分时间只是在做好协调、沟通、运筹帷幄,对于价格的把控在这样的大环境下显得苍白无力。

这是一则采购员李强的日志

周日一大早被电话吵醒,计划部的小王让我赶紧看微信。计划部的人打电话来,一准没有好事,采购人的"第六感"神准,果然不妙。

微信信息:李强,你不是说线材周六晚上11点可以到仓库吗?怎么我现在去仓库领还没有到货呢?我现在安排生产线先做其他工序,9点前必须见到材料啊,不然生产线上的150个工人停着等你!

我回想,昨天一早明明和供应商确认好的,最迟晚上11点一定到货的,怎么会没到呢。该死,昨天提前休息了,晚上11点忘记给供应商打电话确认了。现在早上7点赶紧打电话给供应商,没人接。

发信息给供应商的销售员小陈:小陈,昨天晚上的货怎么没有到?小陈,在吗?小陈,收到消息赶紧回复!

着急啊,电话不接,信息不回,找他们老板张总。

发信息给他们老板张总:张总您好,抱歉周末打扰您,贵公司答应昨晚要送的货,现在还没有到?小陈电话打不通,信息也没有回,生产线马上要停线了,急等!!!

张总很快回信息了,李经理,您好啊,周末愉快,稍等啊,我打个电话问问情况再回复您啊,别着急。

供应商的销售员小陈终于回信息了:李经理,不好意思啊,你们的货确实是昨天晚上送到的,但是仓库没人收货了,门关了,还停在你们厂区门口。

我:你怎么也不打个电话给我,进不去吗?

小陈:我看周末,估计您休息了,没好意思打扰您。

我:无语中……

赶紧回复计划的小王，小王，供应商说昨天晚上到的，仓库没人收货，就一直停在厂区外面，我先让他们赶紧卸货、收货，估计30分钟可以上线。

小王回复我，你们采购怎么搞的，我不管，9点前没有料领，150个人停线，你们采购部买单。

我赶紧安排仓库收货，小马，小马，供应商那边送来一批线材在门口，产线等着使用，急用，麻烦你赶紧收货一下，并且帮忙通知品质部的赶紧验收了，谢谢。

小马回复：你们采购哪天不是急用啊，每个都急，这里好多货等着要验收呢，让他等等吧。

我回复：兄弟，帮帮忙，明天上班我请你喝奶茶，谢谢谢谢。

小马回复：不是喝一杯奶茶的问题啊，你们能不能不要总是这么急啊，我还没有看到车子，见到单子马上帮你入进去就是了，别催了。品质部那边你自己通知一下他们来验收吧。

我赶紧找出品质部的微信：漂亮的小姐姐，周末好。

品质回复：看到你的消息，准没好事情，我今天不想加班！

我回复：供应商那边有一批线材到了，在仓库，生产线急着用，麻烦小姐姐验收一下，估计半小时你就可以搞定了，谢谢谢谢。

品质回复：你们怎么每次都这样啊，大周末都不让人休息，其他的货不能用吗？非要这一批？

我回复：这个是新项目上用的，和仓库其他的不能共用，要你加班不好意思，我给你点了外卖、奶茶和鸡蛋仔，半小时就到了，你记得收哈。

品质回复：好啦好啦，让他们把单子送过来吧，我去加急给你处理。

看看手机，8:05分，一切安排就绪，我终于松了一口气，发消息给计划小王。

小王，一切都通知好了，9点前肯定可以到产线，放心吧。

这时候老婆走到厨房：什么情况啊，大周末的在厨房打个把小时的电话？我还以为你在做早饭呢？

我回复：马上下楼去买你们喜欢吃的油条豆浆，你再睡一会。

很快买好油条豆浆，老婆已经洗漱好在餐桌前坐下准备吃早饭，说道：今天终于可以轻松一下了，孩子今天你带啊。

我笑眯眯地说：老婆是我们家最辛苦的人，下午我准备买个你最喜欢吃的凤梨千层蛋糕回来犒劳你。

老婆脸色顿时变了：你又要加班？昨天不是加班过了吗？不是说今天不加班的吗？

我答曰：公司新产品上线，我是材料的负责人，不能不到啊。

老婆白了我一眼，发了我一个文章链接，要我仔细看，文章名是"丧偶式婚姻是否该继续"。

还没回过神，老板打来电话，李强，你什么情况啊，新产品就差你负责的一颗料了，生产线都停了，赶紧回厂里看看什么情况，明天到公司写封邮件给我说明一下情况。

……大好的周末就在追料中搞砸了。

这样的画面是不是在你的生活中经常出现呢？采购人在整个组织工作中，不是有多么专业的技术含量和多么高深的管理能力，其精髓就是不断地沟通，反复地协调，达到"运筹帷幄、决胜于千里之外"的目的。

采购组织架构怎样设置才算合理

我在企业做咨询的时候，经常有企业领导说，"我是模仿××企业的采购组织架构，他们是这样设置的，为什么我们用了之后感觉更乱了呢？"其实采购的组织架构没有统一的标准，别家企业用得好，不一定适合您的企业，每家企业的状况和背景不一样，发展阶段也不一样，所以组织架构也应该有所区分，可以借鉴别家企业的，但是不能照搬照抄。适合的才是最好的，采购组织架构也不是越复杂越好。

以下是一些目前企业使用比较多的采购组织架构。

(1) 按照职能来设计的组织架构

很多企业规模不大，只分为"前后台"，"前台"为寻源工程师，"后台"为执行采购，如图 7-1 采购职能组织架构图所示。一个采购经理可以兼任供应商寻源开发的工作，再招一个采购专员做询价比价和执行采购就可以了。

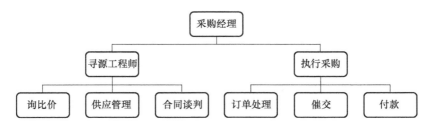

图 7-1 采购职能组织架构图

寻源工程师考核供应商数、采购成本、合同签订率；执行采购考核需求满足率、采购及时率、采购合格率以及日常的订单维护和跟踪。

这样的组织架构看起来简单，也会出现扯皮的现象。如某家供应商连续来料不合格，寻源工程师会认为是执行采购没有事先沟通到位，而执行采购会认为是寻源工程师在供应商准入时没有把好关。

随着企业规模逐渐变大，职能会进行不断地细分，以便于工作的开展。例如分为供应商开发管理部门，采购成本控制的核价部门，采购绩效考核的部门，每个职能部门下面再配置各类采购专员，如图 7-2 采购职能组织架构细分图所示。按职能分的优点在于将采购权力合理分散，有利于采购人员的"廉洁建设"，也能在纵向职能上更加专注，同时因为多人参与同一种物资的采购，降低了信息单一来源的决策风险。但缺点也很明显，将一项采购业务切成段后，加大了协同成本，容易造成责任分散，也容易增加企业内耗。

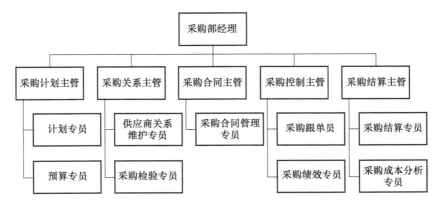

图 7-2 采购职能组织架构细分图

(2) 按照品类来设计的组织架构

按照品类确定负责人，负责该品类从寻源到付款的全采购流程工作，如图 7-3 采购品类设计组织架构图所示。品类分为主材、辅材、机械设备、电子元器件等。很多公司会先分为直接材料和间接材料组，再将两个组继续细化分类。

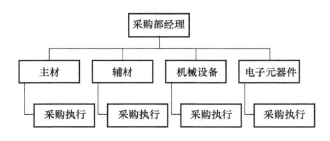

图 7-3　采购品类设计组织架构图

按品类分的优点在于责任明确，同时有利于培养采购人员在该品类上的专业性，独当一面的能力，也会提高与供应商之间的沟通效率；缺点是由于采购权力过于集中，容易滋生"腐败"。所以这样按照采购品类分工的企业，都会从制度上建立遏制腐败的制度，用来制约因为组织架构带来的风险。比如，与供应商签订廉洁合约书、与采购人员签订廉洁保证书等。

(3) 按职能分工和品类相结合的模式

这样的组织架构是一些大企业既希望让专业的人做专业的事，又希望将腐败现象遏制在摇篮中的背景下形成的一种综合复杂的采购组织架构。如图 7-4 采购职能分工和品类分工结合图所示，是某知名手机公司的采购组织架构图，先按照职能分工，再按照品类来细化，将第一种组织架构和第二种组织架构做了一个完美的结合，既防止了权力的集中，又提高了工作的效率。横向来看就是采购职能的切分，每个职能部门都分为若干个产品线。这样的架构只适合业务组织比较大的公司，对一般的中小型企业并不适用。

(4) 按照地域来划分

对于跨国集团公司，一般采购总监下面有国内采购和国际采购，再将国际区域和国内区域进行细分,如图7-5采购区域划分组织架构图所示,每个部门的负责人对该区域全权负责。这样的集团公司一般设置有集团中心,主材的价格制定和供应商的寻源选择基本上由这个部门决定,其他每个区域负责日常事务、订单的跟踪以及订单的下达等执行事务。

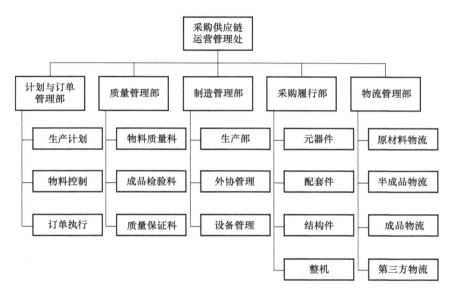

图7-4 采购职能分工和品类分工结合图

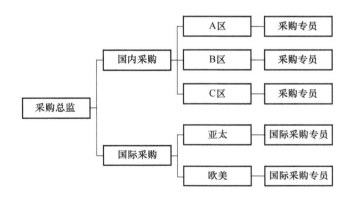

图7-5 采购区域划分组织架构图

(5) 商超类的采购组织架构

商超类企业是以出售各类商品为主业的,不是传统的制造企业,所以采购的品类更加丰富,品类划分更加细化,每个品类下的工作也更加细化。这类企业主要分为办公室采购和品类采购,如图7-6商超类采购组织架构图所示。办公室采购主要从事关于采购和数据分析等行政类的采购管理工作,品类采购则是直接对细分采购品类进行负责,例如生鲜类采购、食品类采购、家居百货采购等,在这些品类下可配备职能专员、采购买手等工作人员。

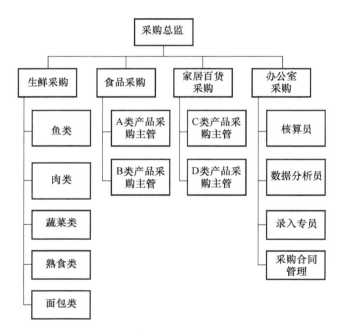

图7-6 商超类采购组织架构图

(6) 工程类的采购组织架构

工程类采购组织架构有其特殊性,不像传统的采购以原材料为主,而是以工程为主,涉及诸多招投标和项目管理。一般工程类的企业采购分为三类,一类是工程项目招标,一类是工程材料采购,还有一类是项目进度控制,再根据这三类进行细化采购的具体工作,对接具体的采购职能员工。如图7-7工程采购类组织架构图所示。

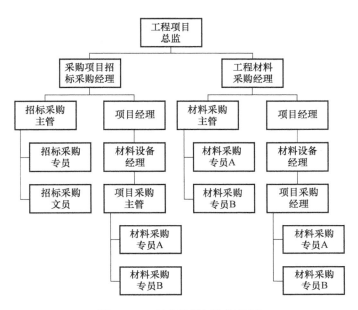

图 7-7 工程采购类组织架构图

 采购人常说的"黑话"有哪些

（1）采购人对供应商说的黑话

- 好的，我们再考虑一下。（内涵：价格这么高还来要单子）
- 真的吗？（内涵：简直胡说八道）
- 你也去问问你们领导的看法吧。（内涵：再延迟交货，我会告诉你们老板的）
- 我当然也关心这个问题。（内涵：我其实更关心那个问题）
- 嗯嗯，这个提议很有趣。（内涵：真是天方夜谭，亏你想得出）
- 我们新产品的供应商还没有确定。（内涵：就看你们的竞争力了，价格还是太高）
- 我们已经给出了很大的诚意。（内涵：有订单还不接，还在这里讨价

还价）

- 目前合同不符合我们的商务条款（内涵：你们价格有点贵）
- 我们需要内部讨论一下再定。（内涵：你们报价有点贵）
- 也许你们再加加班可以做完。（内涵：都什么时候了，还不赶紧出货）
- 这次表现非常好。（内涵：其他时候也要再接再厉了）
- 普通供应商。（内涵：随时可能被换掉）
- 他们善于社交。（内涵：能忽悠）
- 反应敏捷。（内涵：能快速找到借口）

（2）采购领导对采购专员说的黑话

- 你很有想法（内涵：你一点也听不进去我的话）
- 以后不用请示我了，你自己看着办就行。（内涵：别给我说过程，给我结果）
- 你表现还行，不过还有提高的空间。（内涵：其实做得还不够好）
- 你很有潜力，现在时机还不成熟。（内涵：先把业绩做出来，再来提要求）
- 我再想想，你也再考虑一下。（内涵：这个不是我想要的）
- 有个事，你可以考虑试一下。（内涵：这个事你来做吧）
- 方案 A 不错，不过你也可以先看看 B 方案。（内涵：A 被否决了，选 B 吧）

采购人应具备哪些基础能力

　　采购是一份"无所不能"的工作，需要对所采购的产品负责到底，做到上上下下都满意，这点实属不易。在老板眼中，你应该是能扛起整个采购要求的选手，希望你能做到：采购回来的产品价格足够低，质量足够好，交货期还要足够短。

（1）采购人要有成本意识

　　采购人要根据市场情况或项目情况，结合自己的经验制定预算计划，需要尽量精确到每月甚至每周，以便财务部门合理安排公司的现金流。采购成本是考核采购人员的很重要的一个指标，并且是要求在预算基础上降低成本。没有计划，没有预算，采购的业绩是很难体现出来的。做预算也不是件简单的事情，做高了表明采购成本没有控制好，做低了，采购人降低成本的空间就小了，反正就是左右为难。

（2）采购人要具备一定的产品知识

采购人根据内部客户的需求信息进行相应的材料或者产品的采购，这个需求或详细或模糊，采购人要有一定的产品知识，能根据已有的需求信息找到匹配的资源，并且在需求方和供应商之间进行协调沟通，细化需求信息，缩小产品范围，以便选定型号进行有效采购。

（3）采购人要有很强的谈判沟通能力

谈判不仅仅是价格方面，还包括货期、付款方式、运输方式、甚至参数规范。在很多知名企业的管理中，领导会要求采购人了解产品生产工艺，以便增加自己的谈判筹码。谈判是采购人的基本能力。不会谈判的采购人不是称职的采购人。

（4）采购人要有比较专业的国际贸易知识

采购人要有比较专业的物流知识、税务知识，涉及进出口的则会更加复杂。很多采购部门并没有设置物流或者关务部门，采购人具备专业的国际贸易知识不论是对日常工作还是谈判都有很好的助益。

（5）采购人要具备风险意识

需求提出来后，采购人要做的就是保证供应，防止意外和风险的出现。例如合同下达时有没有隐藏的合同风险，如果处于卖方市场还要时刻警惕供应和价格风险，当大环境变化不定的时候要警惕采购过程中的各种意外风险，如交通管制或者运输风险等。应对这一切，需要采购人有快速反应能力，并且有储备备选资源的习惯，满足客户需求不仅仅体现在时间上，还体现在产品质量和产品成本上，甚至产品性能和规格上，这些方面的采购风险意识相应地都很重要。

（6）采购人要具备一定的大数据分析能力

采购工作需要在有限的时间内完成，所做决定是综合考量后得出的结果，

结合历史数据进行分析,才能给当前遇到的情况提供决策依据,这就需要采购人具备一定的大数据分析能力。

第三节 采购人的绿色通道

 采购供应链相关的证书有哪些

对于从事采购供应链相关人士来说,专业知识和技能固然重要,但是在用人单位不认识你或者不知道你的才能的时候,相关证书就是一个证明自己最好的方式。现在采购供应链相关证书很多,对于想系统地学习采购供应链领域知识并考取相关证书来提升自己职业竞争力的人来说,对相关证书有个清晰的认识还是很有必要的。在这里,结合我的理解和培训咨询的经验以及市场的反馈,介绍一下目前国内比较热门的几个证书,我将从证书的发证机构、适合人群、大致费用、培训学习时间、资格要求、权威性等方面介绍,供读者参考。

介绍前我要特别强调的是,没有一个证书是拿到后就可以获得什么特权的,所有的证书都是不断地完善和提升自我的一个过程,起到的作用仅仅是锦上添花,请理性看待。无论考哪个证书,建议大家必须确认其真实性,了解其背景和实用性,是否有完整的教学体系,教学内容是否对提高实际工作或者能力有所助益,考试制度是否足够严谨,在国际和国内的知名度如何,企业认可度如何,而不能盲目跟风或者仅仅听信广告宣传,采购人员对证书要有自己的判断力。

国内的一些采购和物流的证书已经被国家取消了,如人社部颁布的采购师和招标师证书(2016年6月8日,第六批《国务院关于取消一批职业资格许可和认定事项的决定》,国发〔2016〕35号文,取消了采购师和招标师等认证)。中国物流采购联合会的注册采购师、注册物流师,也取消了(2016年1月20日,《国务院关于取消一批职业资格许可和认定事项的决定》,国发〔2016〕5号文中,已经列为第29项,予以取消)。

目前比较热门的证书一般有以下四种（排名不分先后）。

1）CIPS 证书，中文名称是英国皇家采购与供应链证书。CIPS 是英国皇家采购与供应学会（The Chartered Institute of Purchasing & Supply）的英文缩略语，CIPS 有 80 余年的历史，2017 年 6 月会员人数已达 13 万左右。CIPS 有自己的全球标准、教材和考试体系，涵盖了采购循环周期的各个环节，包括寻源、供应商引入、谈判、合同管理、内部商业需求分析、采购部门的组织架构建设、采购绩效考核以及供应链风险控制等科目，基本是按照从入行到主管，从经理到总监的职业发展路径来设计的。CIPS 证书分为 6 个级别，每个级别的费用不同，一般可考取的为 4 级，4 级考的是采购与供应链专业自考本科文凭所含有的专业课。一般考试设为每年 2 次，分别在 5 月和 10 月左右，费用在 13000 元左右（2021 年的价格）。一般大专及以上学历，从事相关工作 2 年，或者取得 2 级或者 3 级以上者（三选一），都可以参加 4 级的考试。一般五门课，书籍在各大购书网站可以购买，也可自学后报名参加考试。考试通过后获得的证书终身有效。

2）ITC 证书，中文名称是联合国贸发组织和世界贸易组织共同认证的采购资格证书。ITC 为发展中国家、经济转型国家量身定制了采购和供应链管理标准知识体系，是针对发展中国家、经济转型国家的人力资源开发和培养援助项目之一。报考任何一个级别都要求大专及以上学历，每个级别工作年限也有一定要求，三个级别一共 18 个模块，每三年需要再重新认证一次或积累 60 学分，对于初级采购人员或者民营企业的采购人员有一定的指导意义，费用大概在 18000 元左右（2021 年价格，不同机构价格有差异）。

3）CPSM 认证是由美国供应管理协会（Institute for Supply Management, ISM）于 2008 年推出的，涉及领导力、采购、物流 3 个模块，证书样式如图 10-1 所示。CPSM 是 CPM 的升级版本，这个证书比较偏重于采购部分，费用大约在 18000 元左右。从内容上应该说管理思路很多是相通的，CPSM 的很多内容和 CIPS 有共同之处。对于考试资格，要求学士学位，三年以上采购供应链相关工作经验，对学历相对没有实际要求（二者选一），考试时间每年 3 次（3 月、7 月、11 月），每三年需要再重新认证一次或者积累 60 学分。

4）CSCP 证书，中文名称是国际供应链管理师认证、注册供应链管理师证书。CSCP（Certified Supply Chain Professional）是国际上第一个、也是唯一的采购与供应链专业资格权威认证。这个证书相对前面三个比较就更"高大上"了，其定位不仅仅是采购从业人员，它定位的是从事运营管理或者供应链管理的专业人士。这个证书的费用比较贵，大概3万元左右，考试的难度有一定门槛，曾经是全英文考试，这几年引进国内做了一些调整，但是难度还是不低的。这个证书的发证机关是美国国际供应链与运营管理协会（APICS）。报考要求：3年相关工作经验或本科学历，或者 CTL、CSCP、CPIM、CFPIM、CIRM、SCOR-P、C.P.M.、CSM、CPSM 证书持有者，满足以上3条中的任意一条就可以。考试没有固定时间，自己在官网上预约考试，需要五年再重新认证一次或者积累75学分。该证书包括三大模块：供应链管理基础、供应链战略构建、全供应链实施和运营。从全球来看，这个证书受到高端供应链管理人士和咨询人士的青睐要多一些。

图 10-1　CPSM 认证证书样式

上面这四个证书是目前市面上采购管理方面含金量和认可度相对比较高的证书。采购的后段，如物流相关的证书也比较多，例如 CPIM、CLTD 等也是非常不错的证书，不管是内容上还是认可度上。有兴趣的朋友，可以自行查阅相关资料进行学习。

采购人怎样实现工作与生活的平衡

生活品质源于工作回报，工作状态源于生活品质，而工作回报取决于工作状态。这样来看，工作与生活是密不可分的，想要处理好工作与生活的平衡关系，需要保持一颗积极主动、热情的心去对待生活和工作。

小故事

我还在企业时，一个采购主管的丈夫王先生，说想和我聊聊他太太的事情，在那之前，我从没有想过一个职场女性对家庭生活的影响原来如此之大。

王先生：您好，陈总，久仰大名，今天冒昧来访，实属不得以，还请谅解。

我：这么严重，是出了什么事情吗？夫妻吵架了？

王先生：不完全，不过我今天如果不来的话，我估计会离婚。

我：（惊讶地看着王先生）你说。

王先生：我和我太太结婚之前，她是一个温柔贤淑可爱的女孩子。当年我点菜，我问她吃什么，她都会很温柔地说，听你的，随你安排，结婚后前几年我们也一直过得很融洽。但是这几年她变化非常大。

我：具体说说。

王先生：上周六，我觉得我们很久没有去看电影了，就定了电影票，约在周六下午15:30在电影院门口汇合（因为她周六要加班，说要盯着物料入厂，下午才有时间）。周六人比较多，我到地下停车场时多花了时间，15:43才到汇合点，见到她时，她非常不开心，给我说，她的"deadline是15:30"，还说我没有时间观念什么的，劈头盖脸说我一通。

我：听完并不觉得诧异，因为在我们追料的时候经常对供应商说这样的话。

王先生：她之前不是这样的，这几年什么事都上纲上线，让人很难接受，我不知道你们的工作到底是什么样的，为什么做了几年采购之后性格变成了这样。

我：听完他的叙述，我陷入了深深的沉思。

送走王先生后，我思考良久，这样的场景和现场，在我的脑海中一遍遍地掠过。平时采购员在追交期的时候、和供应商沟通的时候，很多时候只要求结果，不看过程，久而久之形成较生硬的说话语气和习惯，也在不经意间把这些带回了家，影响了家庭生活。

采购人员要实现工作和生活的平衡，应做到以下几点：

1）放下工作的外衣。快速回归生活的本真，规划做一个好妻子、好妈妈，或者好丈夫、好父亲的角色。工作赋予采购人员的要求，并不适用于采购人员生活的全部。把工作和生活混为一谈，就会打破生活的平衡。

2）放下工作的执念。很多人问怎么平衡生活与工作，其实这里没有固定答案。人的时间和精力都是有限的，工作的时间多了，留给生活的自然就少了。要放下平衡的执念，走出去工作，世界都是我们的；回到家，家就是全世界。工作时全身心投入，回到家全身心陪伴，顾此失彼的话两边都会出问题。

3）放下无效的饭局和无效的社交。人生很短，把时间用到有效的事情上，懂得及时止损。比如东晋的谢安，他隐居起来，很少露面于市井之间，和他来往的无不是当世有名望者，每次的会见和言谈都是在给自己蓄养声望，于是到了40岁，带着"安石不出，如苍生何"的呼声，隐居山林的谢安终于出山。无疑，谢安就深谙抛弃无效社交之道，可以说"往来无白丁"，把时间都用在了刀刃上。在生命中懂得抛弃掉无效社交，对于人生会大有裨益。

4）放下懒惰。每个人的时间都是一样的，想要比别人有更多的效率，两条途径，一个是精力管理，一个是早起。早起的人比晚起的人要多出一段属于自己的时间，对职场人尤为重要。我们的时间被工作和生活塞满了，没有多余的时间去思考，很多时候我们除了努力地工作，快乐地生活，也需要给自己一段时间去思考，这个时间最好是早起这个时间段。

5）学会断电。关闭一切电子产品，比如手机、电脑等。这个对于采购人来说有些困难，但是养成在固定的时间完成工作的习惯是高效的开始。很多时候，总是不时地想看看手机，生怕错过什么似的，其实最后发现很多是可有可无的事，却让我们心神不宁，无法集中精力工作。很多人的休息时间在指尖上度过，看朋友圈、将所有的资讯都刷一遍，然后再睡觉。这种浅层次、被动的放松，既浪费时间又不能滋养心灵，得不偿失。

6）学会断舍离。有时候停下来是为了更好的出发，定期断舍离，轻装上阵，清晰地认识自己，才不会在生活和工作中迷失自己。

一个人成功的基础不是领导好别人，而是管理好自己。做到工作和生活的平衡，其实就是学会管理自己，自己把自己管理好了，生活和工作自然就和谐了。也要知道，没有真正的完全平衡，应在不断的自我管理过程中持续和谐生活、和谐工作。

回首，我在500强企业打地鼠的日子之初入职场

放暑假，老妈把孩子带回老家小住几天，她的那些老姐妹们都热心地跑过来看望她，顺便来探听一下我的境况。

这次母亲是有备而去，因为每年都有这个时候，今年我特别给母亲做了交代，相信不会太难堪。

对于一个三四线城市成长起来的孩子来说，我当年还是比较拉风的。高中在离家7公里的镇上，姑父住在附近，每年过年都会说起："今年成绩又是全校第一啊，广播里都播了。"拿到大学通知书那天，看到隔壁的王大婶在恶狠狠地骂自己的儿子说："你真的是猪脑子啊，整整比人家小之少考了250分。"

伴随着这样的无数个光环慢慢长大，我是幸福的，也是志忑的。我知道，成绩根本代表不了什么，我羡慕同学们的自由、狂妄、大胆和执着，而我只会死读书，读死书。

熬到大学毕业，运气不错，应征到一家世界500强的企业里"挑土"，职位叫"buyer"，字面翻译叫买手。入职面试的时候，人力资源的同事戴一副黑框眼镜，振振有词地说："我们是全球500强的公司，邮件都是英文的，很多供应商也是国外的，所以你们的英文要听说读写样样都会"，看来她对于我的"英语专业八级证书"还是很满意的。（其实后来发现，只是英文好的话就适合做会议记录，没有太多实际用途，而我却是一个"采购"。）

接着部门经理来面试说，"你要有国际贸易知识，我们很多供应商都是国际化的。"还好我本科时候国际贸易这门课分数很高，还有报关员各项证书，很多

贸易条款也烂熟于心。（其实后来发现，很多条款采购人员仅仅知道而已，压根你就改变不了什么，工作几年后发现，采购做的和国际贸易最搭边的是向新人介绍各项国际贸易条款而已。）

接着采购经理来面试说，"作为一个采购员（Buyer）还应该具备很强的财务知识，起码的财务报表要看懂。"（后来发现看懂三张报表也没有什么用，因为供应商从来都不会给你看，给你看的多半也只是可以看的。多年后我发现懂得再多的财务知识，充其量就是个写请款单和催款的。）

接下来经过一系列领导的各种专业考察，过五关斩六将，我顺利进入公司。

也许这就就是传说中的世界500强公司面试的围墙吧，外面的人羡慕，里面的人麻木。在父母和乡亲们眼中，这样你就成了进入了全球500强公司的天天满地捡钱的大牛人，每年过年回家都有人跑到你家请你帮忙给他闺女介绍工作，给他儿子介绍对象。其实他们压根儿不知道你到底是做什么的。

去年过年回家又有人跑到母亲那里种种寒暄，最后有个年轻人问我母亲说：小之现在500强企业里做什么工作啊？

母亲说：我记得好像是"采购"。

只见那人惊讶地说：怪不得这么"有钱"（我什么时候有过钱，我自己也不知道），这个在大城市是好工作啊？

一个大婶问道：怎么好法？

年轻人答曰："采购的'油水厚'啊"，还拉高了嗓门举例子说："老板拿钱给你去买东西，你说是不是好事啊？人家看你买的多，对你好的不得了，甚至还送你其他产品，有的还送钱送吃的，拿钱买东西又轻松，还不用求人，想买多少就买多少？想买谁家就买谁家？想要他什么时候送货就什么时候送货？简直是……朝南坐，知道嘛。"

他一口气说了十几句，母亲汗颜，夸他懂得真多，在母亲的心里也开始怀疑这到底是不是真的。

大家听得入了迷，纷纷讨好母亲，想着等我回去后，帮忙给他们的孩子也找这样的好工作。

期间一人跳出来说，找到这样好的工作估计是她运气好，我看这工作不需要什么技术嘛，他断定我读这么多书最后还是个买东西的，有点不屑一顾。估计不是看在这个500强工作的份上,其实也是瞧不起我的吧。

今年回家我给母亲特别说了一个词"供应链",别人问,就说咱是做供应链的,以免再次引起不必要的麻烦。

有人问什么叫供应链,母亲按照我的吩咐解释道,"知道供给侧改革嘛,这个供应链的供,就是这个供给侧的供,新闻天天在播的。"

大家听罢,觉得非常厉害,肯定有前途。

无论我们怎么样变化说辞去搪塞,也改变不了这个工作本身的内容。

读这么多书,看似这么牛,采购人只是个照单抓药的采购人而已,连"实习医生"都不算,哪里来的想买什么就买什么,想找谁买就找谁买?

采购工作看似很简单,前面有销售拉着跑,后面有生产追兵,上有研发指定,下有质量卡口,还有一群"吃瓜群众"整天关怀着你是不是工作量不够。办公室就像证券交易所"操盘手"的天下,一手电话,一手打字,还要一边使眼色。

最后我慢慢发现,每天上班就像拿个锤子,用三寸不烂之舌和高效沟通技巧,加上用认识人的"无边法力"去征服上下前后左右。

在500强企业里做采购,其实就是个打地鼠的。

哪个洞里的地鼠冒出来了,你要第一时间按下去,不然就游戏结束了,难度不大,但是动作要快。地鼠会不会再出来,那就说不好了。不过,要享受这种打地鼠的快节奏生活,因为如果没有地鼠,我们也就没有工作了。

虽然我们是个打地鼠的,但是却要懂采购供应链专业知识,还要懂生产流程、制造工艺、懂市场分析、懂法务、懂财务,懂……懂得周旋在各部门之间,更要有"驾驭"供应商的能力,实属不易。

回首,我在500强企业打地鼠的日子之离职

到下个月4号,我就在AWW公司干了整三年了,我焦虑了半年的心开始坦然起来,我知道此时要下决定了。

当初面试的时候老板曾经许诺，如果我可以做出"业绩"，最多三年我的经理升职后，他的位置就是我的，我努力奋斗着，为了当初的承诺。

可是，一切都不是我想的那样。

事情发生在半年前的一天早上，公司出了通告（Announcement），Eric（我的经理）晋升为高级管理者。我为他开心，你要知道，在欧美外企，想要"坐上去"是多么艰难，上层领导很少有中国人，几乎没有，别问我这是为什么，干过外企的你，应该都懂。当然"坐上去"的也有，但是，我必须说明的是，即使你坐上去了，和你同层级的外国人，与你的待遇也是天壤之别。（这个是我在后来做到所谓的高层级时明白的真相。）

上个季度我们部门完成了集团供应链流程优化的项目，取得了优异的成绩，得到公司的一再表扬和认可。老板事先和我谈过，我认为下一个晋升的应该是我。

可是我一直把通告全部读完还没有看到我的名字，供应链管理处、采购部、财务部、物流部，全部晋升的名单看完，始终找不到我的名字，我有点着急，但是没去问老板，因为我始终相信他是懂我的。

当初放弃高薪名企、高职位，来这里做个主管，很大程度上是因为我认定，跟对领导比薪水待遇职位更重要。其实我发现我还是前后矛盾的，最后还是希望自己的价值被公司和同仁认可，也许人人面对价值认可的时候，还是希望有高职务光环的。（前领导的故事也深刻地告知了我这一点，但是很多时候人在遇到"大饼"的时候，其实已经不知不觉地放弃了自己的底线。）

前领导说：不管现在的老板有多么的器重你，都说明不了问题，问题是他愿意给你一个"名分"，比什么都靠谱，因为做往往比说来得更实际。

事实也是这样！（其实当时并不理解此事，觉得可以做好事情，拿到合理的薪水就够了，还要什么"名分"呢？）

前领导说：你的领导有不在位的一天，没有人器重你，你就只是你。但是如果你有一个"名分"，无论换了谁，都有你的一席之地，不会因换一个领导就不被重视了。（这也是多年后，一旦有机会提拔员工，我绝对不会不去申请的原因，为每一个认真做事的下属谋得一官半职成了我乐此不疲的事。）

再来说说我的这个经理吧，大家知道在"职场江湖"，跟对人很重要，尤其是在供应链领域采购部，人品和忠诚度显得格外重要，甚至有时候比技能更加重要。在我眼里，我的经理的人品和忠诚度都是一百分。

我的经理是一个善良踏实的人，很会捕捉人心，曾经一段时间我认为他学过心理学，每个下属想什么，下一步要做什么，基本上他都可以猜个十之八九。（后来我慢慢地知道，这是每个领导的基本功——用人识人。）

这个经理最大的特点是任劳任怨、肯干，出现部门推诿，他总会站出来把活干了，一开始我觉得这都是优点，慢慢地我觉得作为领导，这样的性格会伤害部属，会出现"背不完的黑锅，做不完的事情"，做得越多，错得就会更多，但是这位经理却不以为然。

当然造就他的性格也是有"历史背景"的。

他可以坐到现在这个位置，是因为他和大老板是一起打江山20多年的兄弟，所以他对公司的归属感、对领导的忠诚度对一般人来说是望其项背的。这也决定了他的行事方法。

我的父亲母亲如果听到我抱怨工作的辛苦，就会告诉我，领导比你们更辛苦；如果看到下班早就会说你要把事情干好了再回家，不能偷懒；如果要是听到说想换工作、想跳槽，认为那就是大逆不道，我受到了很大的影响。

从开始到现在，我心里就只想好好工作，不管领导背了多少"锅"回来，我都应该帮忙"刷干净"。领导曾一度对我说，"你的小团队是最肯干也是最能干的团队"，我为之欣喜。

终于等到了老板找我谈话的日子，这已经是三天后，但给我的感觉有三年那么长。他对我说很对不住我，本来这个经理的位置是给我的，但是由于我们是供应链管理处的人，这个工作太敏感，提拔太多人了会影响不好，这个借口看起来很滑稽，但是我还是接受了，我想他一定有他的难处，最后从人事经理那里得知，原来我的领导一个也没有推荐，还说其他部门优先。听到这些，我在思考，我跟的这个老板到底是不是对的。

日子继续过着，地球照样转着，为了几毛钱与供应商开展一轮又一轮的谈判；为了质量和返工问题，一次又一次的驻场，但是我的工作动力已经开始慢慢减少。

今天我要下决定是走还是留了，因为人事已经约见我谈续约合同的事情了。

我开始判断我的"得失",可是得与失又有谁可以分得清呢?

其实我后来发现,每个组织都需要形形色色的人,有的人非常勤奋,干得多,而有的人却只是在那里"拍苍蝇"无所事事,但是这都不能说明他们谁该留谁该走。公司评判一个人的价值,从来都是你的"业绩",你创造的价值,从来都不是你听了多少话,做了多少事,背了多少"锅",自己的失落是因为自己那时"太用力",这也给后来我做"领导"奠定了强大的基础。

人事经理给我开出了优厚的条件,开出了和经理一样的薪水,所有待遇和经理一致,只是还是主管的头衔,因为公司扁平化需求……

我还是决定走,我想走得更远,看得更高。在这里,该学的、该懂的已经在一万个日日夜夜里全部拿下,趁着年轻我要像海绵一样不断地吸收水分。经理这个职位和我的老板只是一个"药引子"或者导火索,我始终是要飞到更高的天空的。

和人事经理谈完后我就开始休掉我那三年未休的假,此时有朋友找到我,说我傻,为什么不等公司开除我。我深谙其中的道理,在职场,这个是潜规则,走时最好是被开除的,可以得到赔偿。但我想的只是开开心心来上班,快快乐乐把职离。

找工作是一把双刃剑,公司选择你的时候,你也应该选择公司,并且在此过程中要不断地修炼你的内力,很多事,不是你想要就可以得到的,实力才是根本。

这是我人生中的第二次离职,收获了经验和历练,但是这些显然"起不到很大作用"(因为所有的猎头公司显然要看你在上家的头衔),很快又要开始找下一份工作,我只有一个月的时间,因为我不想有太长空窗期,会让人怀疑自己、怀疑人生。

很快我更新了简历,有目标性地投到了各大求职网站。

两三天后,就有猎头找到我。意料之中,非常不顺利,带着沉重的心情,带着无法拒绝的理由,开始了漫漫求职生涯。各种猎头、各种面试扑面而来,采购供应链人,该如何抉择,重老板?轻待遇?或是将就?我中意的企业最看重我什么呢?这些是离职、求职过程中需要深思熟虑的问题。

采购与研发,相爱相杀的冤家

采购与研发在博弈中互相成就,需要高效协同地合作。研发应考虑到采购的立场,重视购买的难易度和材质的可替代性、标准化程度,采购也要关注研发设计的技术要求和工艺标准。从两方面出发找到平衡点是正道,没有设计最优化,只有最合理。

制度、方法、工具、原则等制定得再多,不遵守也没有用,关键是人和术的层面。治标不能代替治本,人比事更重要,更难琢磨,同心才能同行。

怎么样把两个部门做好融合,是要解决的重要问题。当然术也不能少,毕竟术在没有融合好的情况下还是行之有效的。

采购与研发的融合,是降低成本、搞好质量管理、做好供应链优化的源泉,各企业的领导应同样予以重视,而不能顾此失彼,轻此重彼。

红队和绿队的正面较量

采购:"你知不知道新项目中新增一个螺钉规格对我们造成多大伤害?系统中已有比需求长5mm和短5mm的规格,我们设计的既不是精密仪器,又不是大批量消费品,在可以满足设计需求的情况下,应该尽量精简物料种类?"

研发:"设计的长度是理论计算的结果,更改尺寸会影响力矩,会影响用户体验。"

这是某企业采购和研发的正面交锋。

这种类似的场景在工作中时有发生,相信大家都经历过。采购和研发,似乎天生就是在对立对抗的两个立场上,工作中总有干不完的仗、吐不完的槽。

采购与研发,到底相爱还是相杀?

其实如果都放宽视野,跳出自己岗位的小视角,站在公司的大视角去考虑一些问题,或许会看得更加清晰:采购与研发,到底是该对立,还是该合作?

（1）跨部门协同

答案其实不言而喻，公司就好比一支部队，只有各"排"各"连"目标一致、通力协作，才能在竞争激烈的行业角逐中取得长远胜利。

这类对抗问题一定要面对，一定要改变，毕竟一味地争执于事无补。面对和改变的思路是优化流程、建立规则，让采购与研发能共同遵守约定的规则，让流程使评估过程更充分更有说服力，让流程促使彼此形成良好的合作。

（2）建立选型库

根据系统现有的规格建立标准件选型库，按引用率和用量建立优选、限选标识，淘汰无用规格，整合相近规格，提高集成优势。

（3）新增流程确认

将选型库引入选型流程，在标准选型库以外的规格都需要按新增流程确认。各相关方综合评估新增可行性，给研发工程师提供准确的选型反馈，更好地实践 DFM（面向制造的设计）。

所谓 DFM，必然需要"戴着镣铐跳舞"，应从专业的角度评估设计的可制造性、可采购性以及量产潜在风险，输出的结果对于研发是非常重要的参考信息，可以帮助其有效避免量产阶段的潜在问题，减轻采购专家组（Commodity Expert Group，CEG）团队的后期工作量。

（4）提升评估能力

采购对于研发提出的各种需求，应该有能力进行专业的评估，做出专业的决策，给出专业的建议。日积月累的沉淀之后，研发会发现采购部门对设计开发的辅助价值，也分担了设计开发的压力，慢慢地就会形成研发对采购部门专业度的信赖，提升采购部门对于研发的话语分量。当然这需要一个过程。

两个部门更平等对话的过程中，采购需要不断提升自身综合素养，增强自身在专业知识方向的积累，只有自己专业了才可以和更专业的人平等对话。

第二章 全球大环境对采购供应链的影响

第一节 采购供应链面临的困境和机遇

 集体阵痛的供应链危机有哪些表现

目前供应链危机的现象有以下几个方面。

1）从 2020 年开始，全球集装箱运费持续攀升，甚至有些报价一度暴涨数十倍。由于过高的运费，很多国际贸易商暂停或者取消了订单。企业生产出来的产品，运到客户的手中周期比较长，这对贸易影响非常大。企业生产所需要的物资和元器件无法运到企业，导致供应不及时，订单延期。

2）企业改变固有的运输模式，例如某企业改用空运运送产品来缓解供应链危机带来的束缚。但这却不是长远之计，也不适用于所有产业，也说明靠近销售地策略的重要性凸显，产品运输时间越少，企业的境况就会越好。

3）企业寻找可持续发展战略。很多企业一改传统的寻求低成本的供应策略，转向区域性供应来保证供给，例如成立江浙沪保供圈、京津冀保供圈等。甚至一些国内企业开始改变产品研发设计，从而来降低对某些进口材料和元件的依赖，国产化的呼声越来越高。

无论是转向区域性供应还是改变物流路线，又或者是改变产品设计，都没有办法完全解决供应链的危机问题。从长远来看，供应链也许还会受到产品创新和市场销售的制约及影响。在国家的大力支持和国际环境日益缓解的情况下，供应链危机的拐点逐渐出现，在不久的将来，供应链危机将会逐渐缓解。

16 芯片短缺的主要原因是什么

全球的科技企业，目前都面临着"缺芯"的局面，国内芯片使用大户如小米、OPPO 等，都曾经坦言，芯片短缺是全球科技企业面临的一个巨大挑战。距离 1958 年世界上第一块集成电路的诞生，已经过去 60 多年了，芯片已经不是什么稀奇产品了，那为什么到 2023 年了，还如此缺货呢？芯片缺货，最直接的原因，就是需求量暴增。一些产业出现了萧条，为什么芯片产业却欣欣向荣呢？

1）2020 年第二季度，全球笔记本电脑的出货量比 2019 同期增长 75% 左右。除了笔记本、平板电脑外，与线上办公、线上教学有关的产品都出现了销量的猛增。例如，网络摄像头的销量同比增长了 179%，另外鼠标、路由器、键盘以及插槽、耳机、显示器，都有不同程度的大比例销量增长。除了消费电子产品外，线上办公、线上教学、线上会议，乃至线上娱乐类、直播类的应用软件，也应运而生，对企业服务器的需求也大大增加，一度导致各大品牌的服务器缺货严重。

2）2020 年是手机行业的特殊年，5G 手机全面盛行，是手机厂商的换机型大年。囤积芯片已经成为一种常态，囤积三个月的量是正常现象。很多大型企业在资金充足的情况下，囤积量接近六个月甚至十个月。但是对于一些小厂来说，"缺芯"直接带来了"灭顶之灾"，一些中小企业由于出不了货，资金链断裂而破产。

3）新能源汽车的推行，环保概念的盛行，导致不管是在国内市场还是在国际市场，新能源汽车都变成了高端芯片的集合体。其实，传统燃油车也要大量使用芯片。销量减少时，汽车厂商纷纷向芯片制造商取消订单，当汽车行业需求复苏以后，汽车厂商又纷纷向芯片制造商增加订单，只是由于各大芯片制造商连消费电子产品的需求都无法满足时，就没有空余的产能给汽车制造商了。

4）芯片的生产规格要求高，流程复杂，没有办法在短时间内实现产能扩充，各大芯片厂商也没有预估到芯片的需求量会激增，不敢盲目地扩产。

一时间四个问题齐发，就出现了芯片短缺这一突发事件。

 有色金属价格急速冲高是偶然还是趋势

谈到有色金属，作为采购人，最为直观的感受是2021年3月开始的铜价一路飙升，如图17-1所示。

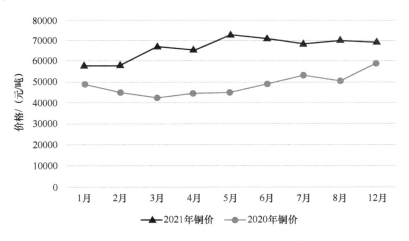

图17-1　有色金属铜的年度价格走势图（根据行情整理）

2020年年底，一次在和客户吃晚餐的时候，他们问有色金属价格趋势如何？我说2021年肯定要大涨，这句话绝非随口说的。我相信经历过2008年金融危机和2011年日本海啸的同仁，应该和我有同样的感受，只要遇到危机，原材料价格都会大涨。过了几天，我去客户那里做咨询项目，希望他们可以提前囤积一些材料库存，他们表示非常诧异。因为大环境不好，很多制造企业受到影响，供应商被"冷落"了好长一段时间，现在有订单了，服务和态度自然会更好，所以客户认为供应商的供货状况良好，供应不会有问题，不需要囤货。另外还有一家客户，囤积了半年的铜的安全库存，到了2021年元旦，采购经理对我说，囤货是对的，因为有色金属有点涨价了。之后以铜为代表的有色金属的价格开始一点点地向上攀爬，看到这个趋势的采购人是又激动又兴奋又害怕，激动是因为觉得需求量上来了，制造业活了，兴奋的是囤积了库存的工厂觉得赚到了，害怕的是有些还没有货的工厂害怕因货物短缺而没办法出货。

有色金属铜的价格走势就这样一路攀升。2020年12月还是每吨不到6万元，2021年3月份就是每吨6万元多了。市场行情就是这样奇怪，越涨越有人买，越买就越涨，有实力的企业开始大量囤货，没实力的企业也在想办法搞点刚需材料。

在这样的非常态行情下，不是已经下了订单就有货的。在价格暴涨的情况下，年前下的订单中，有85%的供应商出现了"跳单现象"。借口大多为：产能有限、生产不出来，或者暂时没有货，这么说的还是顾及关系和情面的供应商，有些供应商会很直接拒绝按订单执行，并且愿意赔偿违约金。

从这个客户囤货的故事，大家可以看到采购人面临的艰难困境。从图17-1可以看出，从2021年5月开始铜的价格稍微有所回落，但是还是在每吨7万元左右徘徊，处于三年以来的高位，而且预估还会持续一段时间。

18 当前有哪些朝阳产业迅速崛起

朝阳产业是指具有强大生命力的、通过技术创新突破并以此带动企业发展的新兴产业，是市场前景广阔，代表未来发展趋势的产业。

我试着总结了2015到现在的朝阳产业。

1）高档数控机床和机器人，如多轴联动数控机床、生产用机器人、智能制造装备等。

2）航空航天装备，如大飞机、发动机、无人机、北斗导航、长征运载火箭、航空复合材料、空间探测器等。

3）海洋工程装备及高技术船舶，如海洋作业工程船、水下作业机器人、钻井平台等。

4）先进轨道交通装备，如电力机车、动车组、城轨车辆等。

5）新材料如新型功能材料、先进结构材料、高性能复合材料等。

6）农业机械设备，如拖拉机、联合收割机、收获机、采棉机、喷灌设备、农业航空作业等。

很多采购人看完上面这些朝阳产业，会有疑问，汽车行业不属于朝阳产业吗？

小故事

2010年左右，网络上流传过"某个车企，年终奖为工资的100倍"，也许那个时候才是汽车行业的春天吧。现在的汽车行业越来越难做了，从开始时的朝阳产业到之后的产业成熟期……，产品生命周期曲线在那里。在我过年过节回老家的时候，看到村里各家门口、山坡上、田埂边停满了小汽车，那一刻我就知道了，汽车市场已经慢慢饱和了。图18-1所示的产品生命周期曲线的规律同样适用于汽车行业。

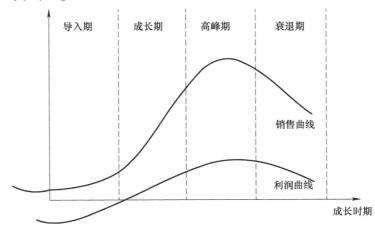

图18-1　产品生命周期曲线

除了汽车行业以外，还有一些行业一直被认为是朝阳产业，比如说新能源行业，一直是备受追捧的"香饽饽"。在2000年年初，新能源行业就已经备受国家的重视，但是在2008年、2009年金融危机的时候，整个新能源行业的订单出现了下滑。2014年起，国家大力扶持，新能源企业的自身研发能力和市场需求增加，例如新能源公交车和小轿车的市场占有率逐渐增大。2021年，全球倡导碳达峰、碳中和，新能源受到各界的大力推举和重视，国家也给予大力的扶持和资助，新能源行业开始一路欣欣向荣。但是这个行业有一定的政策导向性，与传统的、通常的制造业形态相比有些差异，所以我没有将其列入朝阳产业中。

除了上面提到的六大行业以外，受大环境的影响，2020年到2021年，又涌现出一批新的热门朝阳产业，主要分为以下五大类。

1）安防监控行业，如智能摄像头、摄像头探测、人脸识别、异常提示、联动报警、商家安全系统等。

2）消防传感行业。安全生产对企业安全的要求不断提升，消防传感就是给安全生产做配套的行业。例如，智能烟感、温湿度及空气质量检测，可以时刻掌握各类现场的环境，为整个企业的消防安全保驾护航。

3）节能照明行业。节能一直是我国乃至全球倡导的理念，通过与智能技术相结合，打造出低能效、更加节能环保的照明设备、灯光、布景、插座、电器等，是未来节能照明行业的发展趋势。

4）清洁消毒行业，时至今日，大家对清洁消毒的需求成为日常，未来很长一段时间也会成为一种习惯。和清洁消毒相关的产业在未来一段时间内都是朝阳产业，如智能控制的紫外线消毒，或者洗碗机、消毒柜、扫地机器人等产品。

5）机器人行业，这里提到的机器人应用范围更加广泛，不再单指使用在生产制造业中的机器人，而是运用到各行各业的。例如，酒店的迎宾、送餐服务、保安机器人等，可提升服务的科技含量，减少重复性劳动。

 采购管理中的数字化变革表现在哪些方面

越来越多的制造业企业开始重视线上工作模式——线上营销、线上推广等，很多企业已经开始依赖线上工作模式，形成了在线工作习惯。这些在线工作习惯的背后都是数字化在推动。

小故事

如果你在某网站上搜索过"格子衬衫"，随后只要你打开网络，就会为你推送各种各样的格子衬衫，这就是数字化的奥妙所在。数字化后台算法会快速识别你的需求，并且向你精准推送信息。数字化技术用在生产过程上、供应链上、采购上，也会产生意想不到的效果。

数字化在采购管理中的应用主要体现在可预测战略性供应商寻源、前瞻性供应商管理以及自动化采购执行三个方面，如图19-1所示。

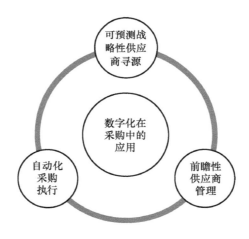

图19-1　数字化采购

1）可预测战略性供应商寻源。通过数字化分析，预测采购需求，对产品进行实时分类，精准计算出各项材料需求，有效预测未来的供应来源，及早做好风险预防。例如当缺料时，如果有这样的技术，应能预测到需求，可以提前备料，保证安全库存。哪怕数据只是参考也比没有库存要好。或者找到合适的供应源，早期与供应商确定联盟合作或者签订框架协议，而不是等到缺料时再采取补救措施。通过数字化，还可以洞察原材料所有的上岸成本价格和原产地，现在很多企业已经做到了。例如，现在很多超市或者生鲜卖家已经实现了一码识别物资的来源，也就是所说的追溯源头。制造业加以借鉴，对需求库进行实时有效的跟踪，实现真正的有钱花、有钱付、钱用到刀刃上，而不是要用的时候没有用的，不用的时候有过多闲置。

2）前瞻性供应商管理。众所周知，供应商绩效曾经是通过采购人员或者供应商管理相关人员去做管控和记录的，通过各个部门的打分来综合评定供应商的绩效，未来可以通过数字化取代，通过ERP来实现准确的记录，从而实现精确评定。数字化后企业更好地利用庞大的数据库，能更精准地评价供应商的绩效，当然前提是数据来源的准确性，也可以通过结合第三方数据实时监控供应商的潜在风险。我在从事项目咨询的过程中，经常听到客户有这样的声音："这个供应商前段时间供货还好好的，几个星期没有联系怎么就突然倒闭了呢？"通过使数字化与VR技术相结合，实现供应商的访问和供应商的现场考察相结合，企业实时了解供应商情况，就不会再出这样的问题了。对于有些紧急的项目和人员调配不方便的时候，也可以很快地采取这种技术对供应商进行有效的评估，获取真实有效的数据和影像，这有利于企业与供应商建立良好的互动关系。

3）自动化采购执行，随着企业的发展壮大，采购人员的队伍也在不断地扩大。数字化技术运用成熟的话，很多采购人员的执行动作是可以被取代的。我在培训现场说过："如果我们天天做的都是重复性的工作，我们的供应商也非常听话，定期自动交货，产品也不出什么问题，那么我们存在的意义是什么呢？"所以采购人还在抱怨工作复杂吗？还在抱怨研发的产品稀缺、材料难以购买吗？还在抱怨供应商不配合、经常和供应商斗智斗勇吗？不要再抱怨了，这些情况出现时正是发挥采购人价值的最好时候。通过应用数字化，可以自动感知物料情况，通过需求来触发补货系统，生成采购订单，发送给对应的供应商，使采购人面对突发情况能够更快地处理。供应商按需求来进行发货和物料配送，系统会根据物料实时配送信号，触发按时付款信息，自动执行安全付款，甚至可以通过账款情况来开展一些供应链金融活动，合理地利用资金。这样一来，减少了很多本需要人来操作的重复性工作，节约了人力更提高了效率，使采购人将人工时间真正用在有特殊性和差异性的工作中。

第二节 采购人应该具备的五大思维

 供应链思维在采购管理中体现在哪些方面

供应链思维，狭义的定义是采购思维，甚至就是找货源、采购商品等，这是一种片面的"螺丝钉"思维，自我本位的思维方式。比如说，一旦某个环节出了问题，大家第一反应是推卸责任，自辩不是自己的问题，而很少去想到底是供应链的哪个环节出了问题，这就是供应链中的盲人摸象现象。要知道，真正有效的供应链思维应该是系统思维。

小故事

一旦出现生产线缺料问题，生产线的人员不会觉得是自己生产部门的问题。生产线人员的第一反应会认为，没有物料肯定是计划没有把物料准备好；计划人员当然也不会觉得这是他们的问题，他们会认为是采购没有把物料采购回来；采购人员会觉得是自己的问题吗？当然也不会，他们会认为是供应商不配合、没有及时交付的问题。这就是非常典型的供应链"推诿事件"，主要问题还是"螺丝钉"思维在作怪。

如果用有效的供应链思维来分析缺料问题，效果就会大大不一样。按照小故事中提到的四个流程节点倒过来看，包括供应商、采购、计划、生产。这四个供应链的节点是环环相扣、缺一不可的链条连锁反应。如果出现缺料，第一反应并不应说这不是"我"的问题，而应该用全局的思维去看、去分析到底是哪个环节出了问题，为什么会出现这样的问题，有什么办法可以避免，不应是一直延伸到了生产线的时候才发现缺料。采购发现供应商没有办法及时出货，需要第一时间告知计划，计划根据实际情况做出新的计划传递给生产管理部门，生产管理部门调整原来生产计划，就不会出现因为缺料而造成生产线停线或者其他突发状况。同时根据这种情况总结出后续工作指南，避免这样的事情再次发生，这才是有效的供应链思维，如图20-1所示。

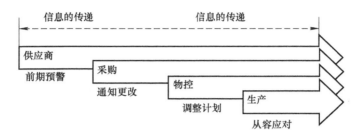

图20-1　供应链系统思维

作为采购供应链从业者，应具有系统思维。采购人在思考问题、解决问题的时候，一定要还原整体，要用有效的供应链系统思维去思考问题，才能更好地解决问题。采购人应不断提升自己的供应链系统思维能力，主要从以下四个方面来提升。

（1）数字化——数据分析

当前供应链管理的一个非常重要的核心是数字化，开展若干数据分析，将供应链上所有的活动都建立在数据分析的基础上。例如，春节要到了，需要预备多少库存，既要保证假期过后正常的生产，也不能让库存太高，这不应单纯地依靠经验、直觉来决定，而是应该通过严谨的数据分析来得出合理的备货数量。

有一个非常资深的采购员老张，在公司工作了十多年，以前还做过物料控制和生产计划，在采购部算非常有经验的老员工了。有一次他忧心忡忡地跑来对我说计划订单下得太多了，这样一定会有多余库存，导致库存积压。老张的担心，引起了大家的重视，毕竟老张是经验丰富的人。采购经理们打开ERP系统仔细核查过往数据，并且找到销售人员召开了相关会议，精准核算了后续的需求量和往日的采购订单量。经过详细的计算分析后，发现这个计划订单数量非常合理。老张觉得计划订单下得太多，这是根据他以往的经验来判断的，可他并不知道集团重组后，客户增加了，销量也增加了，所以需要更多的计划订单，也需要更多的库存储存。所以说，根据实际的数据分析后得出的结论，才更加精准有效。

一般来说，做采购越久，胆子越小，说话做事越严谨，在谈到备货、谈到安全库存的时候，不会简单地说多还是少，而是会在销售数据分析、库存周转率分析、库存天数分析、在途数据分析以及相关数据分析的基础上，谨慎地给出具体的数值区间或者数值。

（2）大局观——平衡性

在企业中，经常会有不同程度的"扯皮"现象，各个部门处在自己的位置上，考虑的首要利益是和自己部门相关的人或事，导致了供应链的脱节。

仓库人员抱怨库存太高，占用资金很大，想着如果前面采购人员在购买的时候不要采购那么多就好了。如果采购部采购少了，短期内会发现库存变少了，但是不久会发现，这样一来，生产线经常缺料。这时候，生产线又来抱怨了，为什么采购不能多买一点，而每次生产线缺料都会导致后续交货时间很紧张，不得已启动物流紧急程序，采取发专车、走空运等手段加急来保证对客户的交付。事后算一下经济账，会发现为了降低安全库存而带来的临时采购和物流的加急，是得不偿失的。所以，需要各个部门的协同，找到一个平衡点，既能保证最小的库存，又不会缺料。采购人必须了解流程的每一个模块以及相互之间的关系，了解每一个小的动作会对后面造成什么样的影响，要有大局观，为整个系统的平衡性做出贡献。

另外，还要注意平衡成本和服务。在大供应链框架下，成本和服务永远是博弈的两端。企业一方面想要降低总的持有成本（Total Cost Ownership），包括库存、订货和运输成本；另外一方面，企业又想要提高客户服务水平，包括及时交货、质量保障和快速反应水平，以保持竞争力，争取更多的市场份额。往往企业会发现，越是想两方面都做好，却往往两方面都做不好。到底应怎么做，要看企业的战略到底是什么。有些企业的毛利率并不高，生产的是稳定的大批量产品，那就要增加运营的效率，势必要考虑降低成本；有些企业的利润率比较高，属于高精尖的科技型、创新型、技术型公司，为了争取更多的市场份额，打击竞争对手，就一定要提高客户服务水平，这时成本就不是主要的约束条件了，如图20-2成本与服务的博弈关系所示。

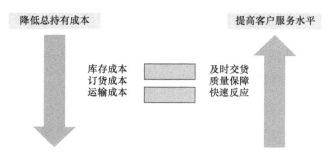

图 20-2　成本与服务的博弈关系

常常困扰采购人的矛盾是，大批量生产降低生产准备时间与多品种小批量生产满足客户订单的矛盾，整车运输降低零件物流成本与拼车运输降低库存成本的矛盾，快速配送服务提高配送速度与常规配送服务降低物流成本的矛盾，多个配送中心提高客户满意度与单一配送中心降低库存成本之间的矛盾，如图20-3 目标取舍矛盾的关系所示。

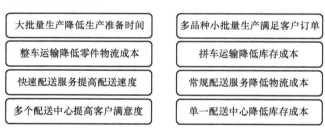

图 20-3　目标取舍矛盾的关系

（3）精益性——库存和成本

现在很多公司都在推行精益生产，精益的目标是减少浪费和消除库存，不断提升企业竞争力，不断寻找降低成本和实现高效率的方法。持续改善是每个精益企业的追求，在生产中如此，在供应链上更是如此。供应链离不开精益，需要切实地持续不断地降低供应链的成本，提高运作效率。

精益思想中有八大浪费，采购人可以从中获得很多启发。

第二章 全球大环境对采购供应链的影响

- 运输（Transportation）浪费——人员、货物和信息的反复流动，包括规划路线、暂停、回程、超载等活动，以及仓库中货物的来回移动，可能都会导致物料搬运距离增加。运输浪费是指产品从一个地点到另一个地点移动时的浪费，可能是从加工车间到焊接车间，或是从中国的生产线到美国的装配线。

- 库存（Inventory）浪费——配送过早、订单量大于实际需求量和原料仓储位置有误等情况，都会产生库存浪费。库存浪费通常是由于高报废率或返工率、设备安装时间过长、配送延迟、设备停机或质量问题导致的各个环节的未协调好的差异造成的。

- 动作（Motion）浪费——厂房之间或生产线内不必要的运送、传递、转弯、升降等动作浪费，往往是仓储管理不善或厂区设计不合理导致的。

- 等待时间（Waiting）浪费——等待备件、信息（上游指示）或设备停机所浪费的时间。例如卡车到厂前的等待时间、拖车装载时间和从收到客户订单信息到拣货之间的时间延误。例如供应链中处理订单的时间越长，货物运输和货款支付的周期就越长。为了弥补这些等待时间浪费，会导致更高的库存成本。

- 过度生产（Over production）浪费——产能超过需求数量，可能导致库存超额或不必要的过度工作，进而引发浪费现象。

- 过量加工（Over processing）浪费——超过需要的作业称为过量加工。加工的浪费分为两种：一种是质量标准过高的浪费，即过分精确的加工浪费；一种是作业工序过多的浪费，即多余工序的加工浪费。

- 不合格（Defects）浪费——返工、报废或文件错误。例如，产品质量问题或供应链中的数据错误导致运输延迟和成本增加。

- 技能（Skills）浪费——未充分挖掘员工能力，下达工作任务前未对员工进行充分培训。

有一次开会，企业的采购总监要求每个采购员将自己管理的供应商全部标注在地图上，大家很快发现，供应商是有聚集效应的。如果发现某个供应商被"孤立"了，这个供应商可能就是下一步要处理的对象。比如说，某公司总部在苏州，大部分供应商都在江浙沪，此时发现在哈尔滨和天津分别都有少量供应商，这几家供应商要追溯到公司成立之初，由于要寻找合适的供应商，寻找范围比较广。当分析这些供应商的时候，公司发现它们似乎真的有某些优势。比如，哈尔滨有家供应商比现有的供应商便宜3%，天津有家供应商的质量系数比现有的供应商都要好。但详细分析，公司发现由于物流原因、处理质量问题、订单加急或者其他问题，导致成本损失远远超过了优势。这个时候公司应想办法去开发江浙沪的供应商来代替这些供应源，要综合考虑总成本、物流路径和物流半径，而不是只考虑采购成本。

这个案例体现了精益管理时物流的浪费。消除物流浪费时，物流路径和物流半径也是必须关注的重要内容。

应用精益思想消除物流浪费，还可以考虑许多细节。例如，在不影响客户使用和收货的前提下，是否可以缩小外箱纸质标签的尺寸？在不影响产品安全的前提下，是否可以减少包装材料的使用或者增加标准容器内的产品数量？是否可以使用可循环使用的包材来替代一次性包材？有些没有特殊要求的情况将彩色打印变成黑白打印？

将精益思想延伸和应用于物流，消除浪费，减少供应链中不增值的环节，本质上是成本的控制和降低。

货物或原材料离厂时要进行检验，入厂时又要检验，在精益管理中其实这属于重复性检验的浪费。如何避免这一浪费呢？首先必须去了解为什么会有这样的操作：出厂和入厂并非一个厂，中途有些还要经过转手或者物流，所以为了保证公司的利益不受损都会进行检验。出厂和入厂不是一个厂，那么出厂检验和入厂检验标准就有可能不一样，目标也不同，出厂的时候供应商想要尽快出厂或者顺利出厂，而进厂时要对采购的产品负责，会严格进行质量控制。要想做了出厂检验不再做入厂检验，或者是少做入厂检验，或者只做简单的入厂检验，需要甲方的供应商质量工程师与供应商进行对标，两方的标准保持严格的一致，通过标准的统一来降低检验的成本。

（4）创新性——变更

现在所处的时代是不断创新的时代，数字化供应链应运而生，新的商业模式造就了电子商务、跨境电商和新的零售模式,数字化供应链、云技术和物流技术领域不断涌现创新,包括无人机送货、高速分拣技术以及云仓等。采购人需要时刻关注这些新趋势、新变化、新技术,将新技术更多地应用于供应链、采购和物流之中。时刻拥抱变革,不断地去创新,这是采购供应链人需要面对的一个长期的课题。

在现代汽车行业,从零部件到整车,涵盖最先进、最前沿、应用最广泛的优质供应链技术以及产品,在供应链创新变革中获得了不错的成果。例如,某车企发明的人眼安全脉冲光纤激光器、智能驾驶摄像头、智能驾驶控制器、无人驾驶清扫车、楼宇物流机器人等。这些都是创新的实际应用,采购人需要变更应用技术来提升供应链系统思维。

互联网思维在采购管理中是如何运用的

互联网思维一般细分为九大思维:用户思维、简约思维、极致思维、迭代思维、流量思维、社会化思维、大数据思维、平台思维、跨界思维。

在供应链中应用用户思维,是指在各个环节都要"以用户为中心"去考虑问题。作为厂商,必须在整个供应链的各个环节,建立起"以用户为中心"的企业文化,全企业认同只有深度理解用户才能生存,而没有认同,就没有合同。必须让用户思维注入产品,否则产品必然是失败的。

采购人要以整个企业生产的产品终端用户的思维去理解和参与整个供应链。结合了用户思维的生产策略,一般包括四种,即按订单需求生产、按订单直接出货、按订单组装配、按订单研发设计。

小故事

小米公司的很多产品在设计之初,图样出来会投放到粉丝群中让粉丝去体验、去参与、去定制成他们喜欢的样子,然后再生产、批量发行,这就是运用用户思维在管理供应链。

简约思维，是指将流程、产品做到极致、极简化，做到专注，少即是多。在互联网时代，信息碎片化，信息大爆炸，用户的耐心越来越不足，想在短时间内抓住他们的注意力越来越困难，需要应用简约思维。

小故事

苹果手机是典型的应用简约思维的例子。1997年苹果接近破产，乔布斯回归，砍掉了70%的产品线，重点开发4款产品，使得苹果扭亏为盈，起死回生。即使到了5代，iPhone也只有5款，减少了用户选择的障碍和选择的时间，更加聚焦。

小故事

下单一个商品，信息从最终使用者到门店到经销商再到总代理，总代理下订单给企业，企业开始生产或者外包，然后生产出来的成品通过物流返回到企业，由企业配送给总代理，总代理给经销商或代理商，再到门店，最后到消费者的手中。这是传统的供应链系统模式，大家一看就可以理解，但是这个模式流程太冗长、效率太低、库存也很高，终端客户希望早点拿到货。简化供应链应运而生，一开始出现了DELL公司推行的直销模式，消费者通过网络或者电话的形式下单给企业，企业生产后直接发货给消费者，把中间的门店、经销商、总代理"去除"，省时也省力了。但是，直销企业的物流费用增加了，一个一个地进行消费者配送，很难把需求量和效率做上去，就开展了电商模式的供应链。电商平台直接收集订单，但是不囤货，只是通过EDI系统将订单传送给工厂生产后直接进行配送，流程不断地简化优化，并且根据物流的最佳路径实施配送最优化，一切都在朝着极简的方向迈进，迭代不断地进行和创新。

互联网思维下的供应链流程图如图21-1所示。

很多标杆企业的供应链流程都离不开互联网思维，小米、蔚来、华为等一批先进企业的供应链都是围绕着互联网思维展开的，并不断地创新求变，突破传统商业模式和原有思维定式。供应链已不再是简单地卖产品，更多的是卖服务、卖概念、卖体验。

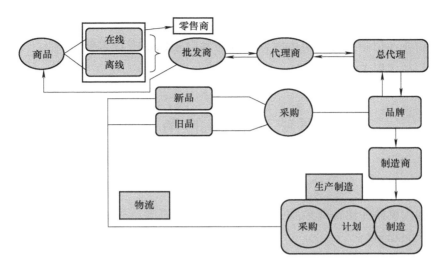

图 21-1　互联网思维下的供应链流程图

22 采购人必须具备的产品思维是什么

说到产品思维，首先想到的肯定是产品经理。其实对于采购人，产品思维也很重要。采购人应具备的产品思维针对的不仅仅是成品，更多是指针对产品制造过程的思维。

　　小王是一个做了6年采购的采购员，在催交期或者与供应商沟通时，有很多让他感到无能为力的时候。有一次供应商因为产品质量问题，导致产品无法如期交货。小王因为不懂技术，只能交代供应商帮忙盯紧一点，有消息反馈。如果小王懂产品有产品思维，那么情况就不一样了。遇到产品质量问题导致交期要延误时，采购员小王的反应可以更专业些，如考虑产品是哪个环节出了质量问题？哪个工序需要复工？哪个是瓶颈工序？并且可以给出专业的建议和方案。表现出专业，供应商也许就不会找各种理由搪塞小王了。如果不了解产品，没有产品思维，只是纯粹地用商务技巧去催单或者与供应商打交道，话语权是比较弱的。

一个合格的采购人员必须具备产品思维,这会给工作带来极大的助益。现在很多企业在招聘采购人员的时候,都会倾向于聘用有技术背景的人,懂得工艺流程、技术要求、制造过程、瓶颈工序等。

23 如何站在销售的角度用逆向思维去思考采购问题

采购人要站在销售的角度去思考采购问题,需要有逆向思维,首先应思考以下两个问题:

采购人的软肋是什么?＿＿＿＿＿＿＿＿＿＿＿＿＿＿＿＿＿＿＿＿＿＿

销售人的软肋是什么?＿＿＿＿＿＿＿＿＿＿＿＿＿＿＿＿＿＿＿＿＿＿

回答清楚了这两个问题,大概就知道了采购人的目标是什么,销售人的目标又是什么,才能进一步达成共识、达成共赢。

有一次我在公开课的现场,问在场的采购人一个问题:"今天你们来上课,但是供应商又要出货,你们会怎么做呀?"

有些人会说我会请我的代理人监督供应商出货,有的人会说我们不用盯的,这个供应商很靠谱。

我随即问道:"什么样的供应商算靠谱啊?"

学员答道:"我和他合作这么久了,感觉他很靠谱呀。他也经常来我们公司,服务都挺好的。"

听得出这位学员的回答有什么问题吗?

一些供应商非常懂得为人处事之道,让采购人觉得很靠谱,所以放心,如果此时公司有订单需求,最先想到的也应该是这些采购人认为靠谱的供应商。

随后我问道:"这个'靠谱'的供应商就是质量最好的吗?这个供应商是价格最优的吗?服务最好的吗?……"

学员疑惑地摇着头说,"这个不一定。"

对于采购人来说，工作的宗旨是满足公司价值，其次才是个人感觉。所以遇到任何问题的时候，应先考虑的是公司价值而不是个人感觉，公司价值不满足，个人感觉再好都不能用，否则就会出问题。如果公司价值满足，但个人感觉不满意，要以满足公司价值为主导，个人感觉为次要。

很多时候采购人都要有逆向思维，站在销售的角度去思考问题而不是凭感觉，不能把公司价值和个人感觉搞混淆了，主次搞反了。

除了采购人自身要清楚自己的软肋是什么以外，还应该去考虑销售人的软肋是什么。

销售人的软肋是成交和利润。比如，最强势的供应商，还是会给采购人谈判的机会，因为没有订单，就没有成交，也就没有利润。

 为什么说财务思维可以为公司从源头上省钱

可以为公司从源头上省钱的思维是指采购人的财务思维。这里说的财务思维与传统的财务、成本、价格等相关性不大，是指采购人独有的一种宏观架构的财务思维。

做一个小测试，回答以下两个问题：

您的企业对供应商的平均付款账期是多长时间？
_____

您的企业客户的平均付款账期是多长时间？

如果企业客户的付款账期为 90 天，对供应商的付款账期为 45 天，也就是说客户拿到我们的货物后 90 天才会付款，而供应商在发货后的 45 天就要收款了，企业至少有 45 天的垫资周期。此时，企业采购人员的工作重点是什么呢？采购工作要做哪些调整呢？

应尽最大可能去调整两个"数量":第一,对于付款账期小于 90 天的,控制供应商的数量;第二,考虑采购的数量,通过调配采购数量满足紧急备货周期的用量,其他采购量可以分配给账期比较优秀的供应商。另外,对付款账期小于 90 天或小于 45 天的供应商,严格控制其交货周期,做到点对点交货。因为延期或者提前交货对成本都有很大的影响。对于供应商账期大于 90 天或更长的,采取鼓励甚至扶持和培养等措施。采购人员具有财务思维,才能这样去做管理、做策略,才能更进一步地从战略层面、从宏观角度进行供应商的管理。

第三节　采购人突破困境迎难而上的做法

25　新形势下采购工作的新定位是什么

国际国内大环境瞬息万变,企业面临各种各样的挑战和机遇,采购人作为企业资金的密切关系人至关重要,企业在选取和招聘采购人时的要求也在不断提高和变化。

小故事

一个工作了 8 年的采购员去面试后回来说,"最近企业这是怎么了,我怎么面试一个黄一个,是企业的要求高了,还是我真的不行了?想当年,我可是采购界的香饽饽啊。"拿老思路来应对新事物总会困难重重,不管是经验也好,能力也好,都需要顺势增长和变化。

当前形势下,采购工作有哪些新的发展趋势呢?

1)企业需要找寻的是复合型人才。大家知道,很多采购人是"半路出家"的,一些采购人是做文职或者非技术岗位出身的。大多数采购人为商务采购,没有技术背景,有很多采购人在大企业做了五年、八年、十年,也还只会讨价还价、追交期。只有商务采购的经验,这在以前是没有太大问题的,因为大部分技术问题都交给技术或者质量部门去处理了。但在现在的形势下，企业越来越压缩行政成本和提高对员工的要求，顺应复杂且瞬息万变的市场需求，要求采购人既要懂商务，也要懂技术。目前很多企业在招人的时候明确地指出，需要有技术背景的综合性复合型采购人才。

2）非标化、定制化、小批量、多批次等特点成为现代采购的特点。经常听到采购员抱怨客户的要求奇特，供应商对于小批量、多批次的不配合，这些正是体现采购人存在价值之处吧。企业需要的是可以解决问题的人，随着机器人和智能化的发展，在重复的操作性事务中人将会被取代。如果供应商很配合、很听话，可以定期出货，产品都是标准化，公司花钱请专业采购人的意义就不存在了，或者存在的意义也不大，采购人的"定价"也不会高。

3）既要懂采购管理也要懂销售管理。参加上海几家猎头公司举办的招聘会时，我发现企业的要求除了复合型人才和涉及产品的特殊性，还加了一条就是要"了解销售管理"。这里的"了解销售管理"并非要你去做公司的销售，而是要参与公司的销售。特别在当前数字化营销、互联网营销、短视频营销爆发的年代，销售形式已经发生了根本性的变化，采购既要管得了供应商还应该可以参与销售的管理，很多公司已经开始要求采购人员参与销售的定价。比如，很多企业，销售人员为了接订单，无奈情况下拿回来低利润订单，如果采购人员没办法降低采购成本，这些订单做下来很可能是亏的。如果采购人员不参与销售管理，以为只是购买，无疑是前后脱节的，可能导致公司做得越多亏得也越多。参与销售管理，一方面让采购人员有一定的成本意识，在与供应商谈判时设定基准；另外一方面采购人员参与订单的接收，能让前端销售人员了解成本的底线在哪里，不会一味地为了接单而接单，这样形成前后端的链接，才能控制好成本。

采购工作复杂而又繁琐，下面对采购工作进行定位和分类，帮助采购人了解采购工作是否合理，划定采购工作的重点，提升采购工作效率。

按照类型、内容、频次、时间等维度，对采购工作进行定位，可参考图 25-1 采购工作定位和表 25-1 采购工作职责明细表。

1）第一类为策略性工作。很多采购人员一看到"策略"两个字就摇头说我不是公司领导，我一般不参加策略工作的。其实很多人对策略工作有所误解，以为策略就是公司今年购买材料的总支付的预算控制、供应商的布局、成本的控制等。其实策略可大可小，如果你是公司的核心领导层，确实需要你做这些大的关键性决策，但是如果你是小采购，也要有你的小策略。

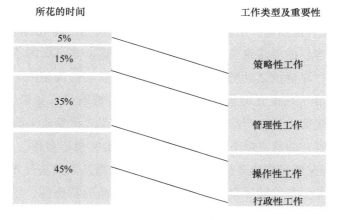

图 25-1　采购工作定位

表 25-1　采购工作职责明细表

工作类型	工作明细	频　次	所用时长	备　注
策略性工作				
管理性工作				
操作性工作				
行政性工作				

小案例

有一个入职三年的小采购员，主要负责本地采购的注塑件，每次购买新材料之前，他都很痛苦，很多不同的供应商都会给他报价单，有的 8 元/件，有的 13 元/件，有的 15.5 元/件，有的 9.8 元/件，怎么判断哪家供应商的报价更合适呢？在很多公司都存在这样的问题，选择价格最低的？还是选择价格最高的？还是选择价格平均的？其实很难直接确定。这个采购员建立了一个自己可以用的标准模板，用这个模板来选择报价。他将同类型的注塑供应商的报价单做了一个标准的模板，分成五大模块——料、工、费、税和利润，比对从不同的供应商收集回来的数据，会清楚很多。可以了解 A 供应商价格高是什么原因，B 供应商价格低是什么原因，B 和 A 的差异原来是在人工费上等。这个标准模板做起来比较费力费时，但是做好后，后面的工作就变得轻松多了。这就是小王做的策略性工作。采购人可以做的策略还有很多，这只是一个简单的例子。

每个采购人都可以做策略，做自己的策略，为自己提高效率。下面这些内容都可以作为采购管理的小策略：
- 设定部门年度、季度、月度、周计划。
- 管控部门的工作成果、规划部门的发展方向和人员配备。
- 制定年度新供应商开发计划。
- 建立年度供应商考核机制。
- 建立供应商报价数据库。
- 分析原材料的价格走势。
- 全面了解市场信息。
- 预测价格的走势。
- 制定安全库存的储备计划。

不管是不是主管，或者经理等领导，采购人其实都有可以做的策略性工作。这类工作是属于花的时间最少，对企业贡献最大的一类，却往往会被很多人忽略，或者很多采购人没有时间去做策略，疲于应付各种各样的"救火工作"。还有很多采购人认为，只要勤奋努力地工作，多花时间就可以做好。实际上不然，很多时候找对方向并采用策略，比盲目地多做更有效。

2) 第二类为管理性工作。这一类工作主要用于处理与供应商的关系，比如很多企业用 ABC 分类法对供应商进行重要性的区分，或者运用供应商管理模型对供应商进行分类管理等，都是在做管理性工作。除此以外，还有些和供应商密切相关的工作，例如，与供应商一起定期核实工作计划，定期拜访供应商、搞好供应关系，这些也属于管理性工作。

下面这些工作内容都可以列入管理性工作的范畴：
- 定期与供应商面谈，复盘供货状况。
- 供应商框架协议或者合同的谈判。

- 特定供应商针对性管理。
- 召开供应商的月度会议、季度会议。
- 制定供应商的绩效改善方案。
- 供应商的分类维护等。

供应商的管理性工作应该作为采购人员日常工作的重要内容，这一类工作的贡献仅次于采购策略性工作，这一点应该引起企业足够的重视。

有一个非常有意思的现象，很多企业的采购人员除了追交期，几乎很少与供应商交流，有很多采购人员与供应商通了三年的电话都没有见过面，因为他们认为自己只是执行采购，不是寻源采购，不用去供应商那里。很多公司有这样的情况，采购前端和后端的职能分开，觉得只有前端的人需要做供应商管理事宜，后端的就不需要，这本身就是个误区。无论前端的寻源工程师还是后端的执行人员，供应商关系管理都应该是工作的重点。

3）第三类为操作性工作。这一类工作是采购人做得最多花时间最多的一类。下订单、跟踪、处理库存、处理货款等重复操作性工作，时间花得多，但是被取代的可能性最大，因为这类工作的技术性和专业性比较弱。

这类工作一般基于 ERP 系统开展，包括以下方面：
- 日常的下订单，维护交期和价格。
- 日常的供应商 KPI 数据读取和分析。
- 供应商退货等异常处理。
- 供应商新料号的创建。
- 合同的创建、审核等。
- 供应商的发票处理、付款处理。

如果这类工作没有办法提高效率，会占用采购人员的大部分精力，会没有时间去关心策略和供应商关系管理，一直陷在琐事泥潭中无法自拔。

4）第四类为行政性工作，包括一些日常的琐事、文职性工作，或者上司交代的日常性事务等。例如：
- 学习公司章程制度。

- 例行参加各部门会议。
- ISO 审核时内审的配合。
- 供应商资质的整理和归档。
- 内部流程的跟进。
- 部门预算的跟进。
- 公司活动的支持。
- 文本的归档、整理。
- 其他日常报告或者报表。
- 参加相关项目沟通会。

在一个500强的大企业里，每个人每周都会参加几个会议，甚至有时候一天参加好几个会议，大多数会议其实和采购的相关性不大，但有些会议采购人员必须参加。这样一天下来，采购人用来处理采购工作的时间所剩无几，所以在企业中很多采购人员加班已经是常态，周而复始，效率很难提高。后面采购部门经过内部优化，砍掉了很多旁听的会议，只是收取会议记录了解情况，大家的时间多出来很多，就有时间来处理本职工作了。仅保留参加几个与采购相关的会议，却发现还是需要加班，调查后发现时间还是花在了保留的几个会议上。例如，在处理呆滞料的会议上，本来半小时可以开好的会，却因为组员不断地岔开话题，加之大家准备不足，每谈到一颗物料的呆滞情况时，当事人都会说这个问题我会后再去确认一下情况，下次再讨论，会议整整开了两个小时，却没有结果。这是很多大企业的"繁文缛节"导致的无效的会议太多、流程太长、准备不足，占用黄金工作时间，效率自然提不上来，需要研究确定如何用恰当短时间高效率地开好会。

 采购人需要加强的核心能力有哪些

采购人既要做"专家"，也要做"杂家"。专家是指要深入地了解采购与供应链的相关专业知识，从专业的角度看待和解决问题；杂家是指在专家的基础上，各方面的知识都要了解一下。比如研发人员，可能只需要懂技术，看得懂图纸；再比如财务人员，可能只需要弄懂财务的内容。采购人员不一样，得和研发接触、质量接触、财务接触、生产接触、仓库接触，所以必须懂一些相关的内容。一个优秀的采购人应具备的八大核心技能如图 26-1 所示。

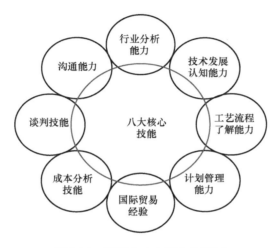

图 26-1　采购人八大核心技能图

（1）行业分析能力

做采购不能闭门造车，一切的动作都应基于对行业发展趋势的了解开展。比如，最近几年特别火热的关键词，存量经济、特殊情况、黑天鹅事件、贸易战、芯片短缺、大宗物资涨价、双碳政策等，给现有的采购工作带来了哪些影响，怎样做好防范与预防，这些都需要采购人具有敏锐的洞察力和较强的行业分析能力。

每个行业在大环境背景下都暗藏着风险与机遇，采购人具有行业分析能力才能在第一时间捕捉到，并且在日常工作中规避风险，抓住机遇。

在 2011 年日本海啸的时候，看到新闻里日本海啸的消息，有个采购员立刻给我写了一封邮件，他这样写道：

> "昨天看到日本海啸的新闻,看起来情况比我们想象的更严重,我们是半导体企业,很多日产的电子元器件和材料估计会断货,我建议在有条件的情况下立刻下计划订单,将现货和供应商手上的相关货物买一些回来做安全库存,以下是我罗列的可能影响的料号明细……"
>
> 经过公司的内部讨论和高层的英明决策,同意了这个采购员的建议。后来行业大幅度缺货的时候,公司幸免于难,采购员使公司占领了市场先机,避开了损失风险。很多时候采购员没有决策权,但是建议权总是有的,处于一线的采购人,最了解前端一线的情况,加上对行业分析的敏锐度,采购员的建议就非常珍贵了。很多知名的公司出台了员工提出改善建议给予奖励的措施。

2021年的外部环境主要体现在大宗物资涨价、缺芯短屏、存量经济以及全球倡导的碳达峰和碳中和四大方面,如图26-2所示的2021年环境分析。很多时候我们改变不了现状,但可以根据不同的现状做出不同的反应,从而规避风险。

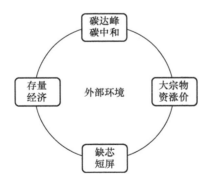

图 26-2　2021年环境分析

(2) 技术发展认知能力

近几年我经常参加各种面试,遇到的候选人专业能力很强,经验也很丰富,总是让企业很难抉择。这个时候我常常会问他们所在的行业情况,哪些是标杆企业,哪些是头部企业,技术发展前景如何,目前处于什么样的状态,希望了解候选人对他所属行业技术发展的认知情况。

你也可以试着问自己几个问题来看看你是否拥有这项技能：
- 你所属的行业目前技术发展到哪个阶段？
- 你所属的行业有哪些新的技术或者革新？
- 你供职的企业在行业内属于什么样的地位？
- 你所属行业的前十是哪些企业？你了解几家？

2014年，我去给一家医疗企业做采购管理优化咨询项目，他们刚刚收购了一家小型的外资医疗设备公司。两家企业的企业文化不同，采购部门的专业能力和发展状况也不尽相同，两家的采购部门在互相渗透和交接工作的时候，涉及一台医用核磁共振设备底部一个垫片的选型。这家公司数十年以来用的都是注塑件，采购金额不大，但是采购风险比较大，非标定制要开模具，而且良率极低。常常一个BOM（物料清单）表中重要物资齐套了，就缺少这颗料而没有办法出货，大家都忽视了这个极不起眼的小材料，却总被这个小材料耽误出货。后来采购部的员工决定把这个材料给外资的采购部来管。外资采购部的小李接管这个材料之后，立刻组织去供应商处考察了解情况，去到生产线上才发现，这个材料原来只有他们一家公司在用，其他企业同类产品用的都是硅胶材质。了解后才知道，原来这个产品两年前已经可以用硅胶来代替了，小李很是震惊，为什么没有人提出更换材料这个问题？研发同事关注的核心在材料设计上面，忽视了材料的"弹性"。采购人购买执行时，应该更直观地去了解所买材料的技术发展趋势和行业使用情况，而不是一味地听之任之，出现问题时应该及时地去供应商处了解情况。从这个案例中可以看出，研发或者供应商多多少少有闭门造车的嫌疑。采购人的本职是保证供应，当供应出现问题的时候，就是采购人的问题了。

（3）工艺流程了解能力

了解工艺流程，不管是对与供应商进行价格谈判，还是对了解质量的异常，都是非常有帮助的。采购员不单单是追交期，还要知道交期怎么来的，而工艺流程就是保证交期的过程。一个产品生产出来有哪些工艺流程、有多少个工序、瓶颈工序是什么，直接关系着交货的日期。

采购员小王发现供应商交期一再延误，非常纳闷。为什么一而再再而三地"跳票"呢？公司是供应商的重要客户啊，也不存在被抢产能的可能，经过了解后才发现是工艺流程出现了问题。但是，小王是商务采购，对技术一窍不通，面对供应商所说的工艺流程、技术上出的问题，说得最多的就是"你们要加快时间、赶紧处理"。这个时候小王请到了SQE（供应商质量工程师）帮忙出面解决，很快供应商给出了具体交期。原来所谓的工艺出了问题、技术出了问题，在质量工程师面前那都不是问题，只是一个延期的借口。SQE出面了解到问题的症结点后，提出了相应问题解决方案，并没有像供应商说得那样很难处理、需要那么长的时间。

（4）计划管理能力

采购人要懂一点物料需求计划和生产计划管理，从而知道公司的采购计划从哪里来的、什么情况下会发现变化、该如何去应对。

企业结合销售需求、市场预测需求、实际需求、合同需求等，生成主生产计划，根据产品信息、公司的库存情况等核算出实际的物料需求计划，生成采购计划和月生产计划，这是生成采购计划的一般流程。如果采购人了解这个流程就会清楚，影响采购计划的因素很多，不是物料控制或者计划部门就能决定的，是需要跨部门协同的。很多时候各个部门出现各自为政、互相扯皮的情况，一部分原因是不了解其他部门的工作内容和工作流程，可参考图26-3所示的物料需求计划关联图来协同工作。

采购人在追踪供应商交货日期的时候，经常会说一句"口头禅"："你们赶紧生产。"一个订单从下单到出货的周期，包括前置期、生产周期、物流周期、存储周期，其中生产周期是最难压缩的。在安排生产计划后一般不会进行修改，因为生产计划运作过程是包括计划制定、计划研究、计划管理、计划监控、计划总结五个环节的完整体系，如图26-4所示。很多公司有这样的情况，老板一个电话，随意插单、随意调整订单的优先顺序。谁来给老板打招呼，就累死一线生产人员，这绝不是简单的提前生产而已，而是牵一发而动全身。所以我常常给客户说，必须制定一个规则——在计划生产之后多久时间以内不允许调整生产计划，这是基于了解生产计划运作体系的复杂性而指出的。

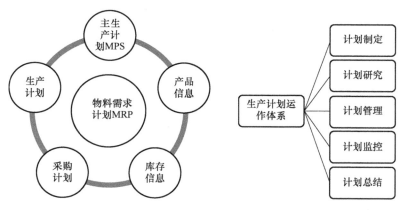

图 26-3　物料需求计划关联图　　图 26-4　生产计划运作体系

（5）国际贸易经验

在 2000 年初时有一个报关员证的考试，很多从事外贸或者进出口相关的采购人都会去考这个证书。企业在招聘的时候对有这个证书的采购人会有一定的重视，说明企业对采购人在关务、国际贸易或进出口知识方面是有一定要求的。后来这个证书取消了，企业在面试的时候也会了解是否从事过和关务、贸易、进出口相关的工作。这些经验都是采购这个职业锦上添花的技能。

小故事

有一次采购员小张去和供应商谈判，供应商因为原材料的涨价，一再要求卖给企业的成品也涨价，经过一轮的筹码碰撞，双方基本达成协议。采购员小张为了争取更多的利益，提出在国际贸易中希望对方有所表示。小张只是对国际贸易中的交易条款有点了解，想到了在这里做一点小文章，供应商的代表却对国际贸易各项内容和条款非常了解，成功地规避了企业想要的利益。对于采购谈判这一块来说，很多人关注的是价格本身，但是如果对国际贸易条款有深度了解的话，会清楚除了价格，国际贸易的很多内容也是价格或者成本的体现。

（6）成本分析技能

采购部门是公司的花钱部门，采购成本的控制对于公司总支出来说占比很大，特别是生产型企业。如果你做过采购员就会发现，很多成本并不是你能算得清楚的。例如，报价中间的人工测算、间接费用分摊等，很多时候采购人直接就不算了，因为有时候算出来的比供应商提供的报价还要贵，所以采购直接就根据市场行情价格进行判断了。

领导却希望采购员可以算清楚，很多时候是担心采购人多花了钱或者买贵了材料。计算一个产品价格相对容易些，展开BOM表清单，去核算用料和用量，再按照材料价格，可以把直接材料成本计算出来。难算的是一些人工、管理费、非标定制费用，或者研发专利费用这些没有标准参照的模块。难算就不能算了吗？或者按照行情走就可以了吗？显然不是，采购人必须具备一定的成本分析能力。很多企业认为，成本分析就是货比三家，或者通过招投标，或者采用不断地更换新的供应商、无底线地压价等手段，就可以拿到"优秀"的价格了。不知道什么是合理的价格，为什么是这个价格？就很难界定什么是"优秀"的价格。很多人在想不是有市场价格吗？随行就市就可以了。请问如果你是老板，你会认可这个说法吗？即使同一款材料，不同的供应商报的价格也不尽相同，怎么样随行就市呢？不断地更换供应商以求最低价？这些都不是长远之计。采购人要根据企业的实际情况，建立起自身的成本分析模式。按照不同的材料分类建立报价分析模板，随着供应商的变化和行情的变化，不断地完善和修正企业的模板，达到最适用、最实用为止。

小案例

我在给某企业做采购管理咨询项目时候，第一件事就是让该企业根据产品类别做出适合的报价成本模板，分为主材、辅材、模具等。有很多人认为这些太粗线条，没有办法收集到想要的信息。其实在一次次收集信息的时候，就会发现什么项次才是企业需要的，然后不断地去完善和更新模板。时间越长，模板就越成熟，采购人成本分析的技能也会越来越牛。如表26-1报价模板范本所示，这是某产品的初始报价模板，分为五大模块，料、工、费、税、利润。在采购员多次的反复实践后，可以将这五大模块细化，报价模板就会越来越适合自己的企业，收集的信息也会越来越有针对性和准确性。

表 26-1　报价模板范本

供应商	量产单价	料				工			费						税	利润	总
		规格	材料	单价	净重	毛重	加工时间	毛坯调质	淬火	表面处理费	工人工资	刀具费	电费	车床折旧费	包装费	运费	管理费	税费	利润	总计
1																	
2																	
3																	
4																	
5																	
6																	
7																	

（7）谈判技能

无论是开发新的供应商、还是供应商的绩效评估和审核，到后来的纳入合格供应商名录、维护供应商的关系，乃至拿到更好的价格，每一个环节都需要采购人与供应商进行谈判。

采购谈判无处不在，和内部客户、和供应商、和领导、和下属，都需要进行各种各样的谈判。有的人可以很轻松地驾驭谈判，有的人却无从下手，很多人说这是情商的问题，不完全是情商问题，掌握专业的谈判技巧也是非常有帮助的。从买卖的角度来看，你觉得销售和采购的谈判技巧相比较，哪个更厉害一点呢？你会毫不犹豫地说当然是销售的，为什么呢？因为在大家的认知里面，采购人是甲方不需要主动出击，很多时候也不用主动学习谈判技巧，销售人自然会来找你谈。自我从事培训咨询的工作以来，每次上采购谈判的课程，学员里总有销售人来听课，销售人希望通过学习知道采购人是怎么谈判的。采购人的谈判技巧相对较弱的话，在谈判中有时会利益受损。

（8）沟通能力

沟通能力和谈判技巧有相通之处，都是属于软性技能，也往往被忽视，觉得这不是采购人的重要能力。但是你在每家企业采购人的招聘简章上，都会看到这样一句"具有高效的沟通能力"，说明这个能力是基本功。从供应链的流程上看，采购前面有销售，后面有生产，平行部门还有质量、技术、研发、财务、仓库，每一个部门都和采购的工作有交集，所以强有力的沟通技巧是至关重要的。沟通很多时候是为了消除彼此间的认知偏差，达成共识。沟通时要学会听出对方的"潜台词"，也让对方听懂自己在说什么，这是一种很重要的能力。有时候为了让对方充分理解自己，人们总试图把话说得更详细，认为花的时间越长，话讲的越明白，对方就越理解。但有时候情况却正好相反，讲话效果与时长成反比。在沟通的时候，不忘记自己的沟通目的，记住自己的观点和立场，表达上应尽量精炼。

只有与人良好的沟通，才能为他人所理解，才能得到必要的信息，才能获得他人的鼎力相助。

沟通能力对于采购人来说，正所谓"能此者大道坦然，不能此者孤帆片舟"。

27 如何做好采购人员的绩效考核

通常情况下，对采购部的考核是多维度的、全方位的，很多企业都会设置QCDS（质量、成本、交期、服务）四大维度的绩效考核模式来和供应商管理的模式对接。这样大方向是没有问题的，同时应注意采购人员的绩效考核要更有操作性、针对性和实用性。

在去企业做咨询的过程中，我发现很多企业的绩效考核形同虚设，没有太大的价值和意义，员工的精神面貌没有通过绩效考核得到改善，效率也得不到提升。绩效评估不能是抽象的感官评估，而应将每个场景都量化出来。

有次去银行办业务，我看到银行员工的精神面貌焕然一新，大堂经理给我看了一张评价表单，我大致明白了原因。表单内容包括非常满意为10分，评价标准为：客户进门迎接1分、带客户到指定位置休息1分、指引客户办业务1分、办理业务时候风险提示1分、全程微笑耐心2分等，全部是量化的让客户依照标准给出客观的评价。绩效考核的形式发生了改变使得整个工作效能大大提升。这种量化的客观的绩效，与原来感性的抽象的绩效考核形成了鲜明对比。

在很多制造型企业，采购部门的绩效也是多元复杂的，采购并不是只有单纯的交付指标，很多和其他部门有交集的指标，也要量化出来作为提升采购人员工作效能的途径。

表27-1的采购工程师绩效考核表是某公司的一份采购工程师的绩效考核指标文件。很清楚地可以看出，该公司的主要考核指标在交付、成本和质量上，根据公司的目标侧重点，设置不同的权重值，这样一来采购人员就知道自己工作的重点是什么，工作才能有效地聚焦。而且每一项指标都通过设置的评分标准量化，做到有理有据。每个大的目标也可以继续拆分成小目标，例如成本就拆成不良品仓的即时处理率。可以根据自己公司的情况和需求，添加其他和成本相关的内容。绩效也设置了多角度的自我评定、直属上级评定和部门经理评定。通过这样的绩效考核，可以提升采购人员的绩效，使绩效考核不再是摆设。

表 27-1　采购工程师绩效考核表

目标任务分解		权重	目标值	评 分 标 准	自我评价	直接上级评定	部门经理评定
成本	不良品仓及时处理率	20%	60%	及时处理率=当期已处理物料不良品批数/不良仓待处理物料总批数×100%，及时率60%以上（含）得分20分，每低于5%扣1分			
质量	供应商来料质量合格率	10%	94%	来料批次合格率=供应商来料合格批数/供应商来料总批数×100%，合格率94%以上（含）得分10分，每低于1%扣1分			
	上线不良率	10%	10%	上线不良率=当期生产不良批数/领用总批次×100%，不良率10%以内（含）得分10分，每超过1%扣1分			

（续）

目标任务分解		权重	目标值	评分标准	自我评价	直接上级评定	部门经理评定
交付	采购物料交付及时率	15%	80%	按到料排程承诺回复，及时率80%以上（含）得分15分，每低于2%扣1分			
	工单上线缺料率	10%	根据月度计数据待定	以在线缺料报表为数据源，缺料率%（含）以内得分10分，每超过2%扣1分			
	物料综合交付周期	10%	20天	物料综合交付周期＝ $\sum$（进出库物料金额×L/T）/进出库物料总金额，每超过2天扣1分，扣完为止			
	销售订单按期交付率	10%	同PMC	与PMC共同承担销售订单按期交付责任			
	对账处理	5%	90%	对账处理及时率＝当期规定时间内完成对账供应商数量/当期需对账供应商总数×100%，每降低2%扣1分			
组织与流程	流程优化	5%	优	上级评价			
	跨部门协作	5%	优	上级评价			
评分合计					96分		

直接上级评语、评分、绩效等级

说明：1. 定性指标打分参考标准为优秀的分数≥90；良好为：75≤分数＜90；待改进为：60≤分数＜75；不合格的分数＜60。2. 指标权重大于30%请特殊说明或进一步分解

责任人签字：	直接上级签字：	部门经理或总监签字：
日期：	日期：	日期：

小案例

表 27-2 是针对采购经理级别的绩效考核,将侧重点进行了区分。在成本质量交付基础工作上,还加入了采购部门的工作规划和管理制度完善以及供应商开发等管理工作。这个表中的权重采取了分数制,和表 27-1 中的百分比制有所区分。表中的量化的评分标准中给出了具体的定义和公式,评价栏给出了自我评分、同事评分及领导评分三个维度,是一份比较完善和实用的绩效考核表。

表 27-2 采购经理绩效考核表

考核项目	细分指标/关键指标	权重(分)	指标具体内容及定义	评分标准:优秀100%;良好80%;一般60%;较差40%;很差			考评得分
				自我评分	同事评分	领导评分	
采购部门工作规划及管理制度完善	制度建设与完善	10	采购管理相关制度与流程的制定、完善与及时更新,如采购管理制度及流程、生产物料管理制度、生产设备管理制度、采购人员管理规定等				
采购任务及采购质量	采购到货交货率	10	采购到货交货率 = 准时到货批次÷采购总批次×100%(具体可以按照原材料、生产物料、包装物、促销品、其他物资等进行细分)				
	采购质量合格率	10	合格率 = 合格采购批数÷采购总批数×100%				

（续）

考核项目	细分指标/关键指标	权重（分）	指标具体内容及定义	评分标准：优秀100%；良好80%；一般60%；较差40%；很差			考评得分
				自我评分	同事评分	领导评分	
采购成本控制	物料成本达成率	10	物料成本达成率＝物料实际采购成本率÷计划采购成本率×100%（物料采购成本＝物料采购成本÷总产值×100%）				
采购供应	物料供给及时率	10	供给及时率＝准时发放批次÷总发放次数×100%				
	物料供给及监管灵活度	6	根据生产部门反馈的实际情况适当调整物料的采购计划或者发放计划				
供应商开发管理	供应商信息的完整性与准确性	6	具体包括供应商的基本信息、信用评估情况、供应商往来账目等				
日常工作管理	采购部门管理制度的执行情况	5	严格按照采购部门管理制度与流程执行工作				
	团队管理	10	培育、指导、考核部门员工，且团队成员对该部门的工作氛围、领导风格、领导支持（学习发展、生活关爱、成长辅导支持）等具有较高的满意度；员工能力提升较快，且表现为较强的凝聚力与执行力，员工流失率低				

(续)

考核项目	细分指标/关键指标	权重(分)	指标具体内容及定义	评分标准：优秀100%；良好80%；一般60%；较差40%；很差			考评得分
				自我评分	同事评分	领导评分	
日常工作管理	采购相关资料与文件管理	6	采购相关资料与文件提交准确性及及时性，保存的完整性，包括物料需求计划表、物料请购表、物料验收单、供应商档案、各类账单等				
	其他日常工作	5	公司统一开展的活动或要求的事项是否按时完成				
知识、技能	知识与技能	6	岗位要求所必需的知识（基础知识、业务知识、关联知识）及技能水平（包括分析判断能力、沟通能力、问题解决能力、团队合作精神以及协调性）				
	愿望与态度	6	主要指公司要求的通用类素质（公司可根据自身需求进行调整），例如创新与改善能力、诚信正直、责任感、纪律性、工作热情、服务态度等				
合计							

第三章
供应商开发评估与关系管理

第一节 供应商寻源和信息的收集

 怎样收集供应商的需求与信息

采购人员寻找供应商信息的传统方法主要是通过互联网、黄页、同行推荐、专业平台、展会等。采用这些方法收集信息时,应首先明确目标,结合以下八个方面工作进行信息的收集和分析。

(1) 选定所需目标供应商

在平时的工作中,采购人应学会积累行业的相关信息;通过与供应商的合作,了解自己企业到底需要什么样的供应商;目前合作的供应商到底有哪些问题和缺陷,这样在后续补充供应商的时候,就可以快速地识别和锁定需要的目标了。

(2) 分析企业和供应商的发展战略

分析企业和供应商的发展战略,也是在寻源阶段非常重要的一项工作。供应商是否能和企业合拍,双方的发展状况和战略是重要指标。众所周知,日本企业喜欢找日本供应商,韩国企业喜欢找韩国供应商,哪怕在中国办厂很多年,依然是这样。如果去问这些企业,他们会跟你说:合作是两家公司的事情,不是采购和销售两个部门的事情,两家公司需要时间磨合、需要企业文化融合。

两家公司的发展阶段、发展进度、发展意愿是否匹配等,也是决定是否能长久合作的重要考察指标。

(3) 分析采购物资类别

采购物资类别是寻找供应商过程的关键指标。

小故事

一个老板任命 A 和 B 两个非常有能力的职业经理人去管理两个部门,一年以后,两个部门的精神面貌完全不一样。调查之后得知:部门 A 主管,能力超强,凡事亲力亲为,大事小事一把抓,看似很忙很累,却成效甚微,组员们"无事可做";部门 B 主管,能力也很强,大部分时间按时上下班,有时间还组织"团建"活动,把团队打造得活力满满,这到底是什么原因呢?

部门 B 主管清楚地知道自己是管理者,管理者就应该学会做管理。他通过一段时间的观察,找出部门每个人的特质和特长,有针对性地进行管理。前期可能需要手把手地教,会花些时间和精力,但后期的效果是非常不错的。大家按照既定的规则和流程按部就班地工作,主管在或不在,都可以很好地执行自己的工作,而且工作效率也非常高。管理者根据不同的人做不同管理,才能"管理出效益"。

人员的管理是这样,原材料以及物资采购更是如此。要做到有的放矢,不同的材料管理的办法要不一样,管理的侧重点也要不一样。

例如以下几个问题,看看你是否可以解答呢?

- 现在行业一直在推行降本增效,增加运营效能,企业需要将一部分采购物资外包出去,什么样的物资适合外包呢?
- 企业要推行招投标项目,哪些物资适合招投标呢?
- 企业要节约成本,准备展开新一轮的商务谈判,哪类物资适合商务谈判呢?
- 哪些供应商需要花精力维持良好的供应商关系呢?
- 哪些供应商可以不需要管理其交期,仍然可以如期交货呢?

这样的问题非常多,所以要分析采购物资类别,以针对不同的供应商采用不同的管理方式。

（4）分析物资需求情况

分析物资需求情况是可以把握重点物资的有效办法，可通过数据统计方法或者现在非常流行的大数据方法进行分析。对往年使用情况进行统计，才能对未来的用量有比较准确的把握。去年此时用量的大致情况，对今年有很好的指导意义。在服装、食品快消行业，用这样的方法非常有效。随着市场环境的不断变化，对需求在短时间内会发生很大变化的行业，数据分析也具有一定的指导意义。

通常情况下，还会用到供应商原材料的使用数据。因为供应商的客户不止一家企业，肯定有很多同类型的客户，所以了解供应商家原材料的购买和使用情况并进行分析，可以直接反应市场的情况。企业可以想办法去借鉴其他企业，但是一定要拿到真实的数据才可以。有时候供应商为了消耗库存也会提供一些误导数据，这需要想办法去分辨清楚真伪。

（5）分析细枝末节的小信息

在供应商选择的前期准备中，是否已经确定了大致的需求数量、所购买物资的难度、市场情况、行业风险、购买金额、迫切程度、项目上使用的生命周期、是短线还是长线、是否是一次性购买等信息，都值得采购人注意。

（6）确定供应商选择的指标

在选择供应商之前，收集供应商选择的指标信息非常重要，这一点直接决定了选择的供应商是不是需要的供应商。寻源工程师在挑选供应商之前，必须搞清楚。质量系数、精度、有没有特殊要求、行业标准等，才能准确地找到想要的供应商。不能盲目地找来一大堆供应商然后再去挑选，这样非常耗费时间和精力。要想第一次就选对供应商，选择范围、目标对象要精准，这要求采购人对所需要的供应商的指标有清晰的认知。

（7）考虑供应商的策略型选择

当供应商供货不及时或出现质量问题时，采购人员或者SQE相关人员就很想去现场看看到底出了什么情况。这个时候如果供应商在日本、美国，就遥不可及。又或者说近一点，供应商就在国内，你在上海，供应商在哈尔滨，这家供应商确实不错，各方面条件都匹配，在没有其他优选的时候，你可能会继续选择这家供应商，但是如果江浙沪有同等类型的供应商，相信很多企业会改选江浙沪的供应商。因为除了各项指标因素，找供应商还有一个物流半径的问题值得关注。采购人常常讲没有最好的供应商，只有最合适的供应商。

很多企业在选择供应商的时候倾向于选择大公司、原厂等，那么是不是供应商越大越好呢？之前一家企业的采购员问过我一个问题："老师，我们是民营企业，老板喜欢大的、500强的供应商，觉得质量可靠一些，可是大的、500强的供应商往往对于我们来说，又是强势供应商，到底该如何处理？"听完这个，你会觉得老板说的对，大的供应商、500强的供应商的质量相对稳定一些；学员说的也对，这样的供应商会变成强势供应商。那到底该如何选择呢？

规模不等于优势，不要一味地看重500强或者大的供应商，最好可以找到"门当户对"一起发展的供应商，这样供应商的质量不会太差，并且地位对等，交流起来会顺畅很多，也会给未来的合作带来很大的便利，甚至还可以建立起战略合作关系，互相牵制、互相制约，又互相督促发展。

（8）供应商寻源的确认

需求和信息收集完毕后，接下来正式的供应商寻源到底怎么做呢？

将企业内部需求与采购员寻源的信息进行有效的匹配，企业内部需求的准确性决定后续寻源工作的复杂性，需求部门需要提供书面采购说明书（Specification of Requirements，SOR），采购人员需要把握产品的成熟度。

SOR主要包括以下信息：
- 项目信息与计划。
- 技术和实验室要求。
- 质量要求和平台。
- 售后服务要求。
- 知识产权或是否有指定二、三级供应商。
- 需要采购方提供的资料。
- 需要供应商提供的资料。
- 相关人员联系方式。
- 有无招投标要求。

信息匹配完毕之后，对于目标供应商设定合理的竞标清单来进行最后寻源的确定。竞标清单一般由采购人员主导，质量部门和技术部门共同参与，采购、质量或技术人员均应有一票否决权。竞标清单主要包括各家供应商的基本信息、与同类客户的相关信息、工程技术情况以及供应商的质量情况等，通过比较来确定哪个候选供应商是最合适的，如表28-1所示。

表 28-1　竞标清单

供应商名称		候选供应商1	候选供应商2	候选供应商3
主营产品				
生产基地				
年度营业额				
与同类客户的相关经验	同类客户1			
	同类客户2			
	同类客户3			
	同类客户4			
	同类客户5			
	同类客户6			
	同类客户7			
	同类客户8			
	同类客户9			
	同类客户10			
与同类客户相关的主要工艺				
是否现有供应商以及产品				
现有供应商的质量情况				
工程技术研发评估情况				
供应商质量管理的建议				

确认候选供应商具体的信息收集一般从以下五个方面入手，如图28-1 信息收集的五大渠道所示。

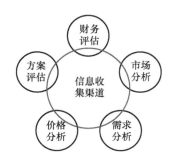

图 28-1　信息收集的五大渠道

1）从财务方面评估。包括公司的财务报表、二手供应商数据、公司的信用评级、供应商的客户等各方面。

2）从供应商的市场来分析。包括供应商市场的格局、稳定性、工具使用、风险评估等方面。

3）从需求分析出发。包括最终产品的需求、零部件的需求、外购件的需求、组织的库存计划分析等。

4）从询价与报价分析。从基准价、附加成本、保修条款、关税、税务、兑换率等与询价报价相关的信息着手分析。

5）从供应商给出的方案来评估。包括对投标中的商务、技术条款进行综合评估，或者对非招投标的方案进行对比。

如何快速有效地找到合适的供应商

由于项目紧急或者情况特殊，没有足够的时间去开展相应的寻源步骤，那么快速有效地找到合适的供应商就是每一个采购人的目标。有很多传统的方式可以寻找到供应商，例如通过互联网、展会论坛、企业名录、专业平台、同行介绍或者销售介绍等，这些方式在日常工作中使用起来，效果因人而异。采购人在不断地寻找供应商的过程中，会摸索出一套行之有效的创新的供应商寻找方式。

传统的供应商寻源方式如图 29-1 所示。

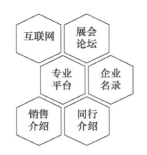

图 29-1 传统的供应商寻源方式

小故事

曾经在某个企业做咨询项目时，我非常惊讶地发现该企业居然在仅有 10 个人的采购部门安排了 3 个人做专职的寻源采购工程师，这在企业中是很少见的。很多公司希望采购人可以兼任寻源的功能，而且大部分的寻源采用传统的方式。这家企业的 3 位寻源工程师几乎在公司是见不到面的，他们会像销售人一样，经常出差去实地考察供应商，并且建立出适合公司的"供应商池"。当采购员"受制"于供应商的时候，寻源很快就出手援助了。当采购员发现以下四种状况时，供应商寻源部门的 3 位同事可以快速提供合适的供应商。

- 供应商一家独大；
- 供应商无法满足需求；
- 采购员想要更好的价格；
- 采购员想要更好的服务。

通过寻源建立的"供应商池"起到了很好的作用。一般情况下，"供应商池"的供应商数量大概是供应商名录的三倍左右，能很好地补充供应商的短缺和不足。

"供应商池"主要来自于以下四个方面，如图 29-2"供应商池"来源所示。

1）第一个来源是同行的供应商。每个企业都有自己的竞争对手，竞争对手的供应商大部分和企业有交集。

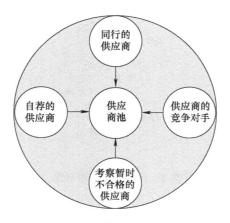

图29-2 "供应商池"来源

  可口可乐与百事可乐、肯德基与麦当劳、宝马与奔驰、统一与康师傅等这些企业既是同行也是竞争对手,他们的供应商群体都有一定的交集。在信息透明化的今天,想要知道同行供应商的情况是比较容易的,甚至有些大的企业还会公布供应商名单。研究竞争对手的供应商本身就是储备供应商的一种办法,在实际操作过程中,因为是竞争对手已经采用的合格供应商,可以省心省力。

  企业在供应商交货出现问题时,快速地转到"供应商池"中的新供应商,此新供应商同时也是企业同行的供应商。此时采购员拿出所有评估清单的时候,发现同行已经对此供应商做了相应的评估,采购人只需要针对差异项再做一些补充评估即可使用,加快了供应商导入和使用的进度。

  所以平时与现有供应商沟通的同时,积累和留意观察同行的供应商是采购人非常重要的工作内容。

  2)第二个来源是供应商的竞争对手。供应商的竞争对手是企业的第二供应商源。供应商的竞争对手虽然不是直接的供应商群体,但却是直接的供应商来源,保持与供应商竞争对手的联络既能对现有供应商形成心理压力,也能对未来供应提供有力保证。

某化工企业的一家供应商由于仓库失火,导致供应不及时。该供应商仓库失火的消息短期内并没有被该化工企业发现,该企业只是发现供应出现了延后,但没有特别在意。这个消息是后来从供应商的竞争对手口中得知的,该企业得知消息后及时地做出了相应的调整,才避免了因为供应商火灾导致的损失。供应商的竞争对手是信息的窗口同时也是制衡供应商的杠杆。

3)第三个来源是自荐的供应商,一般人会有这样的感觉,送上门的都是不好的,好的不愁销路。这样的认知是有一定问题的,销售人需要主动出击,开发和联络客户,酒香也怕巷子深。对于自荐上门的供应商,一般精准度和配合度还是不错的,应该秉持开放的态度,多了解、多沟通,寻找合适的合作机会。

4)第四个来源是考察暂时不合格的供应商。按照供应商的考察频率,定期对现有供应商名录的供应商进行常规的考核,暂时不合格的供应商,也是采购人关注的目标。当进行改善后,随时可以启用暂时不合格的供应商,这比重新去找供应商更直接更有效。因为它们曾经是企业考虑过的供应商,一些方面与企业是磨合过的,可以搞清楚它们考察暂时不合格的原因,并且有针对性地去改善。在没有改善之前,先保持联络,而不是随意地从供应商名录中删除。

供应商是朋友还是敌人

生存哲学决定生存命运,没有一成不变的答案,供应商既是朋友,亦是敌人。企业和供应商是合作共赢的关系,看起来应该就是朋友;在合作的情况下,很多时候双方为了各自获取更多的利益,又变成了对立面,成了敌人。企业需要有一批稳定、战略合作关系的供应商,在双方出现敌意的时候,应尽力化解,更多地将供应商当作朋友、伙伴、靠山、联盟。

一般来说,原材料可分为:以劳保用品、办公用品等为代表的低值易耗品或者低值标准品;以非标定制、小批量多批次为代表的瓶颈型物资。对于一般型物资的供应商，企业基本上保持一般的关系，甚至有时候都"没有关系"。相反，企业和瓶颈型物资的供应商甚至是依赖的关系，有时还会视瓶颈型物资的供应商为客户。很多采购人认为，企业是甲方，肯定是供应商重视的客户。我之前在企业讲过，采购人千万不要以为自己一定是被重视的客户，充其量有25%会被重视，有75%是不被重视的。

企业竞争不能靠单打独斗，需要与供应商形成战略合作伙伴关系，企业的发展和壮大离不开供应商的支持。特别是经历过风险洗礼和涨价暴击之后，供应商的重要性更加凸显。从质量来看，供应商提供的原材料和部件直接构成最终产品的质量；从成本考虑，原材料和部件的成本占50%～80%产品的成本；从响应效率分析，很多情况是因为供应商交货不准时而影响了产品的最终交付。供应商产品质量、成本和交期的管理水平直接决定了组织的竞争能力，应把供应商当作朋友看待。

不同类型企业与供应商的关系有哪些差异

采购人员经常与各种各样的供应商打交道，来自不同性质企业的采购人员对待供应商的态度和做事方式会有一定的差异。

日韩企业与它们的供应商像是"夫妻关系"，一旦选定，基本上都会不离不弃，出现问题会一起承担，更换供应商的可能性不大；欧美企业与它们的供应商更像是恋爱关系，在合作上还是非常有默契度的，如果合作得不错，会结成利益联盟共同体，也不会轻言放弃；我国一些企业与供应商更多的像走婚的关系，具有与供应商配合度高、价格合适就合作，一旦出现问题就换一家供应商的心态。随着我国企业的快速发展和现代企业制度的建立，企业对供应商的依赖性越来越强，我国企业越来越意识到供应商的重要性，与供应商建立战略关系、利益共同体已经是目前很多国内企业正在做的事情，从而与供应商的关系日趋紧密。

某家日本企业，其供应商名录中的常用供应商，合作平均时长已经达到5

年,甚至有些供应商合作已经有10年之久了。与这家日本企业合作后,这些供应商经历了从微小到不断壮大的过程,是一步一个脚印地走过来的。当初成为该企业的供应商时,有可能还是名不见经传的小企业,但是只要这家企业选定了供应商,就会与供应商共同进退,不断地去培养它们、鼓励它们、考核它们、支持它们。这样的供应商体系下,产品质量的稳定性相当高,员工的归属性很强,所以日企的产品稳定性是出了名的,日企的员工离职率也处于相对比较低的水平。

很多欧美企业特别是家族企业,往往只生产一种类型的产品,规模不大,它们在选择供应商时倾向于选择与它们有连带关系的企业,而且一旦与供应商建立起联系,就会长期合作。很多小的欧美公司有自己的专利或者自己的独特技术,在自己所处行业中相当于隐形冠军。

  某家欧洲企业初到中国之时,很想找上海某行业巨头建立合作关系,合资办厂。当时,该欧洲企业代表与中方企业经过三番五次的谈判,最终以失败告终。中方企业觉得自己是大公司不屑与这样的"小公司"合作。无奈之下,这家欧洲企业与苏州的一家中小型企业签订了合同,成立了一家合资公司,很快这家合资公司就拿到了该欧洲企业的客户和供应商资源,随之而来的是一系列订单。一旦开始合资建厂,企业就不会再改变合作伙伴,这家苏州公司后期发展成为这家欧洲企业的战略联盟,拿到了很多欧洲的订单。

  这大概是欧洲工业一直强盛的原因之一吧,因为这样牢固的合作关系,能让企业的供应商们沉静下来踏踏实实地去做事情、搞研发,而不是在搞关系上花费精力,企业的抗风险能力很强,不是单打独斗,而是联盟化作战。

随着近几年我国企业的高速发展,一些企业意识到了联盟化作战的必要性,在不断地反思该如何去维护与供应商的关系,越来越多的国内企业更加重视与供应商的关系。善待供应商是我国制造业企业更稳固、更长久发展的必由之路。

32 经常上门的供应商就是绩效好的供应商吗

在供应链业界有一句话,"供应商经常来混脸熟不是好事"。笔者估计这句话讲出来,看此书的一些销售人员一定会反对。

采购人员都知道,供应商来访再正常不过了。但是采购人员应该知道销售人员的软肋是什么,就像销售人员也应该知道采购人员的软肋一样。销售人员的软肋是什么呢?是成交,也就是订单。再则,销售人员还有一个软肋就是利润,没有利润的订单,没有人愿意做(特殊情况除外,有时候供应商为了打入供应商名录或者是需要客户的光环也会做一些牺牲)。对于供应商来说,生意就是生意,供应商来拜访大多数是想实现这两个目的:一个是订单,一个是利润(有时候是谈涨价),当然例行拜访也有。一个供应商过多地拜访也不一定就是好的供应商,混脸熟后就会让采购人员产生错觉,当有需求(订单)时,第一个想到的就是这个供应商了,会觉得跟这个供应商关系好,就潜意识觉得是靠谱的供应商。供应商深知采购人员的软肋是:公司价值和个人感受的博弈。如果一个供应商能满足公司价值,不满足个人感受,成交率只有百分之五十;但是供应商只满足个人感受,不满足公司价值,那么成交率是零。现状是,很多采购人员把个人感受和公司价值搞混,顺序颠倒。当供应商来混了脸熟之后,采购人员很有可能就会无意中把个人感受放在首位了,一有需求,订单就想到了这个经常来拜访的供应商。

供应商是否经常上门并不是考察供应商好坏的标准,采购人员应该以满足公司价值、保证供应为首要任务,以供应商的绩效指标和服务质量为依据来评价供应商。

33 不是供应商名录中的供应商要不要见面

经常有一些不是企业供应商的供应商(不在企业供应商名录中)来企业拜

访。作为采购人员，平时工作繁忙，对于没有交集的供应商，经常会觉得麻烦，不想见面。很多供应商是由客户指定、项目指定的，比如汽车行业，一个BOM（物料清单）表中的供应商，要三、五年项目结束才可以更换，这样就导致供应商很难管理，甚至不是强势的供应商也被采购人员"养"得很强势，难以管理。这时采购人员觉得接见新的供应商也没有办法更换供应商，干脆就不见了。

但是，要知道自行来拜访企业的供应商，大多数是经过调查，觉得他们是可以为企业供货的供应商。也就是说，这些来拜访的供应商，大部分是现有供应商的竞争对手。供应商的竞争对手往往是企业了解现有供应商的窗口，需要采购人员放开心态，及时储备，有能力的情况下要多见面一些。

不在供应商名录中的供应商，也应该与之保持良好的互动关系，这样对现有供应商可形成心理威胁和制衡，同时也是获取供应信息的有效渠道。

第二节 供应商分类分层和关系管理

 从生产策略上如何有效地管控供应商

一些采购人员花费了大量的时间去处理与供应商的关系，而供应商关系管理不是单纯地与供应商"搞好关系"，如上班时间大肆闲聊，私下各种交际，虽然有时候有点作用。注意，真正意义上的供应商关系管理是建立在科学性和系统性上的关系维护。

某企业有个别国的供应商，大中华地区有2名执行经理都和他们有业务往来，年度交易的金额数量也相当。但是发现深圳大区的总监会有拿不到货的情况，而湖北大区的总监总是可以解决货源问题。他们的差异在哪里呢？后来发现，这个湖北的总监会做好与供应商的关系。有一次该供应商到广东去参加展会，其实不是到该企业来的，离湖北也有一段距离，但是这个湖北的大区经理意识到重要供应商到中国来了,以最快的速度买好去广东的机票,提前到机场热情地接机、认真地招待,并带他们参观,建立了良好的关系,当出现物料紧张的时候且在其他条件相当的情况下,湖北大区经理平时维护该供应商的关系就发挥作用了。这绝不是说,要一味地去讨好供应商来维护供应商关系,是说核心供应商确实需要花大精力去琢磨和研究如何维护好。

长远来看,在供应商管理过程中,应该主要用理性的科学方法来管理供应商关系。管理供应商一定要有重点和次重点,不能胡子眉毛一把抓。管理供应商时主要依据四种生产策略,如图34-1 四种生产策略和表34-1 四种生产策略分析所示。

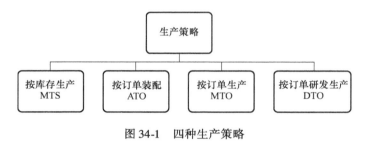

图34-1 四种生产策略

表34-1 四种生产策略分析

生产策略	库存状态	交期	成本	管理要点	案例
MTS					
ATO					
MTO					
DTO					

(1)按库存生产 MTS

进行准确的市场预测,计划要生产的订单量,称为按库存生产(Make-to-Stock,MTS),也叫作预测式生产。在过去的很长一段时间内,这种生产策略在我国的制造型企业中占有极大的比例,主要适用于大批量、稳定性、标准化、需求波动不大的一些产品。

大街小巷，看到最多的商品可以说是服装，大多标注为滞销的、库存的、积压的外贸商店，其中包括一些品牌服装也在进行打折销售。造成这种情况的原因是什么呢？是对市场的把握得并不准确吗？既然市场把握得并不准确，为什么还继续大量生产这么多服装呢？这和服装企业的生产策略有很大的关系。

大部分服装企业都是按库存生产的模式进行生产的，这称为推式供应链结构，其内涵是按照计划生产好成品再进行销售。那为什么会出现过多库存呢？一方面是对市场的预期过于乐观，还有可能是考虑原材料集中采购和批量购买带来的低成本，还有可能存在某一个特定时期内的物资价格趋势。例如，买某种原材料，3月和6月的价格不一样。这样一来，按照不准确的计划生产出来的成品，基本都会造成库存大量积压。例如在2008年奥运年，很多运动品牌大量生产运动类服装，一度造成大量积压和滞销。

小故事

试想一下，如果让你去承包食堂，你要去买菜，你会买什么菜？第一个你会买便宜的菜；第二个你会买好保存的菜；第三个你会买有折扣的菜。此时，你是不是立马变成了"奸商"？因为你考虑的是控制成本和保值的问题。这一类就是典型的库存生产模式，将买到的原材料做成成品再去销售。对于这一类按库存生产策略的生产过程，管理的侧重点是库存，管理的关注点是最低安全库存值、库存周转情况等。

（2）按订单装配 ATO

按订单装配（Assemble-to-Order，ATO）是指在接到客户订单之后，用库存的通用零部件装配成客户订单需求的成品。这些通用的零部件是在客户订货之前就计划、生产并储存入库的。当产品可分解成不同参数的可选部件，而客户又不愿等备料及生产所需的时间时，就可以采用这种生产策略。如电脑、手机、家电、快餐等行业，就广泛地运用了按订单装配的生产策略。

小案例

经常出差的人会有这样的体会，到机场或者高铁站简单吃点时，因为赶时间，一般会选择快餐，比如肯德基、麦当劳、真功夫等，这就是典型的按订单装配。除此以外，现在的电子产品的更新换代非常迅速，要求供应周期不断地缩短，来对抗因为交期过长而带来的各种风险，典型产品包括手机、电脑等IT硬件产品，就是根据不同的需求按不同的订单装配的。

对按订单生产的企业来说，当产品生产周期超过客户要求的时间时，按订单装配就成为最可行的解决途径。采用这种生产模式，通过预投生产半成品，来缩短生产周期，减少装配计划时间，加快对客户需求变化的反应，既可以避免因为最终产品不同造成的成品库存积压，又可以迅速满足客户的要求。

要实现按订单装配，一般需要具备以下条件：
- 基本的组件和模块都是标准的半成品。
- 产品的零部件或元器件大部分由供应商提供。
- 标准化程度高、模块化装配可行性高。

（3）按订单生产 MTO

随着经济的迅速发展，人民生活水平的提高，产品的更新换代也越来越快，市场越来越难以预测。在这样的趋势下，按库存生产的风险越来越大，按照订单装配的产品也缺乏新意，越来越多的企业开始向另外一种生产模式——按订单生产模式转变，这种模式采用典型的拉式供应链。这种模式可以将库存降到最低，甚至有时候是零库存，大大降低了企业的成本。按订单生产是企业近些年来较多采用的生产策略。按订单生产的生产策略的最大挑战是对供应链的敏捷度以及对交期的要求。

按订单生产（Make-to-Order，MTO）指的是企业根据客户订单的需求量和交货期来进行生产安排。其宗旨在于降低库存甚至没有任何库存，有订单后再安排生产，无订单则停止生产。这样也有一定的风险存在，如果客户下了订单，企业没有做任何库存安排，需要重新购买原材料，而原材料的购买存在很多变数，受客观环境因素的影响，有时候会导致供应不上，这样就会失去订单。

(4) 按订单研发生产 DTO

随着市场经济的发展，人们对产品的需求不再集中在交期快和标准化上，而是更加追求个性化、特殊化需求，这使供应商的外部环境发生了变化。如图 34-2 供应商外部环境所示。为适应这些外部环境特点，企业的生产策略需要向按订单研发生产迈进。

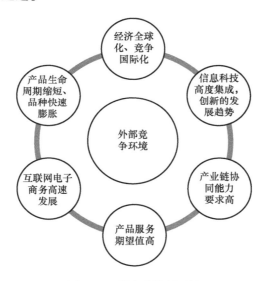

图 34-2　供应商外部环境

按订单研发生产（Design-to-Order，DTO）在现在的制造业中运用得比较广泛。很多企业在有一个初步概念的时候，就会找到供应商协商，想做出概念设计或产品，看是否可以研发出来，甚至只有一个简单的图纸或者概念，就开始按照客户的需求不断地研发、打样、试生产，生产出客户需要的产品，量产上市，最后占领市场。这样的产品是有创新性、科技性的产品，也顺应了市场的需求。

 从原材料上如何对供应商进行分类管理

很多企业都对原材料进行分类，分为主材、辅材或者是按照 ABC 分类法分类。ABC 分类法，其实某种意义上可以说是 80/20 法则的衍生，所不同的是，80/20 法则强调的是抓住关键，ABC 法则强调的是分清主次，如可将供应商划分为 A、B、C 三类。ABC 分类表如表 35-1 所示。

表 35-1 ABC 分类表

库 存	数 量 比	价 值 比
A 类	5%～15%	60%～80%
B 类	15%～25%	15%～25%
C 类	60%～80%	5%～15%

在一个生产制造型企业，往往会有成千上万个物料号，品类也纷繁复杂。采用 ABC 分类法可以初步对物料进行分类。

采用 ABC 分类法分类后的原材料，对低值易耗品，金额占比较小的 C 类进行弱化管理；对于 A 类占大金额的核心材料如产品关键部件，安排专人专项管理，从而做到主次分明。

在盘点和库存管理中，ABC 分类法运用得非常广泛。重要材料的存量应该重点监控，确保不断料又不积压，非重要材料由于其重要性不高和资金占用量小，则可以按一定的估计量准备最低安全库存量。

ABC 分类法是采购管理方式中比较简单而且易操作的一种模式，一般分为以下五步来应用：

- 第一步，计算每一种材料的金额。
- 第二步，按照金额由大到小排序并列成表格。
- 第三步，计算每一种材料金额占总金额的比率。
- 第四步，计算累计比率。
- 第五步，分类。累计比率在 0%～60% 之间的，为最重要的 A 类材料；累计比率在 60%～85% 之间的，为次重要的 B 类材料；累计比率在 85%～100% 之间的，为不重要的 C 类材料。

虽然 ABC 分类法对生产制造型企业的原材料分类和库存管理能起到非常大的作用，但是随着制造业管理的不断精细化以及原材料的多元化，ABC 分类法显得稍微有点"粗放"。ABC 分类法看起来比较科学，但是也有一些漏洞，这一点需要采购人员注意。

某企业运用 ABC 分类法来管理物资，由于 C 类材料占比金额最小，企业不太重视，有一次所有的主材全部齐备的情况下，却没有办法出货。调查后发现，有一类原材料采购金额很小且为非标定制，因为金额小没有引起采购人员的重视，忽视了和该类供应商的协作，导致最终出货严重延期。这类供应商和企业似乎不是重要的合作关系，但很显然，企业是依赖这些供应商的，所以需要企业特别加强对这类供应商的管理并维护供应关系，而不能对这类供应商进行弱管理，可这样就与 C 类物资的管理办法不一致了。由此，对原材料进行分类的四分法作为补充管理办法应运而生，相应地对供应商也进行四分法管理，如图 35-1 供应商四分法所示。

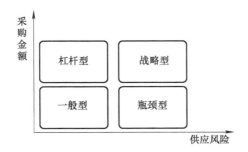

图 35-1　供应商四分法

四分法的原型是卡拉杰克矩阵模型，这个模型在采购与供应链领域运用得非常频繁，甚至很多企业把它作为原材料管理的唯一方法，可见其普适性。

四分法主要涉及两个重要的维度，如图 35-1 所示。横坐标是供应风险维度，供应市场的变化、产品受市场影响的敏感度、技术创新和变革对产品的影响、非标或者垄断产品的供给平衡、进入供应市场的门槛和被替代的可能性，这些都属于供应风险的维度。纵坐标代表采购金额，指的是采购物资或者材料对总采购成本的影响，或者此次采购从收益或者增值角度对公司效益的影响。

供应商四分法按照供应风险和采购金额两个维度，应考虑物料的特点、与供应商的关系、管理的要点以及具体做法，将物料分为四个类别来进行分类管理，四类材料的供应商管理办法不同，从而实现真正的"精力用到实处"，如

表 35-2 供应商四分法分析所示。

表 35-2 供应商四分法分析

供应商类型	金额	风险	物料特点	关系表述	途径	管理要点	具体做法
一般型	小	低	MRO，办公用品，劳保用品，低值易耗品	普通关系	整合外包	精简内部流程	需求整合，产品标准化，集中采购简化流程
战略型	大	高	核心物资质量、成本、交货	伙伴型关系	捆绑关系	双赢关系，伙伴关系，长期合作	战略框架协议，供应商参与研发，共享信息，供方关系维护
杠杆型	大	低	标准件，同质化，竞争性	交易关系	集中竞争	杠杆作用大，价格越低越好	寻源备份，集中采购，招标竞价，绩效评估
瓶颈型	小	高	非标，定制，垄断，低值	依赖关系	确保供应	降低风险，保障供应	适当备有库存，准备应急方案，寻找替代，关系维护

（1） 一般型原材料

一般型原材料指的是供应风险低、采购金额也比较小的这一部分材料。这一类原材料的特点是供应源丰富、采购相对容易、对公司整体财务影响较小。比如说低值易耗品、劳保用品、办公用品、MRO产品，或者一些标准化的小零件等。企业和这类物资的供应商没有特别关系，因为可选择的比较多。

针对有这种特点的原材料或者物资，管理办法是精简内部流程、缩减相关采购人员、实行专人管理。现在越来越多的企业将这类材料外包出去，从而减少人力和物力的支出。现在市面上衍生的工业品超市就是这样产生的，专业平台做专业事，有时候通过这样的平台去购买物资比自行采购的成本还要低。

（2） 瓶颈型原材料

瓶颈型原材料指的是采购金额小（和一般型原材料差不多），但是供应风险很大的原材料。这一类原材料非常特殊，它往往不会导致生产线上的大件缺少，即重要的物资不会缺，但是会导致小件缺，生产线不能齐套生产。这类主要指一些非标的、定制的或者有特殊材质的，甚至有特殊工艺的一些小件。

对这些原材料的供应商，企业的掌控能力其实很差，因为金额比较小，但依赖程度却很高。很多企业却把这类原材料划分为 C 类物资而疏于管理，导致影响生产和企业的正常运作。对这一类物资供应商的管理办法，不能因为金额小而忽略管理，而应该是与之加强联系，必要时主动积极地维护关系，加强日常的互动。适当时，可储备一些安全库存或者开发一些同类的后备供应商。

（3）杠杆型原材料

这一类原材料的供应商是笔者认为的采购员唯一可以"找回尊严"的一类供应商，因为采购员的选择余地多。这类原材料和一般型原材料的相同之处是供应源相对丰富，有一定的可选择性，可能是标准化、同质化、模块化的产品；不同之处是这类原材料占公司采购金额比较大，对公司整体财务状况有一定的影响力。比如说一些标准化的大宗原材料，如整车行业中的一些标准化零配件，占总采购金额一定比例，又有比较多的可选择性。

对这一类供应商的管理办法，一般是正常的供应商管理，即通过招投标、绩效评估考核来维持原有的交易关系，注意也需要建立"供应商池"，以便更好地引入竞争对手。

（4）战略型原材料

相比前面几类原材料，这一类显得更加"严重"。这一类材料是这四类材料中最重要的一类：供应风险最大，无论从产品的稀缺性还是从供给平衡上看都存在风险；采购金额非常大，产品价值占比高；对企业的影响，无论是供应风险还是财务状况，都是非常直接的。例如整车行业中的战略性物资，发动机等核心原材料。对这一类供应商不能再说是管理，更多的是合作关系了，企业需要着力与其建立战略合作伙伴关系。

对于这类供应商，企业往往要进行需求"捆绑"，提前邀请供应商介入研发，或者垂直整合资源，实现真正意义上的合作共赢。

采购人员基于对这四类原材料以上的分析和解读，可以处理一些供应商管理的问题。下面是采购管理中常遇到的几个问题，请大家一起思考。

1）最近这几年，国家在制造业大力提倡降本增效，如果您是供应链管理部门的管理者，您觉得应该在哪一类供应商中优先推行呢？

2）由于企业规模的迅速扩大，原材料的种类也随之增多，人员配给上显得单薄，但是公司的主导政策是员工离职不补缺，这时候需要想办法把一部分原材料外包出去，从而降低人员的配备需求。如果您是采购部门的管理者，您认为哪个类型的原材料最适合外包出去呢？

3）企业总部在推行招投标和集中采购项目，如果您是采购部门的管理者，您觉得哪些类型的采购比较适合招投标或者集中采购呢？

4）企业现金流紧张，董事长觉得需要大力降低库存的储备，只能储备一部分必要性和风险比较大的安全库存。如果您是采购部门的管理者，您觉得需要储备哪一类材料呢？

如果对供应商四分法理解得透彻，上面这些问题就不难回答了。

如何从供应环境上理解供应商的强弱势

谈到供应商环境分析，肯定很多人会联想到三大分析工具——PEST定律、波特五力模型、SWOT分析方法。

PEST定律是一种对企业所处宏观环境进行分析的模型。P是政治（Politics）、E是经济（Economy）、S是社会（Society）、T是技术（Technology），这些是企业的外部环境，一般不受企业掌控。其中，政治环境是指国家政策、法律环境等；经济环境是指社会经济结构、当前经济状况以及经济发展趋势等；社会环境是指人口因素、消费观念、生活方式、文化传统等；技术环境是指该领域技术发展的状态以及专利情况等。

迈克尔·波特（Michael Porter）于20世纪80年代初提出波特五力模型，认为行业中存在着决定竞争规模和程度的五种力量，这五种力量综合起来显著影响着行业的吸引力以及企业的竞争战略决策。五种力量如图36-1波特五力模型所示。

（1）供应商的议价能力

供应商力量的强弱主要取决于他们提供给客户的是什么产品或者物资。当供应商所提供的物资价值构成了客户产品总成本的较大比例、对客户产品生产过程非常重要，或者严重影响客户产品的质量时，供应商对于客户的潜在议价能力就大大增强了，这个时候购买者（客户）的议价能力明显被削弱了。

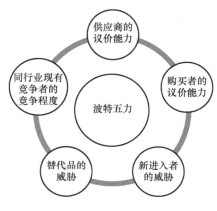

图 36-1　波特五力模型

（2）购买者的议价能力

购买者主要通过对供应商压价、要求供应商提供质量较高的产品或服务质量来影响行业中现有企业的盈利能力。

（3）新进入者的威胁

新进入者在给行业带来新生产能力、新资源的同时，迫切希望在已被现有企业瓜分完毕的市场中赢得一席之地，这就有可能会与现有企业发生原材料与市场份额的竞争，最终导致行业中现有企业盈利水平降低，严重的话还有可能危及现有企业的生存。竞争性新进入者的威胁的严重程度取决于两方面的因素——进入新领域的障碍大小与所预期的现有企业对于新进入者的反应情况。

（4）替代品的威胁

两个处于不同行业中的企业，可能会由于所生产的产品是互为替代品，从而在它们之间产生相互竞争行为。这种源自于替代品的竞争会以各种形式影响行业中现有企业的竞争战略。替代品价格越低、质量越好、用户转换成本越低，其所能产生的竞争压力就越强。而这种来自替代品生产者的竞争压力的强度，可以具体通过考察替代品销售增长率、替代品厂家生产能力与盈利扩张情况来加以描述。

(5) 同行业现有竞争者的竞争程度

大部分行业中的企业，相互之间的利益都是紧密联系的，作为企业整体战略一部分的各家企业的竞争战略，其目标都在于使得自己的企业获得相对于竞争对手的优势。所以，在实施中必然会产生冲突与对抗，构成了现有企业之间的竞争。现有企业之间的竞争常常表现在价格、广告、产品介绍、售后服务等方面。

SWOT 分析方法是一种常见的综合分析方法，既要分析内部因素，也需要分析外部条件，S（Strengths）优势、W（Weaknesses）劣势是内部因素，O（Opportunities）机会、T（Threats）威胁是外部因素，如图 36-2 SWOT 内外因素分析方法所示。

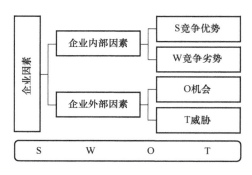

图 36-2　SWOT 内外因素分析方法

采用 SWOT 分析方法可以有效地对供应商的环境进行区分，不同环境情况下的供应商所处的市场地位不尽相同，需要有针对性地运用不同的管理办法，如图 36-3 供应商四象限法所示，通过横、纵坐标来识别每类供应商的具体形态。

(1) 第一象限

外因是机会，主要指外部环境的机会。比如，这类供应商拥有稀缺资源、某项专利技术，或者是唯一不可替代的，又或者是客户指定或者技术研发人员指定的。这一类供应商一般是行业的标杆企业，供应商企业规模宏大、资金充足、管理完善，处于这样态势的供应商称为"强势供应商"。这类供应商每个公司都会遇到，只是数量多少的问题。对于这类供应商主要的管理办法是维护与这类供应商的关系。

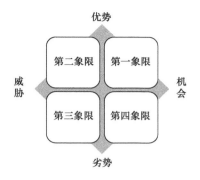

图 36-3　供应商四象限法

（2）第二象限

先看一下第二象限和第一象限的区别，不难看出，最大的区别在于外部环境，一个是"机会"，一个则是"威胁"。这里"威胁"指的是这类供应商存在着竞争者，在市场上可以找到后备供应商，生产的产品或者提供的物资、服务等，有许多同类品，甚至有些还是同质化或标准化的产品。

这类供应商一般在和采购方合作的时候会显得不那么强势，而且有个最大的优势那就是规模宏大、管理完善、资金充足，相对来说质量也比较稳定。这类供应商的配合度是比较好的，是最稳定的一类供应商。很多采购人员认为这类供应商不必进行过多的关注和管理，因为他们本来就是很"稳"的一类，感觉管不管他们都会做得比较好。其实不然，这类供应商直接决定了企业产品质量和供应的稳定性，恰恰是应该花大力气来管理的一类。主要的管理办法是开发备份、有效评估、建立"供应商池"。

（3）第三象限

这一象限比较特殊，相比较前两个象限来说，几乎没有什么特别的优势，如果真要说优势的话，那就是比较"听话"吧，这是由供应商的态势决定的。这类供应商的外部环境处于劣势，他们提供的产品在市场上竞争者众多，没有技术的稀缺性，也没有资源的独特优势；从内部环境来看，他们属于一些规模比较小的企业，自身的管理和资金上都实力不足，可以称得上"内忧外患"了。这类供应商被称作弱势供应商。

这类供应商看起来是最"差劲"的，让采购同行们费了不少心，所以很多采购人员认为需要加大力度来管理这类供应商，但其实这类供应商是不应该花太多得精力去管理的，因为这类供应商数量非常多，选择的余地也非常大。这类供应商的管理办法主要是优胜劣汰，对其进行有效的管控。管控的办法基本上集中在与"钱"相关的因素上，比如付款账期、付款形式、贸易条款等，还可以考虑运输或者就近建厂等一些举措情况。

（4）第四象限

这一象限的内部劣势是规模比较小、管理和资金都欠佳。但是这类供应商的特殊性在于他们一般是研发型或者技术型企业，拥有一定的"含金量"或者拥有某种技术或者专利，往往是被扶持和培养的对象。企业希望通过扶持培养使之可以代替强势供应商，从而减少企业在供应过程中的风险和阻碍。对于这类供应商的管理重点集中在扶持培养上，在资金上、技术上、管理上甚至人员上进行扶持。

您所在的企业现有100家供应商，按照您的理想状态来看，每个象限有多少家供应商才合适呢？再给您配备10个采购管理者的人力，看一下每个象限要投入多少人（管理精力）才是合适的？这样就可以快速地识别您模拟的这个企业是什么样的一个状态和发展阶段，如表36-1供应商四象限法案例表所示。

表36-1 供应商四象限法案例表

	强 势	优 质	弱 势	潜 能
100家供应商				
10个人力投入				
管理策略				
管理办法				

一个优秀的采购管理人员可以通过供应商的数量、形态、投入的人力，快速识别其发展状态的。通过对四类供应商的细分和人力的投入进行分析，考察企业管理的侧重点是否合理，从而制定精准和适合的供应商管理办法。

面对强势供应商如何八招制胜

强势供应商是指图 36-3 中第一象限的供应商群体,该类供应商具有某些"特权":唯一性,不可替代,拥有某种技术、某种专利,由客户指定、研发指定又或者是关系户,或者拥有某些稀缺资源。管理这类供应商的精髓是维护关系,促进合作。维护关系要讲究技巧和方法,如表 37-1 强势供应商管理八大方法所示。

表 37-1 强势供应商管理八大方法

序号	方法名称	做法
1	量价交换	采用联合采办模式,以量换价,与供应商签订框架或年度协议,达成战略合作伙伴关系
2	机制沟通	制定联络机制,主动出击,定期同供应商沟通,必要时采取高层互动、拜访的方式
3	储备筹码	跟踪供应商库存及经营情况,统计交货周期等数据,择机争取谈判有利筹码
4	价值趋同	确定价格机制、结算办法,利用参股或共享生产停车计划等方式,形成价值链
5	利益共享	结成利益制衡共赢关系,同供应商风险共担
6	贸易代理	第三方贸易商代理
7	寻源替代	寻找同类其他供应商进行替代
8	资源整合	寻求政府或客户等第三方资源支持

(1)量价交换

与供应商签订年度框架协议或者战略合作协议,采用联合采购模式来以量换价。这种方法是用得最多的强势供应商管理办法,但是只适用于采购方有一定的规模,和供应商的实力相当时,才可以有效地实施。

(2)机制沟通

机制沟通主要是指采购方有频次地与供应方进行有效的沟通。比如说采取一定的联络机制,采购方要主动出击,定期与供应商联络沟通。如果有必要,还要采取高层互动或者定期拜访的模式进行沟通。

小案例

某公司的采购员小张负责对接好几家供应商，其中有一家是强势供应商。小张非常勤奋，每个月都会给这家供应商"汇报"这个月的KPI状况、交货情况以及异常情况，并且每次下完订单就会给供应商发邮件、打电话，告知哪些是重点订单，哪些需要提前出货。这些琐碎的事情，虽然看起来很不起眼，但是在关键时刻会起到很重要的作用。

有一次供应商产能紧张，可以想想，同等情况下供应商会先供给哪家呢？最后小张第一个拿到货，这和平时的紧密沟通是分不开的。千万不要认为，强势供应商沟通也没用，所以干脆就任其发展，这样的"懒惰"思想很容易让强势供应商更加忽视你这个"客户"。

（3）储备筹码

对于强势供应商，很多人认为不需要跟踪KPI（绩效考核），或者不需要做所谓的KPI。很多采购人员认为，强势供应商的KPI做了也是白做，不会改变强势供应商的供货问题。这个想法是非常错误的，由于很多供应商当初签订框架协议时都有承诺的指标，往往在实施过程中存在很大的偏差，甚至很多未做到，不是供应商的所有人员都清楚这个问题，试想在谈判时，将供应商的KPI情况客观地陈述一下，在谈判过程中会起到一定的心理暗示或者心理压力的作用。这里指的储备筹码，包括的内容非常多，比如谈判的时机，淡季、旺季、库存的高低情况，供应商的经营状况等，都属于谈判的筹码。

（4）价值趋同

对不同的供应商应采用不同的管理方式，供应商需要分层分级区别对待。例如对于弱势供应商，企业往往希望更长的付款账期和更利于采购方的贸易条款，甚至希望供应商送货上门等。但是对于强势供应商，某种意义上采购方是依赖他们的，所以企业只能"特殊对待"，会特别为这类供应商建立不同于其他供应商的价格机制或者结算方法，从而体现采购方与供应商的价值趋同性。

对于有些供应商，企业还会参股或者建立物流信息化共享系统，形成统一的价值链，这在生产制造型企业中运用得非常普遍。比如电脑整机厂和主板厂家建立物流信息化共享系统，整车厂和关键零配件厂商建立独有的结算机制等，这些都是价值趋同的体现。

（5）利益共享

供应商希望可以给他们"安全感"，尽量把风险降到最低，这样供应商就可以"无后顾之忧"地为企业提供服务了。利益共享是指与供应商建立风险共担、利益共享机制，出现问题共同解决，实现既得利益时共同分享。

小故事

某公司为了按计划进行新品促销，和供应商签订了"返点机制"，如果可以达到某个销售目标，就兑现"返点承诺"。供应商在给 A 公司和 B 公司同时供货时，A 公司有"返点机制"，B 公司没有，如果你是供应商，你觉得你会怎么做呢？在同等条件下，供应商更希望可以利益共享，努力达到了目标之后有所激励，从而更有积极性。还有一种情况也比较常见，采购人员给供应商下订单之后，由于前端客户的变化，导致采购订单取消，连锁反应下去，采购人员会要求供应商也取消订单。如果企业与供应商已建立风险共担机制，如：订单下达 7 个工作日后，如果取消订单或者订单更改，需要"消化"已经购买的原材料费用；订单下达 15 天之后，取消订单，需要支付订单所涉及的所有原材料费用或者原材料同等价值的费用，这就是风险共担机制了。试想，一家企业和供应商建立了这样的机制，另外一家企业没有和供应商建立这样的机制，供应商更愿意和哪家客户合作呢？如果这类供应商还是强势供应商，这个问题的答案就更加显而易见了。

（6）贸易代理

贸易代理方法对于采购人员来说一定不是陌生的，在条件不足的情况下，贸易代理可能是个不错的办法，因为有时候代理确实比原厂更有优势。但是找代理绝对是个技术活。贸易代理是把双刃剑，用得好，省时省力又省钱，用得不好，费力不讨好。

企业急需购买一颗原材料，但是由于订单数量比较少，原厂拒绝合作，采购员小李找到了一家代理商购买这颗材料，双方签订了买卖合同，供应商承诺供货周期为14天。14天后第一批货物陆续开始发货，看似一切正常有序，这样持续了三个月左右，供货状况非常稳定。然后，供货开始出现延迟，大家都以为是因为过年的原因（一般年后会产能紧张），期望着进入三月后开始稳定供货。不料供货周期越来越长，一再延迟，供应商以产能紧张、质量问题等各种理由不断地延迟交货甚至不交货。对此采购员小李很气愤但是更无奈，代理商说不是自己不出货，而是原厂不出货，小李要求去厂家看看，代理商以各种理由推脱暂时不便看厂。到最后实在没有办法，代理商说自己也没有办法，如果采购员不相信，可以自己去找原厂。此时，采购员非常着急，直接找到原厂，可是原厂一口拒绝告知出货的事宜。因为原厂和小李的企业没有合同关系，和小李签订合同的是代理商，而不是原厂，原厂没有义务告知企业出货情况。最后通过多方打听，原来代理商和原厂的合同在年后已经到期，后面的合作没有谈拢，以致原厂停止供货了。肯定有很多同行会说，企业可以和代理商打官司，一定能赢。其实这个时候企业最大的诉求是代理商按合同交货以满足生产需求，保证供应，打官司则是下下策。

这就是典型的签署对象和执行对象不一致的问题。如果遇到这样的情况，打官司也是徒劳，因为原厂还是不会给企业出货。所以要解决这个风险，避免这样的问题发生，应该在寻找供应商之初，就要搞清楚代理商和原厂的关系，以及合同签署的有效期等问题，只有将问题预防在摇篮之中，才可以保证未来的供应顺畅，这一点对于与贸易代理商合作来说至关重要。

（7）寻源替代

寻源替代是企业最想做，但又最难办到的一件事。因为强势供应商本来就有其特殊性和稀缺性，是非常难替代的。强势供应商的替代，往往需要通过两个方向来寻源——一个方向是通过搜寻供应商的竞争对手，随着科技的发展和技术的革新，唯一性的技术越来越少，强势供应商的竞争对手也会越来越多；另一个方向是通过培养和扶持潜能供应商来实现强势供应商的替代。

（8）资源整合

资源整合是新时代互联网发展的衍生物，越来越多的资源和信息可以整合，有些强势供应商的问题能被很巧妙地解决。市场上现在有很多专业平台可供采购人员参考，越来越多的供应商可以接受捆绑需求、整合需求。这样以集合的优势，去和强势供应商合作，会收到非常好的效果。除了借助平台的资源整合，还有一个非常特殊的办法是求助于"政府"。

　　W公司对A物资的年需求量约为200PCS，一直以来W公司受制于强势的A物资供应商，不管交期还是服务，都达不到W公司的预期。一次机会，W公司参加了园区的会议，得知园区有几家需求A物资的企业，并且用量非常大。W公司随后找到这些企业，说明来意和诉求，几家企业很快达成合作意向，将A物资的采购挂靠在园区需求量最大的一家B企业上，并将整个园区的需求做捆绑，由B企业代表去和原厂谈判，最后大家都拿到了一个满意的交期和价格。

现在企业使用非常频繁地资源整合这个采购方式，很多企业开始联合周围企业的需求进行整合，不管是核心物资、原材料还是低值易耗品甚至是服务。最近，笔者看到一个顾问公司给员工买保险也使用了这个方法。

小故事

　　寻求政府的帮助往往是有效的。例如由于Q企业经营不善，濒临破产，大部分员工面临下岗或者离职的窘境，政府希望同行业企业可以伸出援手，组织大规模人才面试选拔人才，吸收了一部分Q企业的员工，使Q企业免除了大量的赔偿金，也将裁员的影响降低到最低，使Q企业成功度过了危险期。这些帮助政府解决Q企业问题的公司，之后得到了政府的大力支持。原本企业合作的一些强势供应商，在政府的介入下和企业达成了更加紧密的合作，企业获得了更多优势的资源。企业和政府达到了双赢的目的。

有了合格供应商名录就万事大吉了吗

每家公司都有合格供应商名录，名录的外圈就是"供应商池"。"供应商池"

的作用是，当内圈出现供应问题时，可以快速地进行替补。如果没有办法及时补充，原本不强势的供应商也会被企业的"情势所逼"从而"养成为"强势供应商。企业有时候会因为新的合格供应商评审程序复杂并且周期比较长，而出现断料或缺货的情况。建立"供应商池"是每家公司必须要做的保证供应的头等大事。

　　小王是某企业采购员，长期以来该企业供应稳定，很少出现供应问题，所以小王对不在合作之列的供应商的拜访不以为然。小王所在的公司是做汽车配套的，这个行业有一个特点是，一旦供应商选定，其配件会由研发部门设计到工程图纸或者物料清单中，并且和客户签订相关协议，在项目没有结束以前，一般不会轻易更改供应商。所以小王觉得，与不在供应商名录中的供应商见面意义不大，即使见面了，也没有办法与之合作，显得尴尬，干脆避而不见了。供应没有出现问题还好，但是一旦出现问题，就会出现断供的大问题，这时候采购方就会显得非常棘手，如果平时并没有后备资源的储备，出现问题，要"掉头"非常困难，重新去寻源也需要较长时间。

　　所以，不是有了合格供应商就万事大吉了，有时还需要第二圈"供应商池"以及第三圈供应商源的充实，只有这样，在需要时才能及时补充，不会受制于合格供应商名录中的供应商，如图38-1 供应商来源所示。

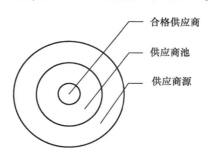

图 38-1　供应商来源

供应商数量是两家好还是三家好

从集中采购的角度来说供应商数量越少越好，但是从风险控制的角度来说，"鸡蛋不能都放在一个篮子里"，可以考虑把需求量分在三家。常规的做法是对三家供应商按照一定的比例分配需求量。这个比例不能是固定不变的，应该根据每年、每个季度供应商的绩效表现和状况进行调整，从而引入竞争，促进供应商的服务质量不断改善提高，从而得到更好的服务。

小故事

两个人打扑克牌时，往往喜欢抽几张牌出来放在一边，双方都不许看，知道这是为什么吗？因为如果两个人打一副牌，大家都知道一副牌的组成，不管对方怎么出牌，另一方都可以知道对方的牌是什么。同样道理，如果只有两家供应商，就很容易知道企业的订单量，从而形成利益壁垒或者价格防线，两家供应商联合起来共同对付采购方，这样采购方没有办法知道市场的真实情况。但如果是三家供应商，情况可能就有所改观了，这就像三个人打扑克牌，如果你没有看到其中一个人的牌，你就很难猜到第三家的牌，是一样的道理。

三家供应商可以使采购方在采购中占据主导地位，并且有效地引入了竞争，是个相对好的方式，所以一般情况下三家供应商要优于两家供应商，如果担心订单量太分散没有量的优势，可以适当地考虑比例分配的侧重点。

采购时是选择代理商还是原厂

到底是选择原厂还是代理来购买物资，这个问题没有标准答案，要根据企业自身的实际情况来判断，并不是选择原厂价格就一定低，也不是选择代理商就一定没有保障。

小故事

2021年去一家民营企业做咨询项目，笔者和老板聊到供应链管理的时候，老板说自己企业采购的问题还是很大的。笔者随口问具体是什么问题？老板说："很多采购员压根儿没有成本意识，对选择供应商没有把控能力。"并说明明可以从原厂采购的物资，他们居然非要找代理商购买，为什么要让代理商再赚一次"中介费"呢？对于这样的问题，笔者想是很多采购同行和企业老板们的"困惑"。那到底是选择代理商还是选择原厂呢？

小案例

W公司对某芯片的年需求量为800PCS，但是原厂此材料的最小包装量为2000PCS，原厂建议W公司找代理商购买，可是公司领导希望找原厂购买，作为采购人的你，该怎么办？试着写一下，你将如何说服你的领导按照你的想法来选择购买方式。

对于企业来说，最关心的是三个问题，购买的产品本身的特性、购买的风险、购买的成本，下面围绕这三个问题来讨论一下，购买前应如何考虑从而做出选择。

1）论产品，采购的材料或者物资的界定：
- 是半成品还是成品。
- 是标准品还是非标定制品。
- 是一次性买卖还是有后续订单。
- 是竞争品还是垄断品。

2）论风险，采购材料过程中的各种风险：
- 行业准入。
- 业务资质。
- 技术要求。
- 原材料出处问题。很多代理商都可以提供代理资质，但是材料是否来自于原厂却没有办法界定。要求代理商提供报关单或者相关凭证之类的证明是确保货源来自于原厂最好的保障。

- 合同有效期。在很多公司会经常遇到这样的问题，和 A 公司签的合同，但是最终执行者是 B 公司，出现供货问题。找 A 公司，A 公司双手一摊，实在没有办法，是 B 公司不给供货。再找到 B 公司，B 公司表示和他们没有任何关系。到最后发现是代理商和原厂合同问题。这样一来企业会非常被动，所以要在一开始就有预防措施，确认代理商和原厂的合同有效期，以确保交易在合同有效期内。

3）论成本。和成本相关的所有要素，如采购价格、付款条件、交货期、库存状况、售后情况和备品备件，应做出量化的数据，将原厂和代理商的两组数据进行有效的对比，这样就可以很清楚地呈现出差异，找原厂还是找代理商就一目了然了。从成本上进行代理商和原厂的优选分析，如表 40-1 所示。

表 40-1　代理商和原厂的优选分析

影响因素	代理商	原厂	采购备注
采购价格			
付款条件			
交货期			
库存状况			
售后情况			
备品备件			

通过以上三个维度的综合分析，可以很明确地分析出到底选择代理商购买还是原厂购买。在有不同意见时，可以深入每个维度的详细细节进一步探讨来得到答案。

第三节　供应商评估与绩效考核的做法

 供应商评估的基本资质审核有哪些

供应商评估分为新供应商评估与现有供应商评估。新供应商评估时，需要进行全方位的评估，其要求和内容，比现有供应商评估要复杂许多。一般情况下，新供应商评估需要提供基本的证照表明满足供应商资质，如营业执照、税务登记证、组织机构代码证等。2015 年，我国实行了网上认证和三证合一，使供应商评估工作变轻松了。除了基本的证照外，当前形势下对企业的要求更高了，比如要环保安全方面的证明、生产许可证、卫生许可证等。资质证明要合法有效，对一些必要的项目要求供应商提供证明的原件，或者复印件加盖企业公章。

企业需提供注册资本、资质、业绩、规模、人员资历、公司信誉等方面的信息，必要时，评估人员需要向有关发证部门核实证书是否属实。

供应商的资质证明、产品认证过程证明需要由第三方单位出具并且在有效期内。

审核供应商资质时，一定要由采购人员与各方专家团专业人员一起进行评审。有效的审核流程需要审核项目完整、审核方法得当、所有资质合法、审核过程被有效监督。

除了商务资质，还有质量资质，例如质量管理体系、产品质量控制办法，也需要专家团队配合采购人员一同完成审核。

一般来说，供应商资质审核内容的具体范畴如下文所述。

1）供应商的基本信息：公司规模、经营范围、基本证照等，如营业执照、生产许可证、卫生许可证；

2）供应商的财务会计制度、偿债能力、运营能力、现金流状况等；

3）供应商的商业信誉度，包括客户评价、银行信贷级别、信用证等；

4）供应商的生产设备、厂房、专业技术能力、基本设施等；

5）供应商的税收缴纳情况，是否有偷税漏税情况、交金情况等；

6）供应商的社会保障金使用情况、使用记录；

7）供应商的独立承担民事责任的能力；

8）供应商的质量事故以及违法记录等。

基本资质审核内容是对供应商进行过程控制的重点内容，也是优化供应商结构的必要方法，更是规避风险、确保采购物资合法、安全、及时、保质、保量的重要前提。在进行供应商基本资质审核时，务必仔细周详，应一次性尽量全面开展，后续再请供应商持续更新或在必要时补充一些资质。

如何评估供应商的运营能力和财务能力

一个企业的运营能力和财务能力主要体现在资本结构、周转能力、盈利能力和偿债能力四个方面，如图 42-1 关键财务指标分解所示。

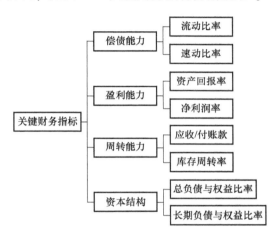

图 42-1　关键财务指标分解

（1）资本结构

资本结构是指企业各种资本的价值构成及其比例，主要表现为总负债与权益比率、长期负债与权益比率两方面。

总负债与权益比率越高，风险就越大，反之风险越小，但也不是越低越好。如果企业发行了股票的话，公司的股票价格会受这一指标的影响。应将指标的高低与行业的平均水平做比较，才有参考价值。

长期负债与总权益的比率越低越好，但也要和行业的平均水平做比较，才有参考价值。

（2）周转能力

周转能力主要表现为应收账款、应付账款、库存周转率。

应收账款资金周转能力越高，表明收回应收款的能力越强，资产的使用效率也就越高。与之相反的是应付账款的周转率越低,说明企业从采购到付款的周期越长,表明企业资金有短缺现象,有支付困难的情况。

总体来说,周转率越高越好,表明企业从销售到收取货款的时间短,企业资金充足。如果周转率低,表明可能有很多资金压在库存上,企业的资金利用率低。

(3) 盈利能力

盈利能力主要表现为资产回报率,体现了某项投资后的回报情况,表明企业资产的有效性,是常用的财务指标。资产回报率可用于对几家供应商的财务状况做比较,如当 A 企业的资产回报率低于 B 企业时,说明 B 企业的财务技术、财务方法、质量控制或者说库存控制方面做得更好。

还有净利润率也能表明盈利能力,其值越高越好。

(4) 偿债能力

偿债能力也称为清偿能力,主要表现为流动比率与速动比率。

流动比率行业参照值为 2,一般情况下在 2 左右,越接近越好。行业不同,这个指标存在一定的差异。如果高于 2,往往表明企业对资金的利用不足;如果低于 2,则说明企业偿债能力可能有些问题。

速动比率的参照值为 1,一般其值为 0.5~1 是比较正常的。如果其值低于 0.5,表明企业的资金流风险高。

43 外资供应商的资质要不要特别审核

在一些企业的认知里面,认为外资企业比较先进和规范,会给外企开"绿灯",那么外企真的不需要特别审核吗?

某次供应商管理的公开课上,学员主要是民营企业的老总或高管。中午休息时,有几位学员咨询对供应商的管理事宜。其中有位老总脸色凝重地说,老师,您觉得外企会有"骗子"吗?并给我详细讲述了他的企业的经历。一家外企供应商合作 1 年多后突然消失了,找到其办公场所时,被告知已经退租多日,不知去向。此老总表示好几百万的预付款被骗了。

原来,这家外企供应商是亲自找上门来的,他们是来自某国的供应商,而企业方知道该国的某材料是做得最好的,所以对这家供应商颇有好感。开始时企业方也很谨慎,但经过几次"交往",发现供应商说的都做到了,并且给企业送了样品,对材料价格给了折扣,说想拓展中国市场,报价比行业平均价还低 10% 左右。送样初步合作后,开始了小批量的供货并长达半年,接着开始大批量稳定的供货。大约 10 个月后,供应商提出要扩建在该国的工厂,并说扩建完毕后,会和企业方建立战略合作伙伴关系,进一步扩大合作规模,还希望企业方入股合作、扩建生产线。在此之前,该民营企业并没有去过该国工厂做实地考察,由于考察的费用昂贵,且跨国比较麻烦,只陆续去了几次供应商的北京办事处,"看起来"非常正规,也查实了相关"资质",合作比较愉快。合作扩建该国工厂,企业方出资 350 万元。这家外企供应商给出的条件是,所有后续的材料价格低于其他客户 10%,并且释放 3 条完整的生产线的产能给企业方,货款在这笔 350 万元的保证金里扣除。企业方觉得这些条件确实比较诱人,所以就和供应商签订了"履约保证金"合同,等待着扩厂完毕后的顺利供货。哪知 350 万元保证金付完后 2 个月不到,这家"外企"供应商突然消失了。

听完这个故事,很多企业老板会有同样的反应,"外企还会骗人啊",这句话说出来就说明了一些企业的认知有偏差。

在行业内有这样一个现象,韩国企业的大部分供应商是韩国厂商,日本企业的供应商基本是日本供应商,欧美企业的大部分供应商也是欧美供应商,但是我国一些企业却更喜欢外企供应商。

一些外企的某些方面,如质量管理控制、成本控制方面,确实比一些国内企业好些,但不能据此认为外企所有方面都更好。在引进供应商的时候,无论是外资企业还是国内企业,审核的标准不能变。采购部门是"闸门",只有采购部门做了相应的控制,后续和供应商合作时才会"省事省心"。价值链平衡法则告诉我们,前期投入多,后期就会更轻松,对于无论什么性质的企业,都要按照既定的标准严格地开展供应商审核,宁缺毋滥,不能因为是外企而降低要求。要知道,选择供应商比管理供应商更重要。

44 从供应链的角度如何降低库存

很多企业为了降低库存造成的资金占压,大力推行按订单生产的生产模式,把降低库存提高到了战略高度,除了改善生产策略,还建立了完善的流程体系,从前端的销售预测、销售需求到中间的生产计划、物料控制,再到后端的采购、物流都进行严格的流程管理和控制,而且从公司内部纵向、横向持续地管理和落实库存管理政策,这是真正控制库存的系统有效的办法。降低库存,一般可从以下七个方面入手。

(1) 从销售端入手

销售预测的理想总是很"丰满",但实际销售情况却总是很"骨感"。对于没有落地的销售预测,应评估成品库存对销售的支持程度。举个例子,销售预测为1000台,而实际订单可能只有600台,这就需要衡量库存对销售预期的支持,这个时候最好分批生产、分批发货,从而降低订单数量低于成品数量的风险。

(2) 从采购方面入手

对于标准品,可以按照最小包装量来购买材料,多出来的产品可以作为安全库存;对于非标定制的产品,要严格实施按需购买,甚至要按照一定的经济批量给销售人员建议。

> **小案例**
> 某个非标材料一个模具出品是18个,那么下单的数量最好是18的倍数。当客户下单量为150个时,可以给销售人员建议,尽量将下单数量修改为162个,实在不行,下单数量减少到144个也可以。

> **小案例**
> 2018年,笔者为某企业做"流程优化"方面的项目咨询时,做了三件事就收到了非常好的效果。

- 第一件事是要求企业将所有的职责定岗定位。
- 第二件事是对所有料号进行清理。
- 第三件事是修正了80%材料的最小订单量（Minimun Order Quantity, MOQ）和经济批量。

仅仅做了这三件事，一年下来，供应商的库存量就降低了26.2%。其中第三件事非常重要，避免了大量临单、散单带来的高库存、高资金占压。将临时订单与分散订单做了MOQ的修正，与生产线的经济批量相匹配，生产效率更高了，生产成本也得到了很好的控制。

（3）从供应商入手

压缩供应商的交货期（交付周期，Lead Time，L/T），也就是常说的L/T优化。需求预测的不确定性总是随着时间的变化而变化，时间越长，变化可能性就越大。供应商的交货周期过长，采购方为降低风险就需要建立过多的库存来应对风险，尤其是有全球性采购的企业。长时间的交付期，受到政治、经济、技术、社会因素（PEST）的影响就会增加，还有战争、贸易航线变更的风险，甚至更可能遭遇突发的不可抗力事件。

2009年全球金融危机，很多国外订单变更、取消，导致了国内大量库存的产生；2010年日本海啸，电容式、电阻式电子元器件突然缺货，导致很多订单没有办法完成，大量库存的积压，等等。企业应想办法优化供应商的交付周期，这对于降低库存有至关重要的意义。

供应商的交付周期可分为四个部分，如图44-1所示。

图44-1 供应商的交付周期（L/T）

1）第一个部分是采购前置期，也就是供应商接到订单后，购买材料、准备生产的时期。

2）第二个部分是生产周期，这个时期是最为"紧张"的时间，在短时间内很难缩短。工时是多少就是多少，短期内改变不了；工序有几个就是几个，短期内也改变不了。所以在压缩供应商 L/T 的时候，一般很少压缩这个部分。想要缩短生产周期，需要做一些柔性生产或者精益生产的项目。

3）第三个部分是物流周期。一般情况下，物流分为汽运、空运、海运等。一般来说，对于海运的物资，企业会有一定的标准，比如价值低、使用周期长的用海运。二手托盘大多是用海运方式从国外运输回国的，因为这些"大货"，占地面积大、价值低、也不急于使用。汽运和空运的差异较大，改变运输方式虽然可以提高效率和压缩时间，但是相应的成本付出也比较悬殊，所以一般会慎重考虑。比如，突然从汽运改到空运，一定是非常紧急或者特殊的订单。

4）第四个部分是储存周期。为了保险起见，所有材料要交付的时候，供应商通常会合理地安排一定的储存时间，这个时间一般是可以压缩的。很多企业还推崇 JIT 策略，最好是材料一到库，即安排生产线，缩短库存占用的时间。

（4）从产品本身入手

提高产品开发的可靠性是降低库存的源头。很多公司为了赶"工期"，甚至一个概念出一版图纸，图纸一出来就开始投入生产，后面经过不断的更改图纸、工程变更，造成大量的样品、原材料和半成品的积压、甚至报废。产品设计的不确定性、未经过性能模拟和测试，不仅会增加库存，而且还增加整个供应链的不稳定性，有时候还会给供应商带来不信任的感觉。很多时候采购人员想给供应商"画大饼"，承诺打样完成后，量产有多大多大的量，结果经常打样却不见量产，这样一来供应商会产生不信任，可能要求打样的费用一单一算，给后期采购的工作造成很大的困扰。

（5）从建立供应链协同机制开始

由于互联网的发展和信息化系统的建立，销售端与客户端、采购端与供应端都保持着紧密的沟通，实现了销售与运营的快速传导机制，不断提高销售预测的准确度。运营部门根据需求计划合理安排生产计划，物流部门建立分销或者仓储网络，确定最佳的仓储方式和运输方式，以提升供应链的灵活性，并且有效地降低库存。精准的前端信息对后端精准备货有非常好的指导作用。

(6) 从第三方物流入手

电子商务网站已经盛行，各网站都比较重视物流的专业性，才能方便快捷地进行商品的仓储、物流、分销。有的网站利用第三方物流，有的网站建有自有物流。自建物流成本太高，对于制造型企业来说，第三方物流相对来说更加适合。现在很多企业会依靠第三方物流的支持。目前企业物流的发展趋势是，逐步引入第三方物流服务商或者第三方供应链管理公司，将非专业、非核心的业务外包出去，将一部分库存转移出去，从而降低仓储成本和风险，大大降低企业既有库存，也能提高库存周转率和资金周转速度。第三方物流的缺陷是，因为不是企业自己的物流或者供应链公司，在管控上面需要多花心思。一些企业为了实现第三方物流的稳定性，与一些合适的物流公司签下战略合作的协议，甚至采用参股或者合作的模式。

(7) 实施精益供应链管理和库存优化项目

精益思想的两个核心观点是杜绝浪费和消除库存。降低库存是一个长期的活动，而且稍有松懈就会反复，需要持续地关注、管理和改善，很多企业有针对性地推行了精益供应链管理项目。当前在库存优化项目中采用得比较多的有VMI管理模式（供应商管理库存体系）、JIT模式（及时交付模式）、MR模式（Milk Run也叫牛奶车，循环取货模式）等。还有的项目通过对采购或者销售环节进行追踪的延伸体系，对每个材料建立跟踪体系，也就是常说的为每个零件做计划（Plan For Every Part，PFEP），从而识别风险和降低库存数量，甚至实现零库存。

前面讲述了库存降低的七种方法，这是从控制上来说的，也要从源头上知道这些库存的来源，从而防患于未然，在预防库存过高方面做工作。众所周知，预防的成本最低，

从供应商管理的角度来看，库存产生一般有以下4大原因。

(1) 客户订单的取消

在当今社会，尽管法律越来越健全，买卖双方也越来越看重契约精神，但是取消订单的情况还是屡见不鲜，特别是口头合同/协议、约定等。订单取消是库存产生的主要原因，特别是其中有些订单已经开始执行的。如果订单取消后，没有办法吸收订单取消而造成的材料，势必成为库存的源头。

（2）采购的购买方式不当产生的库存

有些企业的计划人员在拟定采购计划的时候并没有正确地核算库存量、经济批量等，导致下达给采购的订单数量相较所需数量有偏差。

某公司为了防止物料被其他订单占用，所以要求按照订单来请购材料，一度造成过度采购。

订单 A 需要 2880PCS 某材料，此材料的最小包装数是 3600PCS，这个时候订单数量一定会是 3600PCS。

订单 B 对此料的用量是 2600PCS，采购的采购量还是 3600PCS。

订单 C 的用量是 1620PCS，此时，计划如果按照订单来购买的话，还会再下请购单 3600PCS。

那么，每个订单的剩余都将成为库存。计划人员在拟定采购计划时，应对相同材料进行综合核算，以上 ABC 三张订单就只需要购买 2 个包装的量了。

如果计划在购买材料时，不准确进行库存量的计算，久而久之，这些材料就会慢慢累积变成"呆料"。这样的情况非常多，拿出来一个订单单独看，可能觉得应该不会出现这样的情况。试想，如果一个物料清单、几百个材料、甚至几千个材料，会不会经常有这样的情况发生呢？所以，科学的采购方法非常重要，应对标准的材料或者占资金比例较高的物料进行最小包装量的限制和经济批量的限制，并在企业中对全员"宣导执行"，会大大减少这样的情况。

科学的采购方法，还要注意采购成本的重要影响。有些企业为了形成价格优势，或者为了成本控制的要求，大规模地购买某类物料，导致库存成本上升。

（3）产品设计的变更

做过供应链的人都知道，采购和研发有时会因为立场问题而形成"对立面"。研发重视设计的完美性，用材的最优化，所以会不断地修改设计图纸或者方案，力求把产品做到精细化。还有一些产品有一定的生命周期，到期前研发就会更新升级、变更设计，这样会导致前期购买的材料或多或少地出现库存。

而采购的立场是购买有"弹性"且成本低的、容易采购且物美价廉的物资，而这样的采购不一定能够满足研发的要求。久而久之，对立观点不断"衍生"出了"万恶"的库存。

（4）盘点的不科学性

笔者 2019 年去一个公司做优化项目，有一个环节是对企业的库存做监管。项目进行一半时，顾问严格按照要求对企业进行有效盘点，居然盘点出 6 年前的一批价值 2000 万的材料已经过了使用期。大家一定很纳闷为什么 6 年都没有盘点出来？很多公司的盘点是基于前一次盘点数据的更新，没有把全部账目翻出来，这样可能会永远也翻不出来。有些企业仓库比较大，加上工作人员流动性又比较高，这样盘点不出来的可能性就更大了。之前笔者曾讲过一句玩笑话：没有一个企业的盘点是"盘平"的，99% 的企业是"编平"的。意思是说，一些企业盘点账目是不平的，后来经过修修补补，"编编做做"才平的。

很多公司一年一次盘点，还有些公司半年一次盘点甚至一个月一次盘点，而正常的制造业企业，至少要做到一个季度一次盘点。仓库要做到账卡物绝对一致、先进先出、先出后用这三种模式，保证库存数据的准确性，准确的数据才能真实地呈现出库存情况。

 评估供应商常用的方法是什么

对供应商做出有效的评估，需要科学的规划和合适的评估方法。制造业比较常用的有两种评估方法：加权平均法和玛氏供应链评估法，其中加权平均法用得更多。

加权平均法的评估流程包括主因素的确定、子因素的分解确定、权重的分配等，如图 45-1 所示。

评估一个供应商，首先必须明确地知道它属于什么类型的供应商，这样才能"对症下药"，确定供应商的管理重点。采用加权平均法时，需要与供应商关系管理的几个模型配合一起使用，并且要从整体采购策略层面去考察供应商，思考在企业供应商库里一共有几家同类型的供应商？保证正常供应需要几家供应商？这些方面在后续的评估结果审查中都要全面考虑。

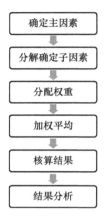

图 45-1　加权平均法评估流程图

小王收到公司要对 W 供应商进行评估的指令，他负责核心的加权平均这个模块。小王拿到 W 供应商资料后，通过四分法模型（见 35 问），很快定位这家供应商属于瓶颈型供应商，接下来他按照加权平均法的评估流程对该供应商进行了有效的评估。

① 第一步，确定评估的主因素（主要评估因素）。判断当前供应商为瓶颈供应商，这类的供应商一共有 12 家。根据评估发现，需要 4 家基本可以维持生产的正常生产运营，并且已知这类供应商评估的侧重点主要是交货期。按照最基础的 QCDS（质量、成本、交期、服务）四个因素简单做一个排序，D 为第一重要因素、Q 为第二重要因素、S 为第三重要因素、C 为第四重要因素，来评估优先级。主要因素的优先级分得越清楚，评估得就越准确。按照评估的优先级，可以简单做一个模拟，D 交付占比 45%，Q 质量占比 35%，S 服务占比 15%，C 成本占 5%，这个数值会根据因素的变多而变得更加细化，数值越细化，评估越准确，越有效。供应商评估权重分配表见表 45-1。

② 第二步，对子因素的分解确定。想要评估得更加准确，需要再对所有的

主因素进行分级细化，例如可将每个主要素分成三个子因素，有的企业还会分得更细。

表 45-1　供应商评估权重分配表

评 估 因 素	主因素优先级	主 权 占 比
质量	2	35%
成本	4	5%
交期	1	45%
服务	3	15%
		100%

质量细化为 PPM（百万分之一，质量管理的通用标准）指数，有些公司也叫良率。除了 PPM 外，可以作为质量衡量因素的还有特采率、质量改善情况等，当然远远不止这三个，还可以继续细化下去，或者再继续进行下一级细分也是可以的。但必须注意的是，所有的指标都必须量化，如果没有办法量化，就要想办法做标准，将其量化，尽量做到数据化呈现。供应商评估因素细化表如表 45-2 所示。

表 45-2　供应商评估因素细化表

评 估 因 素	主因素优先级	主 权 占 比	主因素分解	子因素优先级
质量	2	35%	PPM	1
			特采率	3
			改善情况	2
成本	4	5%	库存方式	1
			降价比例	2
			账期情况	3
交期	1	45%	L/T 周期	2
			交付匹配率	1
			缺货状况	3
服务	3	15%	响应度	1
			投诉情况	3
			预警情况	2

③ 第三步，将细化的子因素中的各个因素分出优先级，配置出各个指标的权重。例如成本因素，将此主因素细化成库存方式、降价比例和账期情况三个子因素，在这三个子因素中，库存方式最为重要，所以分配了大权重50%，如表45-3 供应商评估核算表所示。

表45-3　供应商评估核算表

评估因素	主因素优先级	主权占比	主因素分解	子因素优先级	子权占比	子因素计算
质量	2	35%	PPM	1	60%	PPM * 60% = A
			特采率	3	10%	特采率 * 10% = B
			改善情况	2	30%	改善情况 * 30% = C
成本	4	5%	库存方式	1	50%	
			降价比例	2	25%	
			账期情况	3	25%	
交期	1	45%	L/T 周期	2	30%	
			交付匹配率	1	60%	
			缺货状况	3	10%	
服务	3	15%	响应度	1	50%	
			投诉情况	3	20%	
			预警情况	2	30%	
		100%				

④ 第四步，计算出每项子因素的结果数值，如质量中 PPM 指数等于 PPM 值×权重值60% = A，以此类推，计算出 A、B、C 三个相应的数值，再将 ABC 三个数值相加得出总数后乘以质量这个主要因素的权重，如表45-4 供应商评估评分表所示。

表45-4　供应商评估评分表

评估因素	主因素优先级	主权占比	主因素分解	子因素优先级	子权占比	子因素计算	子因素计算	汇总
质量	2	35%	PPM	1	60%	PPM×60% = A	A + B + C	(A + B + C) × 35%
			特采率	3	10%	特采率×10% = B		
			改善情况	2	30%	改善情况×30% = C		

（续）

评估因素	主因素优先级	主权占比	主因素分解	子因素优先级	子权占比	子因素计算	子因素计算	汇总
成本	4	5%	库存方式	1	50%			
			降价比例	2	25%			
			账期情况	3	25%			
交期	1	45%	L/T周期	2	30%			
			交付匹配率	1	60%			
			缺货状况	3	10%			
服务	3	15%	响应度	1	50%			
			投诉情况	3	20%			
			预警情况	2	30%			
		100%						5.8分

⑤ 第五步，按照汇总后的质量、成本、交期、服务四大主指标乘以各自的权重比例，得出分数为5.8分，见表45-4。

⑥ 第六步，对结果进行有效的分析。按照一般的认知，会认为这个分值是不及格的，但其实不能武断，要进行科学的分析。该类型的供应商有12家，维持正常运营需要4家供应商，把同类供应商统一用加权平均法计算出来，再进行排序，取前四名，发现第四名得分数居然为5.1，那么这个5.8分还算是高分了。

所有5.1分以上的4家供应商保留在合格供应商名录里，并且制作详细的评估报告给供应商，告诉其需要改善的要点，以及改善的时间节点。

针对另外8家也需要发送评估报告，但是不作为改善的重点对象。这时候一定会有一些供应商快速反馈，询问需要改善的点在哪里，并且表明自己愿意改善的意愿，这个时候还是需要递"橄榄枝"给这些供应商的。供应商的合作意愿非常重要，对于有强烈意愿的供应商，一定要好好珍惜。

按照以上六个步骤应用加权平均法，能够实现对供应商的有效评估。

46 供应商评估的流程是怎么实际操作的

应根据企业的战略目标来确定供应商的评估周期，不同供应商的评估周期不一样，有的是一年，有的是半年，或者是三个月，还有些供应商是可以免检的，另外也有些供应商需要临时去评估。当订单或者项目过程中出现异常时，在订单或者项目结束后，要有针对性地进行供应商评估和改善。根据材料的差异和供应商的类型，每个供应商的评估标准和评估内容不尽相同。供应商所在的地域不一样，评估的时间也有差别。

供应商评估的流程可分为八大步骤，如图46-1所示。

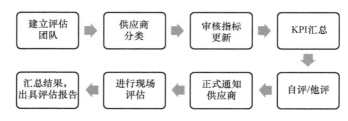

图46-1 供应商评估流程

（1）建立评估团队

在立项的时候，就要开始建立评估团队。一般情况下，对现有供应商的评估，由质量部、技术部、采购部这三个部门组成"铁三角"评估团队，其他部门可以根据具体情况加项。如果是新的供应商，建立评估团队时会涉及更多部门。在评估团队中，有些公司是技术部门做主导，有些公司是质量部门做主导，这要根据公司性质和产品特质确定。从供应商管理的角度来看，由采购部门主导是比较科学的。但由于采购人员的局限性，采购主导执行起来有一定的难度（很多采购人员是做商务采购出身的，而做主导的采购人员必须懂技术）。确定了评估团队后，采购部需要明确每个部门的工作职责，以便更好地掌控整个评估的节奏和内容。可制定表46-1供应商评估团队表，列入三个从属部门，确定相应的职责分工。采购部门主要结合技术部门和质量部门提供的信息，与供应商就交付、物流、合同等方面进行一系列的谈判。

表46-1 供应商评估团队表

从属部门	职责分工
技术部门	评价产品的规格与设计方案，以及相关问题等
质量部门	负责产品的质量标准和质量体系合规等
采购部门	与供应商就交付、物流、合同等进行谈判

（2）供应商分类

请参照第三章第二节所述的供应商分类的方法，对供应商进行分类，再选择适合的供应商评估模型，确立评估的侧重点。分类的目的主要是能有针对性地进行审核。

（3）审核指标更新

随着企业的发展，以及外部环境的变化，企业要与时俱进，不断更新审核的指标和要求。

笔者曾经去过一家国企开展培训，企业负责人非常自豪地拿出评估体系给我看："老师，这是最新的评估体系，我们每年会对体系进行更新。"这家企业我去年培训的时候，特别强调过要及时更新供应商评估体系。我想真的更新了，感到非常欣慰，结果我翻开第一页看到V3.0改成了V4.0，但仔细看了一下内容，发现没有任何变化，甚至落款还印有电话、传真，2021年了还有电话传真的很少见了。一些国有企业的供应商评估体系更新工作流于形式。更新时应根据一段时间的情况变化而发生实质上的改变。例如，如果某企业的评估周期为一年，去年没有安全问题或者环保问题，该企业就没有把这些纳入去年的评估项次，而今年这些是必须评估的内容，该企业就增加了这两项，这才称得上"更新"。在项目会议上，应发动每个部门收集该企业供应商的表现，从而更新评估列表的次重点。例如，仓库小王反馈，某家供应商经常出现送货延迟现象，约定的时间没有到货，那么这一项，采购人员进行考察后可以纳入交货期的子因素进行考核。注意，但凡更新的任何指标，都需要告知供应商，企业的要求发生了什么样的改变。正如这样一句话所表达的，"我们希望供应商变成什么样子，我们就得提出什么样的要求。"每个部门可以根据自身的变化，在一段时间内提出自己的要求，采购部门根据实际情况看是否需要确定指标更新计划。只有这样的评估，才是随着变化而不断更新完善的，才更有利于供应商的改善和不断提供更好的服务。另外，针对上次审核时出现问题的项次，可以根据各部门的反馈了解一下改善后的情况，需要进行重点审查。

（4）KPI 汇总

采购人员根据 ERP 系统中抓取的真实数据，来看供应商这一年的具体表现（假设评估周期为 1 年）。这一步是理性的量化评估，是很有说服力的，应根据供应商的各项 KPI 情况有针对性地提出一些要点和改善建议，由采购人员记录在案，评估时应该重点评估。

（5）自评/他评

前面四步是在企业内部必须提前做好的准备工作。如果以上四步准备工作完成了，再请供应商做自评。企业同时采用进行加权平均法进行他评，注意应由专人负责。

（6）正式通知供应商

这里把正式通知供应商单独列成一个步骤，是因为这个步骤非常重要。之前在培训课上，很多学员说应该去供应商处"突袭"，如果是追交期，或者突击检查，倒是可以这么干，但是常规的供应商评估需要供应商的各项配合，必须提前正式通知供应商。

假设没有通知供应商，而是搞"突击检查"，那么供应商需要配合的部门、需要提供的资料、需要配合的人，不一定能够准备好，这样对评估工作会造成很大的困扰。正式通知供应商的内容一般包括：需要配合的部门、人员，需要提供的资料（相应的 CHECK LIST），评估的时间安排（首次会议、末次会议）等。

（7）进行现场评估

现场评估分为两类：文件类评估，现场实况类评估。

文件类评估主要评估文件体系，如汽车行业的质量体系 TS 16949 评估，包括产品先期质量策划（APQP）、潜在模式失效分析（FMEA）、统计过程控制（SPC）等的评估都属于文件类评估。

现场实况类评估主要分为四个模块：仓库、生产线、实验室和管理。

（8）汇总结果，出具评估报告

所评估的供应商是继续留在合格供应商名录中，还是要从合格供应商名录中暂时返回到供应商池，依据的是 KPI、自评表、加权平均表、文件体系评估和现场评估五大方面（俗称五星评价），并且由这五方面来确定供应商的等级。

 现场评估的四大模块包括哪些细节

现场评估是供应商评估中最重要的一个环节，涉及的内容宽泛，一定要把握住重点审核的四个模块，如图 47-1 所示。

图 47-1　供应商现场评估四个模块

在现场审核供应商四大模块之前，一般需要供应商提供三张图纸，以便宏观地掌握供应商的现场情况和管理模式。对这三张图纸的具体要求，可以写在审核计划中，以便审核的时候查阅。这三张图纸分别是：

- 工厂布局图；
- 监控设施布局图；
- 仓库货物布局图。

（1）评估仓库模块

一个企业仓库的状态，从某些方面反映了该企业的现状。仓库一般分为以下几大类型：成品仓、原材料仓、半成品仓、报废品仓、在制品仓、危化品仓、不良品仓等。采购人员常常可以看到的是成品仓和原材料仓，这两类仓库也是企业管理的重点，一般出问题的概率不大，因为这两类仓库是准备最充分给客户考察的部分，而半成品仓、不良品仓是管理复杂的地方，很多企业的在制品仓不对外开放的。仓库是现场评估重要的板块之一，除了知道仓库的类别，还要清楚地知道仓库有哪些管理要点，下面列出的一些主要指标和内容，如图47-2供应商仓库稽核内容所示，涉及的一些要点如下：

① 现场5S管理；

② 安全管理，安全通道设置；

③ 消防设施；

④ 先进先出的物料摆放；

⑤ 出入库记录和账物一致性；

⑥ 区域划分、现场分布、存储要求等；

⑦ 安全标识、物料的摆放、堆码；

⑧ 现场看板以及看板的运作；

⑨ 最低安全库存；

⑩ 废旧料的处理；

⑪ 精益物流管理和物流信息化等。

如果时间比较有限，想快速地识别供应商的仓库管理能力，除了一些目测指标以外，最快速有效的办法是抽验，核实账卡物一致的情况。

图47-2　供应商仓库稽核内容

（2）评估生产线模块

生产线模块是较难识别的环节。大部分采购人员是商务出身而非技术出身，所以对技术的知晓大多"一知半解",导致每次评估生产线这个环节时会显得力不从心。应该系统详细地了解生产线评估有哪些内容,如图47-3 供应商生产线稽核内容所示,涉及的一些要点如下:

① 操作规范 SOP;
② 生产工艺流程图、工序划分、瓶颈工序等;
③ 制程控制;
④ 最终验收;
⑤ 设备保养与点检记录;
⑥ 质量改善;
⑦ 文件管理;
⑧ 资质、检验、设备,人员资质、上岗等;
⑨ 安全、消防;
⑩ 物料摆放、分区、配料上线、领料上线等;
⑪ 访谈工作人员。

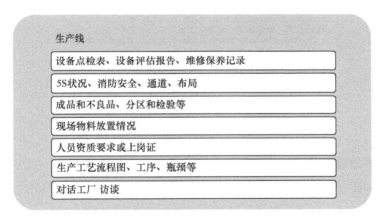

图 47-3　供应商生产线稽核内容

以上这些都是常规的生产线的看点,其中生产工艺流程是重点,另外瓶颈工序以及标准工时等也需要关注。

(3) 评估实验室模块

很多公司的质量检验、质量控制或者来料检验等,都属于实验室的范畴,这个环节必须要审查的内容如图47-4供应商实验室稽核内容所示，涉及的一些要点如下：

① 实验室设备维修保养以及记录情况；

② 仪器、仪表、工装夹具、量具审查等；

③ 操作规范；

④ 5S、6S管控；

⑤ 产生品和不合格品的摆放、分区等；

⑥ 检验报告的良率、方法、频次等；

⑦ 各项专利、技术等；

⑧ 人员资质、操作证明的审核等。

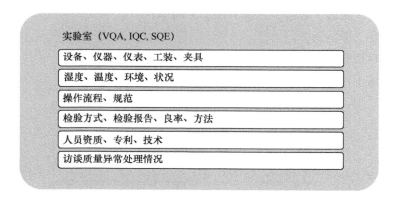

图47-4　供应商实验室稽核内容

（4）评估管理模块

供应商管理审查的主要内容如图47-5供应商管理稽核内容所示，涉及的一些要点如下：

① 组织架构、人力资源、工作流程、绩效考核、规章制度以及后勤保障；

② 办公室5S、档案、资料管理、管理理念；

③ 企业文化、作业指导书、内控文件等；

④ 人员配备，有无沟通反馈以及奖惩机制；

⑤ 业绩状况，财务状况；

⑥ 企业社会责任等。

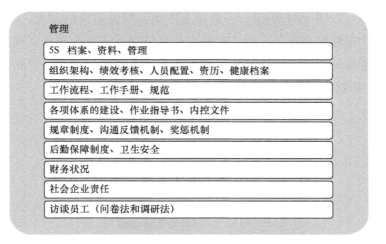

图 47-5 供应商管理稽核内容

 设备供应商要签订的合同包括哪几个

在采购方与供应商签订的合同中，买卖合同最为常见，也是典型的有偿合同，包含正常的合同要求、交期、数量、质量要求等。买卖是商品交换最普遍的形式。和供应商只签订这个合同是不够的，想要对买卖关系形成良好的约束作用，还需要有另两个合同作为保障，一个是售后协议，一个是备品备件协议。

很多时候购买了设备，在使用过程中出现了故障或者需要更换零件，再找到供应商更换，供应商因为是原厂或者购买的数量少，往往更换备件非常困难，那么有备品备件协议后更换就有基本的保障了。

这三个合同是购买任何设备时都需要签署的，只有设备合同签署完善了，才能对供应形成保障。

 供应商管理分为哪六大范畴

供应商管理是一个系统工程，它分为开发、评选、管理、考核、教育、奖惩六大范畴，如图 49-1 所示。一般在企业中，对供应商的开发、评选、管理、考核这四个范畴都会涉及，但是对教育和奖惩有很多企业并不重视。很多企业认为，做得好是供应商应该做的，做得不好就应该受到惩罚，导致很多企业只有"惩"，而没有"奖"。

图 49-1 供应商管理范畴

1）开发。开发供应商不是简单地通过网络搜索寻找合适的供应商，开发时应确定好具体的评判标准。①品质保证，对被开发的供应商的质量要求是放在第一位的，有些行业还需要特别的质量体系、资质要求。②生产效率，应关注新供应商的生产效率，是否可以满足客户的需求。③交货期，在采购管理中，保证交期是首要任务，怎样才能保证新供应商的交货期是开发供应商时要关注的问题。④成本管理。⑤安全管理。⑥员工士气，供应商的员工士气可以直接反映出供应商的工作状态，非常值得参考。

2）评选。通过书面调研、新产品的认证以及现场的审核才能确认评选的结果。评选结果合格后才可纳入合格供应商名录。

3）管理。将供应商纳入合格供应商名录后，应进行持续系统的管理，主要包括物料管理、设备管理、工程管理、订单管理、质量管理、交期管理、标准管理等。

4）考核。在供应商被纳入合格供应商名录之后，除了正常的各项管理，还要定期进行绩效考核，如年度考核、季度考核等。根据不同的供应商情况和物料情况，确定相应的考核标准和考核频率。

5）教育。好的供应商都是教育出来的。供应商审核的目的不仅仅是形式上的审核，主要是希望审核后供应商可以进行持续改善，从而更好地服务于企业。企业通过设立改善标准对供应商进行教育和培养，促进供应商的改善。

6）奖惩。供应商评估考核结束后往往有合格、不合格、暂时使用、选择性使用等一些考核结果,需要对考核结果进行循环利用。对于不合格或者合格后继续要使用的,需要给出适当的奖惩。做得好的要激励,做得不好的要适度惩罚,这样才能使供应商觉得做得好和做得不好还是有区别的。没有进行奖惩管理的供应商管理,只会让供应商管理流于形式,不会有实质性的改善和进步。

在供应商管理的六大范畴内,需要做好四件"大事":选择供应商、认可供应商、评估供应商以及激励供应商。这是供应商管理所有事务中必不可少的四项内容,也是最核心的四项内容。做好这四件内容的前提是把供应商进行科学的分层分级管理。

供应商的绩效评估怎样做更有效

供应商的绩效评估与考核一般是围绕四个指标进行的。企业非常关注质量指标、供应指标、经济指标,但是经常会忽略服务指标,其实这四个指标缺一不可。

1)第一类为供应商的质量指标。主要包括来料批次合格率、来料检验抽检情况、免检情况等。

2)第二类为供应商的供应指标。主要指准时交货率、交货周期、订单变化的接受率、反馈情况等。

3)第三类为供应商的经济指标。如成本控制和经济效益、供应商的年度降本情况、价格浮动情况、付款账期情况等。

4)第四类为供应商的服务指标。如售后的反馈速度、出现异常的响应度和配合情况、合作态度、共同改进的意愿、参与开发的程度等。

供应商绩效评估与考核通常分为四步来进行,分别为建立评估标准、确定考核权重、考核结果分析以及考核结果的再利用。

1)第一步,建立评估标准,建立可操作性的和可量化的,公平、公正、客观、公开的评估体系和指标。

2)第二步,确定考核权重,确定多角度的参数和合理的权重指标。如果可

以，建立评估小组专门负责供应商绩效考核。

3）第三步，考核结果分析，对供应商评估考核结果进行分析运用，真正做到供应商绩效评估是以供应商改善提高为目的，更好地为企业服务。

4）第四步，考核结果的再利用，应运用评估结果对供应商进行分层、分级有针对性的管理。

采购人员如何有效地激励供应商

激励供应商，许多人首先想到的是"钱"，还有采购人员会说缩短供应商的账期或适当地给供应商提点价等，这些都是采购供应链中的"大忌"。这些办法在企业实施起来难度是非常大的，企业的原则不允许这么做。

供应商的激励措施包括物质激励和精神激励两类，应注意实施的有效性。

物质激励主要有以下表现形式：

1）扩充供应商的产品线。也就是增加供应商的物资品类，如以前购买了供应商的一种材料，现在可以增加购买它们的其他物料。

2）延长合作期限。例如有些供应商合同到期的可进行续签，时间短的进行加长。

3）对于尚未达成战略合作伙伴关系的供应商，可以通过提升份额来达成战略合作关系。

4）增加合作份额。提高供应物资的数量，从而增加供应商的营业额，提高其获利能力。

5）个别做出巨大贡献的供应商采用现金或者实物进行奖励。

精神激励主要指：

1）书面表扬。可以是对供应商的个人的表扬，也可以是对供应商这家企业的表扬；可以直接发书面的表扬信函给供应商，可以向媒体和公共机构提出表扬，也可以向社会公开表扬。

2）供应商"评级"。发荣誉证书或者荣誉奖杯，最好以公司的名义专程送达，显得更有诚意。

供应商的激励比例一般不能超过供应商数量的 30%，最好事先对不同的供应商建立不同的激励标准，从而针对不同的供应商，采用量身定做的激励机制，达到良好的激励效果。

建立供应商激励机制必须考虑以下问题：
1）供应商所属的行业以及进入壁垒；
2）供应商的供货能力以及可以提供的物资种类和基本产能数量；
3）供应商的需求，指供应商最迫切和最渴望的诉求是什么；
4）该供应商是否有替代品；
5）该供应商是否有竞争对手。

只有充分考虑清楚以上五个问题后建立起来的供应商激励机制才是适用的、有效的。

 供应商的书面调查怎么做更全面

大多数企业有一份供应商的调查表，里面会涉及供应商的各项基本信息，如公司规模、人员、资质、主要经营范围、主要客户等。对供应商进行书面调查主要通过 8 个方面来进行，如图 52-1 所示。

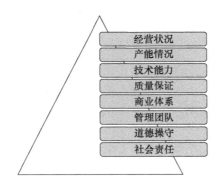

图 52-1　供应商书面调查

1）经营状况。从经营状况的结果层面主要应关注三个指标——营业总额、利润总额、净利润。也可以从结构层面看，哪方面是企业的主营业务，主营收入来自于主营业务的供应商是比较可靠、风险较小的。上市公司的年报材料均有公示，可以通过查核供应商的三张财务报表来进行供应商经营状况的分析，如图 52-2 所示，企业除了有现金流"过好日子"，还要"有面子"也要"有底子"。还可以通过图 52-3 进行供应商财务情况分析，对于哪些企业经营困难、哪些企业濒临破产、哪些企业健康发展，要真正做到"心中有数"。

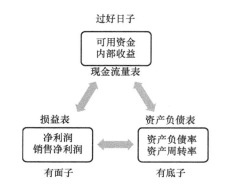

图 52-2　供应商经营状况分析

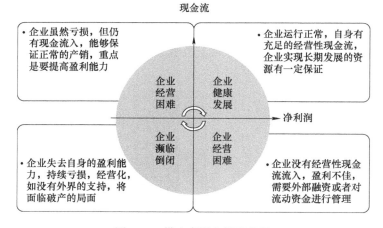

图 52-3　供应商财务情况分析

对于陌生的公司，采购人员应通过资产负债表、主营业务占比和毛利润获得第一印象。

资产负债表能够很直观地看出一个企业的业种，比如说，一般负债比较大的偏工业类，负债比较小的偏服务类，当然也不排除有些外包的模式或者其他特殊企业。

主营业务占比（主营业务利润/净利润）是直接反映公司核心竞争力的，占比较高的公司在行业内一般是"标杆企业"；占比低的公司说明经营重点不突出，也可能是其他非主营业务的收入比较可观。

毛利润（收入－成本）体现了公司的产品竞争力，毛利润越高，说明产品溢价越高，不可替代性越强。很多品牌的快速消费品毛利润都比较高，相反，很多电子商务的商家毛利润却比较低。当然这不是绝对的，有些企业或者商家是通过薄利多销或者边际成本收益来核算利润的。

2）产能情况。产能是生产的主要保障，很多企业在建厂之初已经设立了基本的产能指标，有一个上限和一个下限，即毛产能和有效产能。要了解一个企业的产能指标，要了解其月产能、周产能、天产能。常态情况下和满负荷情况下，企业的产能是有区别的。

产能管理相关的内容较多，一般情况下包含以下几方面内容：
- 产能的分析报告和修改记录，产品的信息。
- 现有产能设备的核算，例如工时、工序、毛产能、有效产能等。
- 产能的需求平衡预计预警机制。
- 产能的提升策略和办法。

3）技术能力。每个企业都有其核心的技术，目前所在行业达到了什么样的水平和标准，企业需要有一定的了解。有些企业为了接单，达不到技术指标要求，却在试生产的时候，想尽各种办法（进行拣选等）使样品合格，最后接批量订单的时候，会出现大量异常，良率非常低。要判定企业的技术能力，需要依据不同的行业和标准，每个工种也应该设定自己的技术要求和标准参数。很多公司除了审查试样以外，还有自己详细的审核流程和内容，进行逐一的核实，检查需要达到的指标是否真实达到。甚至很多公司还把取得某些技术专利作为衡量标准。

4）质量保证（Quality Assurance）。质量保证（图52-4）的范畴很广，一个企业想要做好质量保证，除了最起码的一些质量体系文件以外，还有很多工作要做。质量保证分为内部质量保证和外部质量保证，质量保证绝非简单的保证质量，而是要通过一系列有组织、有计划的评估活动，对那些影响质量的要素进行规范和保证，并能提供可靠的证据。质量保证的前提是质量控制，没有好的质量控制，质量保证就是空谈。质量管理的重要环节是制定质量方针、质量政策，同时进行质量策划、设计，并建立一个科学有效的质量体系。应明确质量体系的专门负责部门或者机构的职责，系统性地开展质量控制和质量保证等活动。通过质量控制和质量保证活动，识别质量控制中的各项不足和薄弱环节，想办法有针对性地进行改善。一个企业的质量保证做得好不好，直接关系着其提供产品的质量，甚至和成本也有关系。质量保证情况是审核新供应商时的重要指标之一。

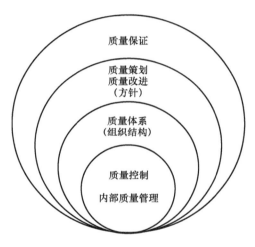

图 52-4　质量保证

5）商业体系，主要指供应商的现代化信息系统应用情况。比如说，企业目前所使用的 ERP 软件情况，有没有数据交换系统、物流信息化系统、报价系统、计划体系、市场与销售体系等。审核这些的原因是，需要与自己的企业相匹配，尽力做到"门当户对"，这样未来合作起来会更顺畅。一个企业"太高大"或者一个企业"太矮小"，在未来的发展合作中，一定会有这样那样的问题，匹配的商业体系能把磨合成本降到最低。除了找到好的产品，寻找合适供应商也是为了找到合适的合作伙伴。

6）管理团队。在企业管理学科中，常常讲到企业组织架构分为扁平化、矩阵式、网状结构三种不同的组织架构模式。相应地，管理团队设置也不同，提前了解供应商的管理团队的设立、人员模式，能了解供应商的企业文化内涵和运营思路，促进未来顺畅的合作。

7）道德操守。在与供应商合作时，企业希望找到有共同企业理念的公司，做一些合法、合规的正规合作，所以在书面调查时考察供应商的道德操守。

小故事

早年在企业当经理的时候，笔者曾跟随老板去一家工厂考核，那个时候的机床还是半自动化的，每转动一下，工人要在转头旁边取件，然后扣在机台上。老板和工人对话，问起他在这里做了几年了，工人回答做了2年多，都是在这个工位。老板随后问道，这个工位你不觉得很危险吗？一不小心手可能会"卷"进去。工人说自己注意点就好了，一般不会有这样的危险。随后我的老板侧面将这样的问题反馈给工厂厂长，想听听厂长的想法。哪知厂长却说：没事，几年都没有这样的问题，说如果更换有防护罩的机台，需要更换整个仪器，大概需要50多万（这在当时是个很大的数字），没必要。还补充一句万一工伤，也赔不了多少，再说这样的概率很小。我们检验完毕后回到公司，老板直接说了一句，重新开发新的供应商吧。当时项目经理很纳闷，这家公司很不错啊，每项都和我们的指标相符，为什么还要重新找供应商。老板笑而不答，在后来的工作中，老板偶尔提起，我才知道，老板说，他不希望和一家完全忽视人身安全的公司合作，现在产品做得再好，将来也会出问题。

8）社会责任。企业的社会责任有很多形式，如员工的加班情况、员工的流失情况、员工满意度、不使用童工、不克扣员工工资等。

小故事

笔者合作单位的王总曾给我送来几瓶腐乳，说是企业社会责任的果实。原来王总自从企业越做越大之后，想起了自己的老家江西，想为老家做点事，所以对口支援江西，买了很多江西特产作为节礼，发放给员工，腐乳就是一种江西特产。

53 供应商的产品验证要注意哪些问题

现有供应商评估和新供应商评估的区别是什么？很多采购员会答说，新供应审核的内容很多，比如财务状况、基本资质等都会详细审查，对现有供应商这些内容可能会弱化，因为纳入供应商之初这些审查都做过了。这些也对，但其实新供应商和现有供应商审核最大的区别是做不做产品认证。只有新供应商的审核才会有新产品认证这个环节，一般情况下，现有供应商审核是没有这个环节的。

一般情况下，供应商的产品认证（图 53-1）三大内容是首样测试、小批量运行和批量生产。只有经过这三个基本环节的检验，才能纳入供应商名录进行合作。有些企业却不是这么做的，很多公司因为项目紧急，客户着急，常常在检验上"投机耍滑"。比如有些企业为了赶工期，直接进行首样测试后就开始批量生产，这里面有很大的风险，一旦出现问题，将是毁灭性的问题，需要严格按照这个流程一步不少地执行。

图 53-1 产品认证

很多企业还有第三方认证、产能可靠性测试、产品安全性测试等检测环节，这些可根据每个企业的不同情况进行调整，但是核心的这三项不能少。

54 通过哪十步可以完整地做好供应商开发与评估

供应商开发与评估是一个系统工程，各个环节应紧紧相扣，缺一不可。笔者系统地将供应商的开发与评估流程进行了梳理，如图 54-1 供应商开发与评估十步图所示，通过这十个步骤可以让采购人"新手变熟手""熟手变老手"。

第三章 供应商开发评估与关系管理

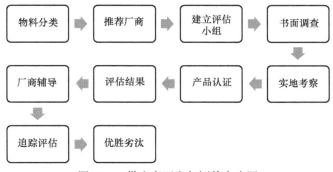

图 54-1 供应商开发与评估十步图

1）第一步是物料分类。物料分类可采用 ABC 分类法、卡拉杰克矩阵法、四象限法、四种生产策略法等，应根据公司的基本情况来采用。做好物料分类是关键的第一步，物料的分层分级管理是做好供应商评估的首要条件。

2）第二步是推荐厂商。按照物料的分类、产品的参数、规格选取适合的供应商群体，再从群体中根据相应的商务条款做出选择。这里的商务条款主要指价格、规模、地域等，把综合最优的厂商作为推荐厂商。

3）第三步是建立评估小组。评估小组一般由采购人员主导，质量和技术人员参加，这一般是基本结构。很多公司参与的部门更多，如生产部门、财务部门，甚至人力资源部门也会加入其中，对供应商进行全方位的考察。只有考察全面了，导入后的风险才会小。各部门会根据本模块的要求对供应商进行相应的考察。例如质量部门人员，应考虑质量体系是否健全、良率如何、过程控制、改善情况等。

4）第四步是书面调查。这里指的是对供应商做基本的信息调查，对供应商基本情况的全面收集汇总，很多公司都有自己的供应商基本信息调查表。

5）第五步是实地考察。前面四项是在内部开展的工作，这一步是"走出去"，到供应商的现场进行实地考察。实地考察一般分为四个模块——仓库、生产线、实验室和管理，通过这四个维度来实现全面考察。

6）第六步是产品认证。新旧供应商评估的主要差别是产品认证，对于现有供应商的评估一般是不要做特别验证的，除非有新的产品。

7）第七步是评估结果。提炼出前面六个环节的评估结果，达标供应商继续留在合格供应商名录中，有的供应商需要改善，有的供应商停止使用。

8）第八步是厂商辅导。有针对性地进行厂商辅导，设定适当的再次稽核时间，进行二次复审验收。

9）第九步是追踪评估。有频次地进行追踪评估，可以是一年一次，也可以是半年一次，根据不同公司的具体情况确定。

10）第十步是优胜劣汰。根据辅导的结果，进行最后的评审，合格供应商继续留在合格供应商名录中，不合格供应商放在"供应商池"或者不再录用。

供应商管理的三大核心模块是如何运作的

想要做好供应商管理，三大核心模块是评审与选择、导入与监控、考核与关系管理，如图55-1 供应商管理三大核心模块所示，分别对应着供应商管理的纳入合格供应商名录、产品认证、关系维护三部分工作。

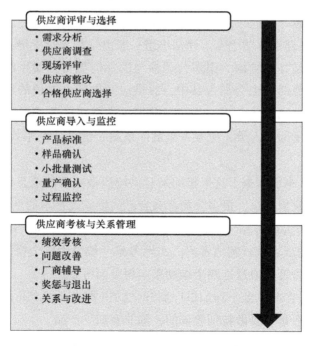

图55-1　供应商管理三大核心模块

1）供应商评审与选择。正确地选择供应商比管理供应商更重要，它决定了供应商管理的难度和供应商后续供应的稳定性，稳定性指质量和服务两方面。采购人员通过需求信息的分析、供应市场的调研和现场的评审，选定合适的供应商纳入合格供应商。

2）供应商导入与监控。将供应商导入合格供应商名录后，需要依据产品的要求和标准，进行产品的验证、打样、小批量生产等，一直到批量生产，才算是完成了产品认证，才能将供应商投入使用。

3）供应商考核与关系管理。纳入供应商名录和投入使用并不是供应商管理的终点，应对供应商进行后续关系的管理和维护、绩效考核等，这是确保供应商可以为企业提供好的服务的重要保障。

第四章 采购成本控制与降低

第一节 采购成本控制与降低之"道"

 采购总成本在供应链中体现在哪些方面

采购总成本在供应链中主要体现在十个方面，如图56-1 采购总成本使用所示。

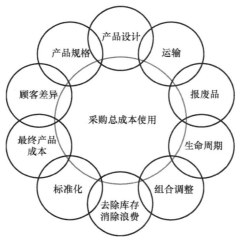

图56-1 采购总成本使用

1）产品设计。产品的设计是质量的源头，好的产品质量不是控制出来的，而是设计出来的。产品设计对于质量控制非常重要，从一开始就决定了未来的产品质量。另外，产品的设计阶段已经决定了采购成本的大部分，如产品设计阶段用的什么材料，有什么特征，有什么性能，都直接关系着成本是多少。

2）产品规格。产品规格应恰当，注意不应"质量过剩"，即产品的性能和材质规格不应超过顾客的需求。

小故事

某年某品牌的鞋是因为质量过剩而导致滞销的，人们认为是因为产品规格过高，用轮胎材料做鞋底，导致怎么穿都坏不了，扔了又可惜，后面顾客就不愿去买新的了。其销量一路下滑。这里说的产品规格是指产品的一些参数，应是适度的，超过了称作质量过剩，没达到称作次品。采购成本的使用中，产品规格的选择是重头戏。

3）顾客差异。顾客差异是指顾客需求与产品的差异。顾客去购买企业的产品时，一定是产品有某点触动了他的需求，这点有可能就是该企业产品与同类产品的差异点。怎么使设计出来的产品精准满足客户的需求，并且要和同类型产品有一定的差异，针对这一点在采购总成本上需要做一定的投入。

4）最终产品成本。最终产品定型成本不断下降，利润水平高，行业增长速度减慢，竞争日趋激烈，企业进入同类行业的门槛变高，企业和产品慢慢进入成熟期，最终产品定型成本相对稳定。

5）标准化。标准化程度越高，成本相对越低。大部分产品，不管是吃穿住行哪方面的，都慢慢趋于标准化，从而减少成本的投入。例如，各种家用电器的零部件基本上是标准化的产物。产品的标准化进程是采购成本控制的一项内容。

6）去除库存、消除浪费。精益生产中去除库存和消除浪费是两项重要的工作，贯穿在整个采购成本控制过程中。

7）组合调整。往往产品的物料清单中是若干单独的个体。这些不同的个体，通过不同的组合而成为不同的产品，变换不同的组合就是不同的产品，这种组合调整过程中需要成本的投入。一般来说，组合最优化，成本也会最低化。

8）生命周期。一个产品的成本多少与产品的生命周期长短息息相关。例如，一辆车一般的保修年限是5年或者10万公里，说明一辆车的生命周期一般在这个时间或者公里数后就开始慢慢进入"衰退期"了。如果将产品的生命周期设定延长，势必需要加大总成本的投入。

9）报废品。报废品指的是在打样、试产或者批量生产中的一些产品报废的情况。报废品不能进入到最后的销售环节，但是其成本需要核算到总成本中，所以报废品也是总成本支出的重要一项。在企业中，报废率越低意味着需要再次投入的成本越低，反之越高。

10）运输。从原材料的采购，到成品的输出，物流运输贯穿于产品生产的各个环节。运输成本属于物流费用支出，优化运输的路线和方式能减少运输成本。

采购人员进行总成本分析时需要考虑的成本项目有哪些

最直观呈现采购成本的项目是价格，主要体现在所采购的材料上，材料价格是采购人员应重点关注的。价格涉及材料的材质、规格，以及获得的途径，指简单购买还是期货。材料的获得成本应考虑到价格中，总体来说，采购总成本项目是指 What（买什么）和 How（如何买），如图 57-1 所示。

1）价格。价格中的一个大项是运费，很多公司把运费归属到物流费用中。在选择供应商时，通常应考虑其物流半径和运输路径。在物流半径内，相对来说运输费用就会比较低。另外，关税和保险方面的费用在价格中也会有非常突出的体现。很多公司已经将报关业务外包给第三方机构，"专业人做专业事"，可以大大降低关税和保险的费用。应根据公司业务的实际情况，来决定是否外包。

2）交货。交货的成本应考虑交货时间、交货频率以及是否需要特殊处理。

例如，常常在企业中提到的交货的及时性（JIT），指的是货品或者材料一生产出来就发货，收到材料就投入生产或者拿到货物就进行销售，使等待时间最短、储存时间最短，大大降低在仓储和运输过程中的成本，从而降低价格，客户都希望实现这样的JIT。但是对于供应商来说，下线就出货会使其运输成本提高，一般由客户和供应商提前商定一个周期、一个频率，设计一个标准，平衡出货和物流时间，从而使成本和效率达到最优化。

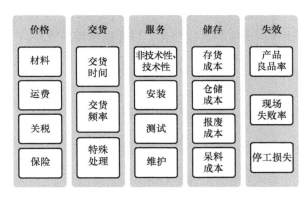

图57-1 采购总成本项目分解

3）服务。提到服务很多人想到的是售后服务，其实服务的范畴非常广泛，主要分为技术性服务和非技术性服务。安装、调试、测试、维护、技术支援、培训等，属于技术性服务的范畴。

4）储存。储存的成本一般是指货物在仓库中存放会产生存货成本和仓储成本等。货物停留的时间越短，占用库存场地的时间越短，资金占压就越少，成本相对就比较低，呆料成本就低。另外，材料是有有效期的，如果储存时间太久，过了有效期就变成了报废品，没有办法投入使用和投入销售，产生报废成本。

5）失效。失效的成本应考虑产品良品率、现场失败率、停工损失这三项。当企业受环境影响被迫停工停产时，一些小工厂可能直接撑不下去了就破产倒闭了，这时失效成本是相当大的。

另外，还应考虑采购管理费用，管理得比较好的公司，会针对管理费用进行统筹规划，一方面降低管理费用，另一方面提高管理效率。

58 采购成本与库存控制有哪些关联

"库存乃万恶之源",这句话听起来有点夸张,但其实反映了库存积压是低效率、高成本的源头。因为库存过剩而拖垮公司的案例比比皆是,很多企业因为品类过多、生产复杂以及库存积压,将供应链拖垮,对高速发展的互联网应对不力,没有办法快速反应和适应变化,资金链断裂导致破产。

库存积压一定是有源头的,主要体现在以下几方面,如图58-1所示。

图 58-1 库存积压源头分析

1)需求变化,设计变更和报废。市场上客户的需求变化,要求销售的产品也要跟着变化,最后传达到后端,就变成设计需要变更,甚至之前设计的产品没有办法继续使用。

2)供应商表现不佳。有时候因为下单时间比较早,供应商备料也较早,导致出货提前,后因订单的变化或者取消没有办法吸收这些材料。还有成品或半成品积压的情况。这些都将成为库存,不是企业自身库存就是供应商的库存。

3)盘点不平。笔者在企业咨询和培训的经历中发现,90%的企业盘点是盘不平的。由于管理疏漏,基础数据不准确,例如,仓库里面有500PCS库存,却又去购买了500PCS,势必造成库存的积压。

4)客户订单取消。如果订单取消的比较早,在下单后不久取消的,可能导致损失还不是那么大。但是在订单已经投入生产或者在生产完毕之后,订单再取消就会直接导致库存，有原材料的、半成品的、成品的库存。

5）担心潜在销售的损失。为了缩短供应的交期，企业自主准备了一些必需的原材料，最后发现实际的订单没有预期的多，或者准备原材料的偏差，都会造成一定量的库存。这一点和企业的生产模式有一定的关系，很多企业采取的是库存式的生产策略，但是真实的需求和销售的预判一定存在着差距，甚至巨大差距，这个时候就会产生库存，有时候甚至是成品库存。

6）只考虑直接采购成本。对于大批量、稳定性的产品，例如快消品、服装、家电等，一般采取批量生产或者集中采购的模式。这样一来，材料的批量大小直接决定了价格的高低，很多企业为了控制直接采购成本，超出所需的大批量购买，会导致库存的产生。

针对库存积压的源头，应从成本角度控制库存，一般需要从五个方面入手，如图58-2所示。

图58-2　库存控制五法

1）引入第三方支持。现在流行的第三方供应链管理公司也好、第三方仓库也好，都是在借助专业和外力来协助企业做好仓库控制。

2）完善采购体系。通过采购体系的全面应用，按需采购、按需生产，远离供应商的折价和经济批量的诱惑。

3）建立供应链协同机制。通过物流信息化系统，实现供应、生产、销售一体化的供应链协同机制，实时更新数据，保持数据的准确性，一定程度上加快产品的周转率。

4）压缩产品或者物资的出货周期。出货周期变短，加速产品的流速，从而使库存暂存的时间缩短。很多服装企业是这样做的，上市快、销售快，出现积压时快速进行二次销售或者调整销售计划来清理成品库存。

5）进行精益库存管理。通过零库存的管理模式，无库存储备，委托仓库储存或保管货物，用适时、适量的生产方式，按订单生产的模式，并配上合理的配送方式。例如，多批次少批量向客户进行配送，采用集中库存管理的方法，及时采购、准时配送，尽力采用精益库存管理的模式。

59 影响采购成本的内外部因素有哪些

影响采购成本的因素有很多，一般分为内部因素和外部因素，近几年随着国内和国际大环境的变化，外部因素的影响更加凸显。

影响采购成本的内部因素有：

1）跨部门沟通和协作。采购处于核心地位，前有研发、销售，后有生产、计划、质量等。如果前端销售计划不准确，导致生产计划的频繁变更，就会不断地产生紧急订单；紧急订单增多，采购计划被打乱，采购成本就自然上去了。加上很多公司的研发和采购严重脱节，研发的设计理念是追求完美，采购的出发点是材料的性价比和购买弹性，如果双方沟通不畅，势必会造成研发设计的产品和材料不好购买，甚至是定制化、稀缺性、唯一性，导致采购成本的上升。有些公司质量部门对产品的要求过于"严苛"甚至导致质量过剩，也会增加采购的质量成本。

2）采购的批量和批次。很多材料的购买是能以量换价的，不同的购买方式影响采购成本。可采用集中采购、联合采购或者第三方采购等常用方法，来降低采购成本。

3）采购员的能力。采购员所具备的采购成本的分析能力和敏感度，以及谈判的能力，都在影响着采购的价格，甚至很多时候能撬动采购成本。

4）其他因素。供应商的账期，国际贸易交运条款，送货方式和地点，库存的多少等，也是直接影响采购价格的内部因素。

影响采购成本的外部因素有：

1）市场的供需关系。原材料的暴涨和关键零部件的短缺，供不应求，会直接影响各行各业的采购成本。

2）采购企业和供应商之间的关系。出现短缺时，就是直接考验企业供应体系和采购人与供应商关系的时刻。业界有这样一句话可体现这一点，"短缺时什么绩效指标都不需要了，直接看供应指标就可以了，别人拿不到，你们企业却可以拿到，才足以见得企业的实力。"

3）供应商的技术水平和研发能力。一般情况下，供应商的研发能力强、技术先进、产品品质高，在售卖产品的时候价格也会相对高。采购人员在选择供应商的时候，应根据产品的品质要求和客户的层次标准，选择合适的供应商，而不是最好的供应商，这样做是对采购成本的合理控制。

4）供应商的定价方式。

5）供应商的成本。如果购买的产品是新产品，还在研发阶段或者小批量生产阶段，产品的价格就比较高；如果产品进入成熟阶段，已经开始批量生产或者技术普遍投入使用了，产品的价格就比较低。

 如何从战略层面上控制采购成本

控制采购成本可以从三个层面考虑（图60-1）。其中，制定合理的战略是降本的第一步。有些采购成本怎么也降不下来，是因为在战略上就设计成了高成本的采购模式，很难控制成本。其次在战术上，科学的管理可以将采购相关的成本控制在一定的指标之内。最后，在操作层面上，应严格地执行采购制度，使采购成本得到系统地控制。

战略层面上降本主要从供应链的结构、供应源的选择、供应商的数量、采购组织架构和流程四个维度来考虑，如图60-2所示。

1）策略地规划供应链的结构。供应链有复杂性、动态性、面向用户需求性和交叉性四个特点。从供应链的特点来看，供应链是从供应商到客户的双向流程，其中包含了信息流、产品流、资金流和物流四大流。从驱动力来看，分为推式供应链和拉式供应链两种模式，也就是常说的订单式生产和预测式生产两种模式。对不同的生产模式，对应的采购战略也应不同。拉式供应链模式强调的是没有库存或者低库存,看似成本很少,但是对供应链的挑战是极大的。供应链的敏捷度直接关乎利润乃至企业成败,供应链跟不上,客户取消订单,直接就没有了生意。想要做好低成本的拉式供应链模式,对供应链的相关组织部门,例如采购、计划、生产、物流等都是极大的考验。而对于推式供应链模式来说,做事前的预判,按照自己的预测去做采购和生产,有一定的囤货和库存的压力,对销售和计划也是一种考验,需要销售人员对市场的把控足够准确,否则时间越久,库存压力越大,库存越难消耗,资金占用难以缓解,甚至现金流会断掉。在一些传统的制造业巨头倒下的案例中,不乏选择推式供应链结构却规划不当导致现金流断裂的情况。

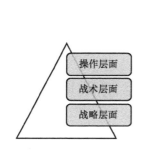

图 60-1 降本的三个层面

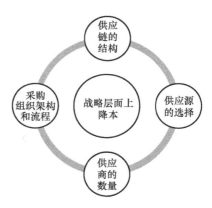

图 60-2 战略层面上降本的四个维度

2)系统科学地进行供应源的选择。供应源的两大主要来源为现有供应商的竞争对手和同行竞争对手的供应商群体。如果供应源的群体可以锁定这两项,基本上采购成本可以得到很好的控制的,因为相当于供应商和竞争对手都已经做了供应商的审核和把关。为什么宝马的供应商其他车企比较愿意合作,就是这个道理。因为宝马已经筛选了大部分指标,企业只需做和宝马不同指标的一些审核就够了,大大降低了工作难度和工作复杂度。从成本上来说,降低了管理成本,加上可以参考价格的情况,提出价格策略来降低成本。

3)精准合适地确定供应商的数量。企业一方面要建立大于合格供应商名录至少三倍的供应商池,另一方面又要控制供应商的数量以便进行集采和联合采购。

这两个方面的目标不相同,并不矛盾。供应商池也并不是越大越好,当然也不能太小,适度最好。适度的标准是满足企业正常运行的情况下,适当的"新鲜血液"的输入,并且保证供应商的竞争性和原材料的 5R(适时 Right time,适质 Right quality,适量 Right quantity,适价 Right price,适地 Right place)。

4)合理通畅地搭建采购组织架构和流程。一个企业的供应链流程结构设计的是否合理,决定了企业的工作效率。

  采购人员和计划人员是要设立在一个部门中,还是分开设立在两个部门中?当下的大部分企业是将这两类人员分别部门的,貌似这样的组织架构显得更完整。A 企业有一个采购员因为家中有事,请了 3 天假。期间计划员下的请购单找到代理人帮忙协助处理。代理人由于工作比较繁忙,就让计划员直接联系供应商沟通订单事宜。大家都知道,供应商是"嗅觉"敏感的群体,一来二去,供应商发现原来需求都来自于计划人员,有时候计划人员还可以决定下得多还是少。由此供应商与计划人员的互动多了,逐步建立了强相关性关联。等到采购员休假归来,貌似一切都没有改变,但是供应商更多时候和采购员沟通完之后,会直接从计划员那里再次了解情况,甚至计划员会先告知供应商下单的情况,这样一来采购员不知不觉地被"架空"了。如果采购员和计划员分别在两个部门,慢慢地就会形成各自为政的局面,不利于一致对外的采购岗位职责设置,也削弱了采购人员管理供应商的能力。如果把采购人员和计划人员设置在同一个部门中,供应商订单的事就是这个部门的事宜,采购人员和计划人员形成高效协同机制,采购职责一致对外,就不会再各自为政了。

除了采购人员和计划人员有这样的问题外,采购执行人员和前端的采购寻源工程师也存在类似问题。

很多企业的供应商决定权在采购寻源工程师手里,但是追交期是采购执行人员的工作,这时需要认真考虑采购部门组织架构和绩效考核的设置。为了避免出现上述类似情况,最好把采购寻源部门和采购执行部门放在一个大部门,并且绩效考核互相渗透。大家都知道采购寻源的关键考核指标是成本,所以寻源工程师会想尽办法降本。当价格压到一定程度的时候,势必很多服务或者产品质量会大打折扣,即使供应商不说,在供应商的服务上也会有所察觉。后期采购执行人员在管理供应商的时候就会困难重重了,而交期的指标又是采购执行人员的绩效内容,所以采购执行人员的绩效可能会非常难看。如果把采购执行人员的绩效与采购寻源人员的相互牵制起来,效果大不同。例如交期的权重也分一部分给寻源。如果交期不好,寻源工程师也占四成的责任,采购跟单占六成,而在采购寻源的主绩效指标成本控制上,采购寻源占七成,采购执行也占三成。这样一来,不管是成本还是交期,做不好,两类人员都有责任,大家就不会各自为政了,必然会互相协助,扯皮现象会变少。

如何从战术层面上降低采购成本

1)明确供应商管理的目的。战术层面上的降本主要体现在供应商的各项管理上,首先企业采购人员必须明确供应商管理的目的是什么。不是为了管理供应商而做供应商管理,更不是为了绩效指标好看而做供应商管理,应该是为了让供应商不断地提升和完善,从而更好地为企业服务,所以进行供应商管理必须明确地让供应商知道企业的标准和要求,使供应商更好地配合企业,使供应商提供高价值的服务。在供应商管理过程中,如果企业要的他们没有做到,企业不要的供应商却总是提供给企业,就是因为没有做好供应商管理。供应商的种种不好可以说是采购人员没有管理好,在企业中不会只说某某供应商不好,会说哪个采购员的供应商不好,就是这个道理。管理好供应商,会给企业节约很多成本。

2)做好供应商和原材料的分类。在做好供应商和原材料分类的基础上,应针对不同的供应商,采用不同的管理模式。进行供应商和原材料分类时,没有"一碗水端平"之说,也不是弱势供应商就需要帮扶。哪些供应商需要花大精力去管理、哪些供应商需要弱化管理、哪些供应商需要集中采购、哪些供应商需要管控库存、哪些供应商需要招投标,都需要有一定的方法论和标准,不能打乱仗。

如何从操作层面上管控采购成本

操作层面上降本主要集中在绩效考核和实操性的成本管控上。如果前面的战略层面和战术层面的降本没有做到位，到操作层面可以做的空间较小。大部分普通采购人员，可以做的限于操作层面，因为很多普通采购人员没有办法参与战略和战术层面。操作层面对企业的影响并不小，做得好可为公司的战略提供良好的基础数据和指引。

操作层面的供应商绩效考核必须做，而且还要好好做，详细地做。很多学员问我，强势供应商的绩效考核也要做吗，做了的话，强势供应商的绩效有时也不是很好。其实，做绩效考核，从硬性指标上看，这是采购人员工作的一部分。从另外一个角度来说，这是原始数据的来源和谈判筹码的来源，和强势供应商谈判，靠的就是收集和制造筹码，选择合适的契机进行谈判，绩效考核就是筹码的一部分。单单从一些表面现象或感性认知来评价供应商到底怎么样，会对采购人员的工作造成误导。所以，操作层面的绩效考核很有必要。

实际的成本控制，比如说季度的降本和日常的供应商管理，也是采购人员操作层面上不可或缺的工作内容。

 ## 如何从物料管理上削减采购成本

降本是一个系统工程，除了从战略、战术和操作三个层面上降低采购成本，也可以从具体的物料管理、系统管理和人员管理上来削减采购成本，如图 63-1 三管理降本所示。

（1）体现在物料分类上的物料管理降本

将物料分成 ABC 三类，大力管理 A 类和 B 类，C 类物料金额占比较小，一些公司会弱化管理，甚至忽略不计，这样的管理本身没有太大问题。但是会有一些特殊情况，例如其他物料都齐了，却因为一颗 C 类物料而出不了货，原因就是因为这颗物料的金额很小，被归到了 C 类。对于采购的风险很大、非标定制的物料、周期比较长的物料等，不应简单根据金额划分为 C 类，应制定合适的物料分类规则，从而降低采购成本。

图 63-1　三管理降本

（2）体现在库存管理上的物料管理降本

一般情况下，安全库存的确定是建立在数理统计的基础上的。假设库存的变动是根据平均消耗速率来发生变化的，大于平均需求量和小于平均需求量的可能性各占一半，缺货概率就为 50% 了。普遍的认知是安全库存越大，出现缺料的可能性越小。但是库存越大成本就越高，会导致库存的居高不下。根据不同原材料的消耗程度以及客户的要求，将缺货保持在适当的水平上，允许一定程度的缺料现象存在，称为安全库存。很多时候，定义安全库存为紧急备货周期的用量比较合适。在很多企业里，设立安全库存是凭借经验去做判断的，库存的不足或者库存的过剩都是在采购上、运营上又或者是仓储上出了问题，所以必须先弄清楚库存量的含义，包括最大和最小库存量。

1）以天为单位计算库存量。经过一段时间的企业运营，可以将数量过多的物料个别进行控管，一种方法是以实际数字来计算，另一种方法则是用天数来计算，有些企业也会两个方法一起使用。以天数计算库存是指库存循环率（或库存循环周期），计算公式如下：

$$库存循环率(次数) = 出库金额 / 库存金额$$

库存循环率一般用次数表示，当这个循环率越高，库存就减少，转换为现金的速度也就越快。库存循环周期是以 365 天除以库存循环率的数，指从采购开始到销售出去为止所需要的天数，体现了库存情况。安全库存是紧急备货周期的用量。一个企业会以天数来控制库存，更容易理解，即用天数来表示库存量。

2）计算最小库存量和最大库存量。

一般计算最小库存量的方法有两种。一种是在订货及交货间隔期内设定，订货及交货间隔期指的是从下单到交货为止所需要的天数。计算方法为：最小库存量（基本天数）＝订货及交货间隔天数－1天。

例如，这个间隔为8天，那么最小库存量也就是7天的用量，和紧急备货周期的用量是一个意思。企业一般会比正常的间隔周期少算一天，这样计算就不会把最小库存量设置得过大，就比较合理了。

间隔天数的概念在不同行业有不同的标准值，流通行业的一般会比生产制造业短。在每一天的使用量不固定、分布不均匀的情况下，要考虑变动幅度来求最小库存量。

另外一种计算最小库存量的方法为：最小库存量（天数）＝最小库存量（基本天数）＋（一天最大的出库量－平均一天的出库量）/平均一天的出库量。按照这种方法来计算时，当一天最大出库量与平均出库量差值越大，最小库存量就要增加。

最大库存量的计算公式为两倍平均库存量减去最小库存量。这里的平均库存量一般指的是月初月末的均值，或者年均值来计算。

64 如何从系统管理上降低采购成本

（1）根据企业性质和类型确定系统管理模式，降低采购成本

系统管理在降低采购成本中起到的作用不容小觑，不同性质和类型的企业，应采用不同的系统管理模式。

1）日本和韩国企业的系统管理比较集中，无论价格的确定、供应商的选择、供应源的决策，基本是由在日韩的总部来决定的。设在各地分公司做的大部分采购工作基本上是跟踪执行，因为职能的单一化，所以工作量非常大、重复性工作很多。在业内大家都知道，要"锻炼人"就去日韩工厂。这几年由于大环境的变化，日韩的企业有了一些改变，主要是考虑到成本的因素，有一些企业开放了供应商属地采购的权限，属地采购管理人员的权利也有所增加，有了更多的技术含量和自主权。

2）欧美企业大多采取矩阵式管理模式，将横向流程管理和纵向项目式管理相结合。这样设计的初衷是为了满足大公司的流程管理，同时防止采购岗位的权利过于集中。但这种模式造就了很多欧美企业的采购员在一个公司里做了好几年却只会一项工作，这是因为"一个萝卜一个坑"的管理流程的设置导致的。对于企业来说，这种模式会因内耗加大而导致各方面的成本增加。

3）民营企业近些年快速成长，很多民营企业的高管或者老板都特别爱学习，好的民营企业大多脱离了采购人员是"家里亲戚"的现象了。民营企业为了在市场上"杀出一条血路"，很多时候付出的比其他性质的企业多得多。越来越多的民营企业开始关注采购供应链的发展。愿意花精力去建立采购团队，招聘专业的人干专业的事。从最初的控制采购部门转变到建立完善的制度和流程来控制，有时候价格是控制不住的，人也是控制不住的，唯有制度、流程是可控的。有了合适的流程、制度，加上关键的"选人用人"，三者缺一不可，造就了部分民营企业越来越好。

（2）采用不同的工作指派方式，降低采购成本

工作指派方式一般分为集权式工作指派和分散式工作指派两种，对应着生产制造业的推式供应链和拉式供应链。

推式供应链比较适合标准化程度较高、单品单一、大批量生产的公司，生产人员可以采取集权式工作指派。在采购管理中，更多地强调通过稳定的预测作为采购的指导。采购人员购买的物料种类和数量都相对稳定，采购人员的工作重点不在集中寻找资源或研发设计上，而是集中在如何做好批量经济和库存控制上。采购人员的工作更多的是和核心物料供应商建立战略合作伙伴关系，保障更好的稳定供应和生产，这是集权式工作指派的核心内容。

拉式供应链生产制造的兴起是企业为了削减成本、降低库存或者去除浪费，从而采取的一种根据销售订单来拉动生产的模式。这种模式比较适用于非标定制的、小批量、多批次的企业，由于前端的市场和销售不容易把握市场的状况，并且产品复杂，制造上难以标准化，因此相应地推行分散式工作指派。在采购管理中采用分散式工作指派，体现为采购的主要关注点不再是库存或者价格了，而是更多地关注研发设计的合理性以及供货的弹性。这样一来，对采购人员的要求就更高了，很多时候在采购职责划分中，体现了寻源工程师的职能。采用分散式工作指派的公司，需要备有一定的安全库存和一些应急方案，压力转嫁到供应链上了。如果采购人员不能及时采购到合适的物料进行生产出货，有可能会丢失订单，所以分散式指派对供应链的敏捷度要求非常高。

（3）采用先进信息化软件系统，降低采购成本

由于大环境的变化，越来越多的企业开始采用互联网思维和信息化软件系统，从手工操作到现在大量依赖先进的软件系统。上软件系统是为了更好更便利地为客户服务，提升工作效率，需要详细调研，深度参与，制定整体方案，不能盲目地采用。

有一个公司，经过十几年的迅速发展和壮大，业务越做越大，为了满足客户井喷似的发展需求，不断地扩充供应链队伍，供应商也越来越多。为了科学高效地管理公司的业务流程，公司毅然决然地准备上 ERP 软件系统，全公司上下一片欢呼，觉得这下好了，可以省力了。随即老板花重金请来了软件咨询公司来帮忙，很快软件系统上完了，可是大家在使用过程中问题重重。其实在初期时一定会有阵痛和不习惯，这个可以理解，结果过了大半年，公司还是"水土不服"。

1）详细调研。任何系统都不是最贵的就是最好的，也不是国外的都好，而是要适应公司的情况。后来发现，这家公司上的系统是全球顶级的×××系统，但是这个系统其实适用于大批量的稳定生产以及产品单一的制造型企业。而该公司是做机械制造的，非标定制的多，小批量、多批次，仅料号就有 10 万多个。系统上去后要再改变，一则劳神费力，二则影响效率，得不偿失。希望每一个准备上系统的企业都要考虑清楚，适合的最好，切莫跟风或者只认大牌，最好全面详细调研软件系统情况后再去做这件事。

2）深度参与。对于上系统来说，一定要企业自己的人员深度参与。很多时候企业为了省事，觉得花了钱，就让咨询公司全部做好，觉得自己就省力了。

其实一旦系统上去了之后，是公司在使用，还有可能陪伴公司成长几年甚至几十年，好不好用只有公司人员知道，怎么使用最顺手，公司人员比咨询公司人员更了解。咨询公司人员是专业人士没错，但是他们的大多数出发点是如何做得更完美和怎么看起来更完美，不一定好用和适合。所以上任何系统时，一定要有企业使用的人深度参与并且提出建议和意见，以最方便最高效的使用为前提。

3）制定整体方案。上系统的时候最好考虑整体方案，至少要考虑 5~10 年的变化。一些集团化公司有好几套软件，甚至还有一些公司一个职能部门一个软件，这样在系统对接和整体使用时都会有问题，会极大地产生内耗。员工的大部分工作时间不是用在处理各种事务性的工作上，而是用于做系统的搬运工。笔者曾有一个客户，明明公司有系统软件，总觉得数据不可信，每天早上还需要采购人员去系统上下载数据进行人工核实，大大降低了效率和准确度，背离了上系统的初衷。

65 如何从人员管理上降低采购成本

管理的问题大多是人的问题，人的问题解决了，一切就都迎刃而解了。人员管理主要考虑人员的忠诚度、态度、专业度，这也是企业选人的三大标准。

2010 年 8 月份，我受一家猎头公司之邀，参加一个全球前 100 的公司的招聘面试，至今记忆深刻。该公司的领导因为我在半导体行业做过多年，还是从基层做到高层的，表示非常欣赏和需要这样的人才。在面试的过程中，领导聊完很满意地离开了，后面就是人力资源的人和我聊细节，她谈到我是否记得所有的供应商，我说在这个行业待久了，多多少少知道一些。她又问道，我们和供应商谈的终端价格和价格走势清不清楚，我点头示意我在公司负责这块的，人力资源的人很满意，随即说好，太好了，我们太需要这些了，我们企业 2009 年才进军半导体行业，我回答道，不好意思，这些都属于公司机密，我不能告诉你们这些具体内容，给我的感觉是这个面试是不欢而散了。

三天后我却接到了这家企业的入职通知，虽然工资比我当时高出将近一倍，也有很诱人的福利，但是我最后还是拒绝了，在内心我是比较反感这样的企业的。故事反转在2016年，那个时候我已经从企业出来做咨询培训，受邀去一家企业培训，去到企业时我才发现这家企业似曾相识，看到企业领导时发现是面试过的那家企业。在课前接洽的过程中，我打趣地问道，我当时让你们并不高兴呀，也不能做到你们想要的，为什么还要给我发入职通知啊？领导非常认真地说，"正因为您说的'这个是我们公司的机密，我们是有保密协议的，不好意思我不能提供给你们'这句话，让我觉得您是一个可以信任的、靠谱的人。"

不管是在个人心中还是在企业中，忠诚度都是极其珍贵的。一个没有忠诚度的员工是不受欢迎的，即使再专业再勤奋都无法弥补忠诚度的缺失，一旦因为忠诚度而出问题，那会是"致命"的。

小故事

2005年笔者在企业里任职的时候发生过这样的一个小故事。一个资深的采购员向供应商索贿了2800块钱。在当时的团队中这个采购员还是比较专业和资深的，人缘也不错，企业领导都比较重视他，并且年底有让他升职做主管的打算。领导决定辞退这名员工，此时客服部的领导、物流部的领导都来"说情"，说钱已经填上了，可不可以网开一面，还说不就是2800块钱嘛，希望领导不要"劳师动众"，谁不会犯点小错误呢？可是领导还是决定辞掉了这名员工。

时至今日，如果我来处理这件事，我的做法也会是这样。"有才无德是毒品，有德无才最多是个废品罢了，至少不会危害社会。"从人员管理角度来看，"有德无才可以培训使用，有才无德限制录用，无德无才坚决不用"。

当前社会很讲究态度，如工作态度、生活态度等。提到"态度"这个词，很多人都会觉得是指能吃苦耐劳的态度，一般人理解吃苦就是受穷或者受累，但是请注意，那是物资匮乏时代的概念。在今天的丰裕社会，吃苦的本质变了，变成了长时间为了一件事情聚焦的能力，把简单的事情重复做的能力，意味着也许要放弃娱乐生活、放弃无效社交、放弃一部分消费，甚至还要在这个过程

中忍受不被理解和孤独。

这个时代的吃苦，本质上来说是一种自控能力。读书学习吃寂寞的苦，不断完善自身的专业知识和学习外界的先进做法。独立思考吃脑力的苦，很多时候很多事情，人们压根懒得去思考只会盲目地去做，然而就像爱因斯坦说的那样，"埋头苦干而不思考，越努力离目标和梦想越远"。忍耐克制吃自律的苦，说到自律，很多人道理都懂，可没有几个人可以做到。自律的人能长期坚持做一件事，不断地精进，做不到吃自律的苦，那就只能做平庸之辈。自律的人有强大的自控能力，一般工作、生活都不会太差。

下面的小案例说明，在人员管理时应注意培养采购员的专业度。

有一个采购员在从事相关职业的10年时间里，自学完成采购与供应链本科的学习，并且经常深入一线驻场，积极参与研发质量的各种项目，成功地做到了公司的高层管理职位，大家都不知道他原来是工科专业毕业的。因为是工科毕业，他对研发和质量知识接受度和学习能力很好。当然这个采购员的悟性也极高的，他会经常到生产一线去看、去了解，哪怕这个事情是他工作范围之外的，只要对他工作有帮助，他都会主动地去学习，并且一有机会就去拜访供应商。一些人认为采购员是甲方，等着供应商来拜访，不如有时也主动去拜访供应商，看看供应商的工厂和生产线，听听供应商一线员工怎么讲，听听供应商销售人员说最前沿的资讯，对采购工作会有很大的帮助。

企业如何通过"强效瘦身"来降低成本

企业的瘦身有两种主要方式：一个是组织架构的优化，另一个是系统的优化。

（1）组织架构的优化

对组织架构进行优化很常见，随着企业的不断发展和壮大，组织架构必然会随之发生变化。或者进行功能补充，或者修改功能设置，企业不能只是一味地"向前冲",却忽略了停下来,看看哪里不合适了、哪里需要改进了、哪里需要改善了。有很多企业发展得非常好,销售部门、营销部门、业务部门已经经过几轮的组织架构优化了,但采购供应链管理部门却还是建立之初的模样,因为很多领导认为,这个部门是花钱的部门,只要照着清单购买就好了,也没有什么业绩和绩效,这是大错特错的。

绩效数据表明,采购部门的"贡献"比销售部门还要突显,随着这几年外部市场越来越难,企业管理者想要向内求利润,从采购供应链要利润,常规的出发点是降低采购成本和在采购价格上"做文章",其实也应考虑从组织架构优化上降低成本,也是非常有效的。

1)利用PDCA(计划、执行、考核与修正)循环工具进行组织架构优化。该工具是全面质量管理的思想基础和方法依据,也是企业管理各项工作的一般规律,如图66-1 PDCA循环所示,对应着事先计划、中期监控、后期处理。

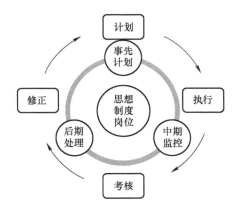

图66-1 PDCA循环

① P(Planning)——计划,包括goal(设立目标)、plan(实施计划)、budget(收支预算)。

② D(Do)——执行,指设计组织架构的方案和布局。

③ C(Check)——考核,可分解为4C管理,包括Check(检查)、Communicate(沟通)、Clean(清理)、Control(控制)。

④ A(Act)——修正,可分为Act(执行,对总结检查的结果进行处理)、Aim(按照目标要求做事,如改善、提高)。

在组织架构中设置的任何岗位都要和 P、D、C、A 四项结合，明确地进行事前计划，通过中期监控验证设置是否有问题，然后通过后期处理，从而实现改善。

2）采用 ECRS 分析法进行组织架构优化，如图 66-2 所示。ECRS 分析法用于对生产工序进行优化，以减少不必要的工序，达到更高的生产效率。应用 ECRS 分析法进行优化的步骤见表 66-1。

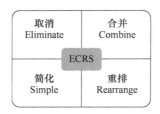

图 66-2　ECRS 分析法

表 66-1　ECRS 分析法优化步骤

符号	名称	内容
E	取消	提问是否必要？完成了什么？为什么？如为非必要，应予以取消
C	合并	无法取消又是必要者，看是否可以合并，以达到简化的目的
R	重排	经过取消、合并后，可根据"何人""何时""何处"三个提问进行重排，消除重复，使作业更加有序
S	简化	经过取消、合并后，重排后的必要工序，应考虑能否采用最简单的方法替代，达到省时省力

在组织架构优化时，针对某个岗位的设置，可以去看这个岗位设置是为了完成什么工作？这项工作是否有必要？或者有其他的岗位在做吗？是必要的还是想要的？从而来确定这个岗位是否需要。如果是非必要的，但是也有一定的价值和意义，那么公司可以尝试进行第二步，就是进行组织架构的合并，接下来再做岗位重排，重排后进一步看可否简化工作内容。

（2）系统的优化

当企业的软件系统运行缓慢、无用数据众多、物料号重复，感觉杂乱无章时，需要进行系统优化。此时可以先进行物料号的系统梳理。物料号梳理是一个非常复杂而庞大的系统工程,管理好物料号,对企业整个系统的"瘦身"有着重要意义。

小故事

很多公司有这样的情况,让刚进公司的同事或者刚毕业的大学生、部门文员等去系统建立新料号,在专业知识极度匮乏情况下,这些员工只是盲目地拿到建料号的需求就去执行。很多时候会发现,某类材料在系统里已经存在,有的是换了个形式,或者换了个称呼,有的是已经存在系统中,再次建立料号的时候系统没有识别出来,因为操作人员不懂,所以导致料号的重复性建立,或者有些只是细微的差别却建立了一个新的料号,而不是在原来基础上加"尾缀"去区分,从而大大增加了料号的复杂度和重复度。

久而久之,企业会发现系统里的料号越来越多,实质上使用的却没有那么多。还有很多企业在料号建立的时候信息录入不全,第一次使用时,部门还可以凭借记忆力或者经验来识别,万一这个员工离职或者时间久远,就会无法识别。之前发生过这样的例子,采购员直接下单给供应商,给他说购买去年也买过的这个样子的材料,而无法清晰描述材料的参数,特别是多批次小批量的制造型的企业,会经常出现这样的问题。这些情况均会增加运营成本。

系统的优化除了软件或流程以外,还包括很多内容,诸如库存形式、物流方式、购买方式等,也是系统优化的重要内容。

第二节 采购成本控制与降低之"法"

 ### 如何通过企业管理降低采购成本

采购降本5%,相当于销售增加收入20%左右。由表67-1 采购降本分析表可以清楚地看出,采购降本的收益有时候比销售来得更加实际。从2009年全球金融危机以来,市场环境出现萎靡,从销售角度扩大市场来增加订单显得格外困难，越来越多的企业家把眼光投向了企业内部，从内部管理来降本变得越来越受到管理者的青睐。

表 67-1 采购降本分析　　　　　　　　　　（单位：万元）

项　目	公司现状	各项支出占销售收入的比重	采购成本下降5%	采购成本下降10%	采购成本下降15%
销售收入	50000	—	50000	50000	50000
原材料	27500	55%	26125	24750	23375
劳动力、前期投入	12500	25%	12500	12500	12500
期间费用	3250	6.50%	3250	3250	3250
税前净收入	6750	13.5%	8125	9500	10875
税前净收入增长比例	—	—	20.37%	40.74%	61.11%

很多企业推行精益生产、柔性生产，从组织架构上"瘦身"，在减少不必要的管理成本等方面开展了一系列降本动作。但是，这些给企业带来的效果往往是短暂和有限的，为了使降本更加有持续性和有效性，管理者们又把眼光聚焦在采购人和供应商身上，他们认为钱是采购人花的，只要采购人花的少，企业就可以支出少。

在这样的思想指导下，企业管理者对采购部门发起了一轮又一轮的控制成本"热潮"。甚至在这样的指导思想下产生了很多所谓的降本工具，如"集中采购""招投标""联合采购"等。这样又过了几年，企业管理者发现采购已经无法再继续降本了，各种方法也已经不奏效了，供应商年年被迫接受降本，该有的增值服务逐渐没有了，该有的质量保证也变少了。所以企业继续想办法，外部不"得力"，开始转为内部了，接下来通过技术手段开始寻求降本，随之而来的是价值工程降本……

降低成本从企业管理的层面上看，绝对不是采购一个部门的事，降本需要全方位、系统化地去操作。从图 67-1 可以看出，降本可分为七个维度，采购和销售为主要降本模块。

降低成本从来都不是采购一个部门的工作，需要全公司各个部门共同协作进行降本。

一般情况下，供应商降本办法包括图 67-2 所示的七大方法。

第四章 采购成本控制与降低

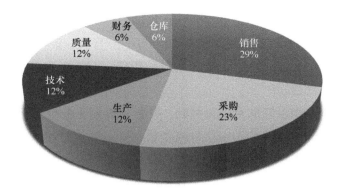

图 67-1　降本的七个维度

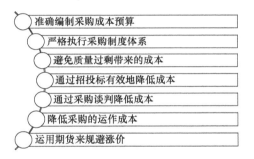

图 67-2　供应商降本办法

如何理解采购成本预算的编制

编制采购成本预算时，应考虑预计的生产量、单位产品的消耗定额、计划期间的预测、期末库存量、材料的单价五个维度。从这五个维度综合考虑得到的采购成本预算是相对比较准确的。

常用的编制采购成本预算的方法有零基预算法和增量预算法。零基预算法不考虑以往会计期间所发生的费用项目和费用数额，而是以所有的预算支出为零作为出发点，一切以实际需求为出发点，逐项审议预算期内各项费用内容以及开支是否合理，在综合平衡的基础上编制费用预算的一种方法。零基预算法

— 171 —

对于很多企业特别是制造型企业来说，计算的难度非常大，并且在实际运用中存在一些"瓶颈"，例如编制的工作量大、费用相对比较高、受到主观因素的影响等，有时候会过分强调某"一个"项目的费用，而忽略总成本，对企业长远利益的考虑不够到位。

增量预算法是指以基期水平为基础，分析预算期业务量水平以及有关影响因素的变动情况，通过调整基期项目或者数额来编制相关预算的方法。增量预算法是以过去的成本费用为基础的，不需要在预期内容上做较大的调整，前提条件是业务活动是合理的、稳定的，开支水平是合理的。一般来说，相对于其他预算方法，增量预算法的预算编制工作量比较小，避免了业务和生产管理工作的剧烈波动，相对比较容易操作和理解，所以很多企业选择了增量预算法，特别是在公共事业单位或者工程类公司。

某公司去年采购的预算为1000万，那么明年的采购预算一般是在这个基础上进行相应的增加，增加比例一般为5%～10%。前提是今年的1000万预算用得差不多。这就是为什么很多企业在年底开始大肆增加项目从而消耗预算的原因了，不然明年的预算可就没有这么多了。

在供应链领域中，在没有新的销售订单的情况下，增加了采购原材料的预算属于异常情况，就要开始进行预算控制。正常的流程是采购部门按照计划订单来进行常规的采购，不需要额外的审批，部门负责人审核即可，但是对于订单范围内的超额需求，例如原材料遗失、呆滞料处理、原材料报废等都需要高层审核特批，有消耗标准的控制在标准范围内，对于没有消耗标准的，要估算出消耗定额。

严格执行采购制度真的可以降低成本吗

大部分企业都有自己的采购制度。甚至很多公司有非常专业和完善成文的体系文件，有的还很厚。但是到头来公司的采购还是做不好，这是为什么呢？

询问企业的采购人员：你们觉得在公司的采购制度体系这么健全的情况下，为什么采购还是做不好？他们的回答都是同一个答案，这个文本文件都是"摆设"，真正遵照执行的很少，有的还是跟它相反的，很多都是来应付内审或者审计用的。

本节标题中的"严格执行"很重要，和采购制度体系一样重要，甚至有时候比制度体系本身更重要。

采购制度的设定，最好与工作的实际情况相结合，不因需设立而设立，要因需要而设立。采购制度的设立是为了更好地做好采购管理工作，需要具备一定的指导意义，而不是只有"文本作用"，而且还要根据公司的不同发展阶段，不断地更新和细化采购制度，与时俱进。

公司成立得越久，公司的采购制度应越完善，可行性越高，而不只是制度文本版本的变化。特别是国有企业，前几年笔者去做咨询时候，采购的负责人指着厚厚一沓采购制度文件信誓旦旦地跟我说，现在已经是4.0版本了。我拿过来一看，发现新版本并没有什么实质性内容的更新，更改的只是版本号。这样的问题在很多企业都有，值得高度重视。

那么，好的采购制度体系一般包括哪些内容呢？应包括的主要内容如下：

- 供应商的选择流程和标准。
- 样品的收集方法和指标。
- 供方资质收集。
- 供方现场评审的流程和标准。
- 合格供方审批流程。
- 合格供方的控制。
- 供方质量管理体系的建立和维护。
- 采购合同的签订。
- 采购合同审批及管理。
- 采购计划的管理。
- 交期跟催制度。
- 采购产品的验证。
- 对供方的定期评审。

- 采购后与供方账款的核算。
- 对不合格品及时与供方协调处理。

以上是基本的采购制度体系需要包括的内容,每家制造型企业的采购制度体系都应该有上面这些内容。如果是非生产型的企业,如服务类或贸易类企业,可以有所精简。

如何执行这些制度体系是格外重要的,需要采购人员联合其他部门的相关人员制定一些标准出来,标准化地执行。

很多公司都有供应商评审这个流程,一般先进行书面审核,然后要去供应商那里做现场审核。进一步说,书面审核人员需要很明确地知道书面审核到底要做哪些事情,备好确认清单,明确什么样的供应商需要哪些体系文件,需要哪些资质,没有达到就是不合格。不同的物资或者原材料,要求的资质和体系文件是有差异的,所以需要先把原材料分层分级,采购相关工作人员应该清晰明确地知道不同类型的供应商必须具备的资质。针对现场审核,应明确标准、基准、要求。现场审核人员应提炼出量化的指标,有标准直接用标准,没有标准做标准。例如,下单后供应商的服务反馈情况看似很感性,常常听到采购人员反映,这家供应商还不错,那个供应商很差劲,其实是需要精准地量化各项指标的。可以根据公司自身的要求制定标准。例如,采购人员希望供应商能够在 6 小时内有反馈,那么就可以根据这样的要求制定执行的标准:3 小时反馈,认为供应商执行到位;6 小时反馈,认为执行基本合格;超过 6 小时,认为不合格。对应不同的情况给出不同的分数。这样严格执行采购制度体系,采用量化指标进行管理,能有效地降低成本。

如何避免质量过剩带来的成本问题

过度造成质量过剩,不足造成次品,适度是控制采购成本之道。适度是指质量均衡。产品的质量包括可靠性与规格,如果产品质量不合格对公司就会有负面影响,但是产品的质量过剩也会影响产品的综合性价比,以及产品的竞争力。

产品质量过剩主要表现在以下几个方面：

1）寿命不均衡，产品已经到了报废期，但是其中部分零配件尚有富余寿命。

2）设置高的加工工艺参数或者选用高精度的零配件。

3）选择昂贵的原材料，而不是适合的原材料。

4）检验所有的参数，不分主次。

采购部门应该与研发部门相互配合，设置适度的采购规格，在没有特殊要求时尽量标准化和通用化，将成本控制在合理的范围内。设定合适的采购规格是企业生存之根本、利润之源泉。

小故事

某大牌手机公司，某年推出一款防碎屏的手机，售价五千多元，当时发布的时候，用了一个夸张的方式演绎它的完美质量，一架无人机搭载着手机至大约60层高楼的地方，松开让其掉落，结果手机屏幕完好无损，只是左上角有一点裂痕，这么耐用的手机，对零配件的采购规格和要求精度都是最高的，采购成本可想而知。后来很多用户发现手机已经到了老化或者报废的年限，屏幕还是完好无损。随着技术的快速发展，产品不断更新换代，手机用户的需求也在快速变化，大部分用户换机时间为2~3年，有的更短，可是手机的寿命一般为8~10年。怎么平衡两个时间是手机企业需要解决的问题。重视质量没有错，同时应找到质量与采购规格之间的平衡点，有效控制采购成本，有效捕捉市场可持续增长的商机。

从早前的某品牌鞋子，到电风扇、电视机，再到现在的智能手机等，企业一直在想办法追求适度的质量，渴望从质量过剩的泥潭中解脱出来。一方面，企业追求质量上乘，另一方面企业又要杜绝浪费。当生命周期结束后，质量还没有用完就是一种浪费，所以追求质量和生命周期的平衡是现在制造业的新目标。一方面降低了成本，另一方面对消费者的使用体验却没有降低，就是所说的适度。

现在采购规格和要求的过度，即质量过剩，导致很多采购任务执行起来困难重重，使采购执行变得低效能，所以一定要强调防止质量过剩。

71 如何通过招标有效地控制采购成本

2000年1月1日《中华人民共和国招标投标法》实施以来，经历了多次修订，许多企业在国家法律法规框架内也出台了相应的招投标管理文件。特别是在2018年后，很多行业的企业在涉及预算采购金额大于50万的项目时，要实行网上招投标，希望公开、公平、公正地去选取供应商。招标流程如图71-1所示。

图71-1 招标流程

在招标流程中，涉及几个相关的机构和关键人。首先来了解一下基本概念，什么叫招标人、招标代理机构、招标项目和投标人。

- 招标人指本次招标活动的采购部门。
- 招标代理机构指专门从事组织招标活动的中介机构。
- 招标项目指招标活动所涉及的采购项目。
- 投标人指通过招标人资格预审并进行投标的单位。

1）第一步为招标准备，一般分为六方面工作：
① 通过公司的需求部门和采购部门协商，制定出产品和材料的需求和预算。
② 根据需求编制招标文件。
③ 发布采购的公告或者招标的邀请。
④ 招标方预审投标人的资格。
⑤ 出售标书。
⑥ 清标，组织和召开开标会议。

一般情况下，上述①的工作内容是招标人和需求部门一起完成的，②~⑥的工作内容由招标代理机构完成。这六方面工作又可再分为图71-2所示的八步工作。

2）第二步为开标。收到招标邀请的企业或者参加公开招投标的企业会将标书投递到招标人，招标人进行如图71-3所示的开标流程。

第四章
采购成本控制与降低

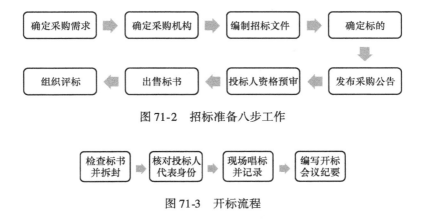

图 71-2 招标准备八步工作

图 71-3 开标流程

3）第三步为评标。通过评审投标文件的技术内容、商务内容以及报价文件，再按照招标文件设定的评分细项进行打分，推荐 1~2 名中标候选人名单，如图 71-4 所示。

图 71-4 评标流程

小案例

　　某企业有一个必须依法公开招标的项目，招标文件规定采用综合评估法，一般评审内容分价格、商务、技术三个部分。其中，价格评审仅说明了计算方法，没有说明计算公式；商务、技术的评审办法公布了评审类型和评审因素，未公布评审具体内容和评审标准。招标文件的商务要求中还规定，使用上一年度供应商服务后评估结果作为主要评分依据。

作为招标人，必须考虑如下问题：
- 价格评审办法，除说明基本计算方法外，还要说明哪些内容？
- 商务和技术评审，仅公开评审类型和评审因素是否符合要求？
- 使用上一年度供应商服务后评估结果作为主要评分依据，因此新供应商此项不得分或者少得分是否合理？
- 是否能设置最低投标限价和最高投标限价？

招标文件针对以上问题要进行详细的描述并且能够按照规则计算出具体的分数。

- 价格评审除基本方法外，还应公布具体计算公式、影响价格评审的所有因素和细节，如算术修正、汇率调整、营改增税率价格系数调整、异常报价确定和处理原则等。
- 仅公布评审类型和评审因素不合理，文件应载明所有评标标准、方法和条件，并能够指导评标工作，在评标过程中不得做任何改变。评审细则应在招标文件中说明，包括评审类型、评审因素、评审具体内容、评审标准。
- 评审时应该兼顾原供应商和新供应商，并说明原供应商和新供应商的评分原则。
- 设置最高限价，明确最高投标限价或最高投标限价的计算方法。必须在投标文件中说明报价理由，并设置为实质性响应条款。

企业实力、企业资金资质、技术以及资历证明、工程业绩、企业资讯、产品技术、售后服务等，都是商务和技术评分因素中的内容，可占 70 分，见表 71-1。

其中，针对标的产品，采用什么样的材料？具体要求细则是什么？例如，要购买的产品是一个半导体，那么这个半导体上面的芯片是用什么样的？这个触摸屏的发光体是什么样的？显色的指数、防护的等级、配光曲线、透镜问题、散热技术、系统防盗报警、远程维护、系统分析自查、定时控制和自动巡查等功能，这些具体要求的参数标准是什么？如果是基本达标是多少分，没有达标或者达标到什么样的程度评分是多少？这些应作为技术内容的详细评分。

还有 30 分价格评分，计算方法按照招标文件的要求，有效投标人的平均报价为基准价，与基准价一致得 30 分。可设为投标人报价每高于基准价 1‰扣 0.3 分，每低于基准价 1‰扣 0.2 分，扣完为止。基准价的计算必须有明确的计算方法和计算公式。

表 71-1 评分占比

评分要素	占比
商务和技术	70%
价格	30%

可将商务和技术 70% 占比分再次细分，见表 71-2 评分细则。可设为企业实力中注册资金大于等于 2000 万元得 1 分，每增加 1000 万元得 1 分，以此类推；资金状况、资质证明、类似经验、企业资信、产品技术和售后承诺也是重要的细分因素。

表 71-2　评分细则

序号	评分细则	分值	具体内容
1	企业实力	10 分	注册资金大于等于 2000 万元，得 1 分，每增加 1000 万元，得 1 分
2	资金状况	4 分	2020 年、2021 年经审计的财务报表盈利达到 3000 万元以上，每年得 2 分，不达标不得分
3	资质证明	20 分	进入国家科技部 667 计划得 2 分，或者××专利得 3 分……
4	类似经验	10 分	2020 年××项目订单金额 3500 万元得 4 分，××工程得 4 分，××单份合同金额 1000 万元得 2 分，100 万元以下不得分
5	企业资信	3 分	获得省级工商部门连续 5 年以上信用单位得 2 分，或者××5A 级单位得 1 分
6	产品技术	20 分	拥有××技术参数 5 分，达到××技术指标得 5 分……
7	售后承诺	3 分	故障响应投标方案得 1 分，服务承诺得 1 分，质量保证措施得 1 分
		70 分	

4）第四步为决标和签订合同。到这步基本上已确定中标人了，在确定中标候选人后通过高层决议确定中标人，对中标人发放中标通知书，通知签订合同事宜。

有效降低采购成本的 15 条黄金谈判法则是什么

很多时候，真正谈判就只有几分钟的时间，谈判之前的准备才是关键。

有时候，外部市场在涨价，企业的产品也被迫随之涨价。要缓解涨价的幅度以及延缓涨价带来的影响，需要研究一下谈判的技巧。应对供应商涨价，可以采用以下 15 种思路。

1）避开供应商谈判的主题。供应商来谈涨价，采购人员往往会被绕进供应商的话题里，这时应避开供应商谈判的主题。

小案例

供应商来谈涨价问题，采购员很容易会围绕他的话题来谈，"哎呀，你要涨这么多呀，我们很难办啊"。这种话一般是思维惯性的语言，一讲出口可能就后悔了。这句话一说出去，其实已经表明企业可以允许供应商涨价，但是不要涨这么多。有时采购人员还会在供应商面前表现得很为难，脱口而出"这个确实很难办，我们的底线是××"，这样的谈判一开始就陷入了思维定式。

可以通过转移话题来避开谈判主题。

当供应商提涨价的时候，先不要急于去考虑涨价的幅度等一系列问题。谈判需要事前有策略，需要规则，不能随随便便就接受随意调整合同的要求。当供应商因为各种原因要求涨价的时候，回复的出发点首先可以是企业的契约精神。如"我记得我们的合同是12月31到期，不知道您现在5月份提出涨价是什么意思，我们公司是最注重契约精神的，要不我们合同期满之后再看要怎么合作"。这样一方面回应了供应商涨价的话题，一方面表明了企业的态度。

2）量化谈判筹码。与供应商谈判的筹码，最好都能够量化，用数据说话是最直观的。大多数采购人员喜欢凭感觉，觉得简单粗暴省事。其实从长远角度和效果来看，肯定是花点时间整理出量化的数据来更加具有杀伤力。

查实清楚库存状况。如果库存还可以维持一段时间，谈判的时候就可以放慢节奏，因为对涨价来说，供应商比企业更着急。如果库存告急，这个时候很有可能采购员也比较急，可能会一不小心将这个信息透露给供应商，这样一来，供应商让步的可能性就比较小了。有人说告诉供应商很急，就是希望供应商出货快一点，但是要知道与自己的利益无关的时候，很少会有人会真的为别人着想。

小故事

网上流传过非常有意思一个的小视频。A的车被B的车挡住了，A看到B的车前排玻璃留下的电话，随后给B打了一个电话，"喂，老兄，您的车把我的车挡住了，麻烦您下来挪一下。"B回答说正在开会要晚一点，就把电话挂了。

也许是真的在开会，也许是嫌麻烦。隔了一会儿，A 的同事说，让我来帮你给 B 打电话，"兄弟，我看警察过来贴条了，很快就到你的车了，你赶紧下来。"B 回答，"好好好，马上下来。"过了不到 3 分钟 B 就下来了。为什么会出现这样的情况呢？很简单的道理，就是触及了 B 的利益。在谈判的时候，要学会捆绑供应商的利益，多去考察一下供应商到底关注什么，在意什么。

3）分析涨价的真正原因。分析这种涨势会不会导致求大于供、有没有人为炒作、原材料能紧张多久、波及的范围有多大、受不受政策或国际因素的影响、与石油/人民币的兑付等问题有多大关联、是短期的非常态还是长期的趋势等。

4）尽早获取信息。信息知道得早，可以预设筹码诱惑，当对方尚不觉察时，可把公司用量加大，告知供应商需要加量采购，提前给供应商打"强心针"。有时候供应商为了后期的利益，可能会立即打消涨价的要求，毕竟供应商是以盈利为目的。

5）多家订购。越俏的货，越不能在一家采购。过分信赖某个供应商，会带来很大的风险，也就是所说的鸡蛋不能放在同一个篮子里。这样是不是就不符合集采的理念了呢？这时可以考虑量的分配来解决这个问题。比如，通过 5∶3∶2 比例来将供应量进行细分，防止一家独大，让供应商之间有充分的竞争。

6）识别高风险供应商。建立供应商产能、质量水平、是否唯一、交付周期、道德水平的评价体系，识别高风险供应商。

7）识别战略性原材料。通过技术难度、来源是否唯一、所占采购资金比例等，识别战略性原材料。必要时，可以和供应商形成战略联盟，共同攻克技术难题，共同降低成本，即联合降本，双方都会受益。

8）提高审核频次。对高风险供应商要进行专门管理并要提高审核的频次。最好每月对其进行评审，实行动态管理，以便及时做出策略调整。

9）有条件的情况下，向上游延伸。掌握战略性原材料的控制权到底在谁手里，有可能的话，还可以"隔山打牛"，即与上游建立直接联系。

10）重视信息搜集，从中寻找低价原料和零散库存。采购部门有时候就是一个信息收集中心，也是一个处理复杂信息的工厂。

11）消化涨价成本。如果涨价原材料占产品成本的比例不大，也可采用其他方式吸收涨价成本。例如推行精益生产把涨价成本消化掉，也可通过采购管理优化、供应商管理优化，或适当给客户涨价等，来消化涨价成本。

12）增加采购量。开拓市场份额，增加采购量，强化对供应商的核心竞争力。有时候说得再多，不如直接"量价交换"来得更实际。

13）保持总成本不变。例如改变库存方式、国际贸易调控、付款方式等，保持总成本不变，获得合理价格。

14）提供更多的合作机会和信息共享的机会。有时候可以调查供应商的产品线，想办法扩大与供应商的合作"线路"。

15）重视其他来源和替代品。在高层的支持下，统一采购、研发、工艺、质保、销售的认识，重视其他来源的导入和替代品的开发。

这15条谈判思路，是和供应商在谈判过程中需要重要考虑的内容，谈判不应该仅关注核心焦点"价格"，应该关注多方面，考虑多角度。

73 老板们最喜欢的降低采购成本的方式是什么

老板们最喜欢的降低采购成本的方式是降低运作成本，很多企业还停留在降低运作"人"的成本上，就是靠挤压采购人员的人数和裁员去降低运作成本。单靠这种狭隘的思维方式来降本，很难有持续的成本改善和控制。

运作成本主要是指采购人员在执行工作时，采购部门运作的成本。一些做法会增加运作成本，如可以外包的，采购采取了自行采购；可以做集中采购的，采购做了分散采购；需要货比三家的，采购采取了单一来源谈判议价的模式等。

采购物料的主要原则是"在适当的时候，以适当的价格，从适当的来源，购进适当数量的物料，从而满足生产需求或者客户需求"。适当的时候购买，可以避免物料短缺。适当的价格是指以合理的价格购入所需要的物料。适当的来源（供应商），意味着可靠的、愿意合作的供应商，以合理的条件为企业提供所需要的原材料或者设备；同时在需要时，提供必要的服务或者售后。适量的数量主要是为了在满足需求的同时，控制库存的数量，从而降低成本。在制造业企业，除了降低原材料成本以外，降低运作成本也是非常重要的，必须采取灵活多样的采购方式。

外包是一种降低运作成本的常用方式，很多老板认为搞不定就外包好了，这样成本就自然下来了。殊不知外包并不是简单地发包出去，还是有很多讲究的。

1）合理利用外包策略，必须清楚外包的四大原则：

① 负荷大于产能的情况下，没有办法承载，一般会选择外包。

② 自制成本大于外包价格，这一点是企业考虑外包的主要因素。

③ 外包可获得较佳品质。有一句话说，专业人做专业的事，有时候付出了巨大的成本，但是不一定可以得到合适的产出，这个时候交给专业机构或者平台，或许是最好的选择。

④ 技术无法解决或无特殊设备。有时候当技术或者设备无法达标的情况下，外包出去可以减少企业的很多问题。

2）避免外包的六大原则：

① 所供原材料极其昂贵。这样外包出去一旦出现问题，风险是极高的，成本很难控制。所以一般金额过大的不敢随便外包出去，要对风险进行有效的评估。

② 物品易破损或品质易变化。当外包的原材料或者物资有特殊性，比如容易氧化、容易变质或者过期的，都要考虑避免外包。

③ 体积、重量均大，运杂费多而加工费少的，避免外包。

④ 一次发包数量少，且金额不大的，避免外包。

⑤ 开发中的产品或组件，其品质、交期不易掌握的，避免外包。

⑥ 外包价格与自制成本相近的，避免外包。

3）不应该采取外包的五种情况：

① 有泄漏特殊技术或机密可能性的产品或者材料。

② 外包品质及交期不符合要求的。

③ 外包品对作业及品质有重大影响的。

④ 产品检验困难，有严格的工序管控的，这种情况外包和不外包做的事情一样，比较复杂。

⑤ 外包价格大于自制成本的。外包的目的是省时省事控制成本，如果不能实现外包的目的，还是老老实实自制吧。

74　怎样运用期货来规避采购成本风险

大家都知道炒股是为了赚钱，没有人炒股是为了"小炒怡情"，运用期货则是为了规避风险。对于传统的制造行业企业来说，一些采购人员并不了解和运用期货来规避风险。原材料的涨跌如过山车一般，让采购人心生刺激、心有余悸，如何在这样非常态的大环境形势下规避风险，显得格外重要。如果说业务推广和扩展是"油门"，那么风险控制就是"刹车"。利用期货市场进行风险管理，充分发挥其价格发现、风险管理的功能，可以帮助企业有效进行库存管理、成本控制以及规避价格风险，在企业稳定生产经营中能发挥极其重要的作用。

> 笔者有一个客户在苏州昆山，这家化工贸易商以 PVC 材料为依托，生产和制造相关产品，再销售出去。2020 年春节前，该企业库存备货 8000 吨，以备节后销售，但春节以后运输恢复缓慢，PVC 整个产业需求骤降，原本订了货的客户，也因为无法正常经营和运输无法恢复生产，而纷纷取消订单。该企业的库存积压一时难以得到缓解，货物无法销售，企业面临巨大的资金压力，一度资金链面临断裂风险，其中有很大一部分资金是贷款用来买货物的。通过对相关产业链深入研究，基于该企业的销售流程，企业选择了套期保值方案。春节过后，PVC 期价大幅下跌，企业通过期货市场灵活的套期保值操作，较好地规避了 PVC 价格波动风险，并且利用在期货市场的盈利，还清了贷款利息。待 PVC 价格有所恢复时，企业即可快速安排销售计划，稳定经营。

从这个案例可以看出，企业利用期货能够规避价格风险，降低企业所面临的风险，实现企业稳定经营。

那么，如何利用期货市场进行风险管理呢？下面一起来进行了解。

风险管理的内容主要包括风险的识别、风险的预防、风险的处理等，利用期货进行风险管理主要是买入套期保值和卖出套期保值。

图 74-1 所示为粮食期货案例分析。

图 74-1 粮食期货案例分析

针对粮食价格涨跌的问题，企业需要跳出实体贸易的认知和思维的局限性，更深刻地认识期货。

期货的诞生就是为了帮助实体企业管理和规避价格波动风险，制造业运用期货来炒作大宗原材料已经不是什么新鲜事了，期货很多时候可以帮助保住自己的成本。当手头上有大量的玉米粮油等要售出，但是又担心自己手上的现货会出现价格的波动而浮亏时，可以利用期货来做一些与自己持有的现货对等的持仓空头。这样一来，如果手头的现货出现亏损，在期货上却是赚钱的，当然这么做需要懂得技巧和看准时机，使到期时的基差与自己建仓时的基差相差不大，实现金融行业中所说的手上损失手外补。

如果手头上没有现货，但是未来又需要购入大量的现货，担心后期材料价格上涨过多导致成本上升，怎么办呢？这时可以选择在期货市场建立数量相当的多头头寸，待购入现货后可以将期货平仓即可。未来现货价格上涨成本可以用期货的盈利来填补。

买入套期保值。5 月份时 W 加工厂已经确定 9 月份需要 50 吨铜作为原材料。目前（5 月份时）铜现货价格为 17000/吨。加工厂担心 9 月份时价格上涨，所以现在买进 9 月份要交割的期货 50 吨，每吨价格为 17100 元/吨。到了九月份，买进现货（价格涨到 17100/吨），卖出期货（价格涨到了 17200 元/吨）。买入套期保值见表 74-1。

表 74-1 买入套期保值

	现货市场	期货市场
5 月份	17000 元/吨	买 17100 元/吨
9 月份	买 17100 元/吨	卖 17200 元/吨
结果	-100 元/吨	100 元/吨

小案例

卖出套期保值。某公司与棕榈油供应商签订了第二季度收购棕榈油 10000 吨的合同，价格为 1080 元/吨（第二季度时的市场价格），该企业担心到第四季度时棕榈油的价格会下跌，于是同时（第二季度）在期货市场上以 1080 元吨的价格卖出 1000 手合约进行套期保值。到第四季度，棕榈油的价格果然跌倒了 950 元/吨，公司以此价格将现货的棕榈油出售给其他客户。同时，期货价格也下跌至 950 元/吨，统一企业就以此价格买回 1000 手期货来对冲平仓。卖出套期保值见表 74-2。

表 74-2 卖出套期保值

	现货市场	期货市场
第二季度	买 1080 元/吨	卖 1080 元/吨
第四季度	卖 950 元/吨	买 950 元/吨
结果	-130 元/吨	130 元/吨

第三节 采购成本控制与降低之"术"

75 供应商价格制定分为哪些步骤

定价定天下，可见供应商的定价策略多么重要！作为采购供应链人员，能够弄懂供应商是如何定价的，对未来和供应商的价格谈判、价格磋商是非常有帮助的,所谓知己知彼百战百胜。供应商的定价一般是有相应的程序的。在订单之前,必须了解该产品的预计销售量、预测一下市场竞争的反应、价格目标的设定等,才能制定出适合自身发展的价格。定价程序分为以下几个步骤,如图 75-1 所示。

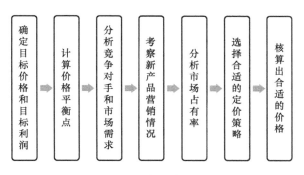

图 75-1　定价程序步骤图

1)根据公司的经营目标和盈利计划,确定目标价格和目标利润。企业的刚性目标是盈利,特别是新成立的公司,供应商在销售任何商品之前都会预先确定目标利润。

2)通过估算不同销量的价格,计算最佳的价格平衡点,就如在生产中强调经济批量一样。同时也要预估和计算市场的潜在销售订单量,即预估同类产品在其他公司的存量有多少,判断这对公司新产品的投放或者老产品的增量,是否有大的影响。市场同类产品的价格过高或者过低,都会对销售产生一定的影响,所以要了解市场上同类产品的预计价格。

3)分析竞争对手的价格情况,包括现实中的竞争对手和潜在的竞争对手,竞争对手的定价和公司要定的价格是否有冲突。同时分析市场需求情况,同质品、标准品、容易复制的产品,利润又比较可观的,市场需求比较大的,往往竞争很激烈,定价不慎会失去大批客户。

4)在定价之前,要综合、全面地考察整个市场营销计划、新产品开发计划、新产品推销计划等拟开展的营销活动情况。

5)市场的占有率反映供应商在市场上所处的地位。市场占有率不一样,营销的方法策略也不一样。对于市场占有率高的产品,可考虑高定价。

6）选择合适的定价策略，如对于垄断的、稀缺的、非标定制的产品，一般采用价值定价法；制造业的竞争品、大批量生产的、可复制性和模块化的产品，采用成本定价法。不同定价策略的侧重点有所不同，可能会给企业带来的是收益或者是损失。

7）综合以上六点，核算出合适的价格。一般情况下，推向市场后价格调整的概率非常小，即使调整也是采取各种促销和打折方法来实施的，所以第一次就核算出合适的价格格外重要。

另外，还要了解供应商为什么定价时是考虑盈利第一还是占有市场第一。有些供应商以很低的价格也愿意合作，为什么呢？不差钱吗？其实大部分原因是希望进入某个圈子或行业，进入核心企业的供应商名录，也就是为了占领市场。弄清楚以上情况后，企业在和供应商谈判价格的时候，就能够明确目标价格了。

供应商有哪两大定价目标

供应商制定新产品价格的目标主要有两个：一个是获得利润，另一个是占领市场。

定价以获得利润为目标时可分为以下三种情况：

1）以获得合理的利润为目标。合理的利润目标是指供应商将成本加上一定的适当的利润作为产品的价格。一般这种情况适用于供应商自身能力评估不足，或者是一些新进入市场的供应商或者产品，在最初定价的时候往往会采取这一定价目标。

2）以获得最大利润为目标。以获得最大利润为定价目标的供应商一般为其产品或者企业在市场上有一定的地位，在激烈的市场竞争情况下，有一定的品牌效应，相当于价值定价的策略方法。因为不太合理的高价，势必会遇到各方面的一些对抗性反馈。诸如，需求减少、市场占有率降低、代替品的出现或者政府部门的干预等，因此最大利润一般不能够作为长期的定价目标。

3）以获得预期利润为目标。一般是在产品制造之初，根据产品的成本、市场定位、研发等一些因素去考量，产品的利润空间大概是多少，比如说，设置为价格的20%或者10%等。

以占领市场为定价目标的情况，也是很常见的。

某供应商12月份为了进入某家企业的供应商名录，报价比市场价低了20%，而采购人员明明知道这个价格低于市场价，但也束手无策。因为从技术上、商务上、资质上、综合能力上综合评估下来，这家供应商都是完美无缺的，而且价格比同行低了20%，没有理由不选。不选择使用这家，在后续企业内审的时候也会遭到质疑，为什么条件这么好的供应商不选，反而选一些价格更高的供应商呢？作为采购人的读者是不是常常会遇到这样的问题呢？凡是有经验的采购人都清楚，在后续使用这家供应商的时候，必会生出各种事端来。果不其然在进入公司6个月以后，第2次新项目上马的时候，这家供应商的所有产品价格都做了一个"跳高"处理。这个时候在企业的供应商名录中，这家供应商已经是此类项目的核心供应商，其他供应商已经被剔除了。甚至供应商变更的时候，有些公司变更成本比找新供应商的成本还大，程序还麻烦（有的要通知终端客户、甚至要报备客户同意、写签呈给总经理等）。

供应商就是吃准了能成为企业的核心供应商，所以才敢大胆"试错"。供应商料到采购人员到时候一定会束手无策。这样的情况就是典型的供应商为了占领市场，增加市场占有率而恶意竞争的结果。

还有以相对较合理的竞争价格占领市场的情况。如有三家供应商参与竞标，通过对竞争对手进行详细调查研究，报出最靠近"合理"的价格，即离中标价最接近的价格。供应商在制定产品价格之前，认真研究竞争对手，研究市场策略，并且根据自身的实力，用非常精准竞争价格与对手抗衡，以便占领市场和保护既得市场。这种定价目标非常明确，但是很容易导致价格战，对企业来说也是有一定的风险的。

77 采购人员如何理解供应商的三大定价方式

供应商具体的定价方式直接影响采购人员采买材料价格的高低。供应商常用的定价方式有三种：行情定价法、价值定价法、成本定价法，如图77-1所示。

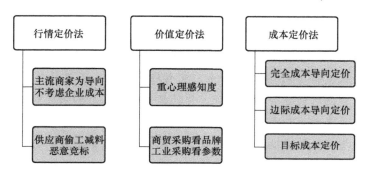

图77-1 三大定价方法图

（1）行情定价法

行情定价法以市场行情为基准，不以个人意志为转移，也不以企业意志为转移，如水费、电费、油价等的定价。市场的波动，是采用行情定价法的导向。比如说，原油价格的波动，会影响汽车的油价；比如说，能源价格的走势，影响电、水、煤气等的价格。一般生产制造型企业会涉及能源费用，因为定价不涉及人为因素，一般不必过于在意。

（2）价值定价法

价值定价法是根据产品的价值去定价的。首先要界定产品本身的"价值"，比如说它是垄断品还是竞争品。如果属于竞争品，基本上不以价值来定价，只有属于垄断品，才以价值来定价。比如说，某奢侈大牌的包卖2万块，同等材质的其他不知名品牌的包，可能只卖200块；某品牌的电动工具要卖3000块，小品牌的可能就只卖600块。价值定价法在企业中，特别是生产制造型企业中，重视的是品牌感知度，而非产品本身，因为它是一个品牌的价值，某品牌本身就代表了产品的质量，这也是很多企业追求与品牌制造商合作的原因。

(3) 成本定价法

成本定价法可以细分为以下三类。

1) 完全成本导向定价法,是按照产品固定成本加上变动成本、销售费用、合理利润、税金等,然后再除以产品的产量,从而得到产品单位的价格。这是比较"古板"的传统思维定式下的一种定价方式。这种定价方式有一个问题,就是忽略了产品市场的供求状况,缺乏灵活性和变通性,通常不大适应复杂多变的市场需求。当利润不变时,如果个别供应商的成本高于社会平均成本,产品价格就会高于市场平均价格,势必影响其销售状况。当利润不变时,如果个别供应商的成本低于社会平均成本,则产品低于市场平均价格,又无形中抛弃了部分可以实现的利润。所以这种定价方法,一般针对的是比较批量化、稳定的标准品,以及市场供应相对稳定的产品。

2) 边际成本导向定价法,一般用于市场竞争激烈、市场形势严峻供过于求的情况,用于筛选供应商,从而获得更有竞争力的价格。几个与边际成本导向定价法相关的3个公式如下:

- 出厂价格 = 变动成本 + 边际贡献;
- 边际贡献(毛利) = 价格 – 变动成本;
- 利润(纯利) = 边际贡献 × 销售量 – 固定成本。

在供过于求的情况下,若坚持以完全成本价格出售,难以为采购方接受,会出现滞销、积压,甚至导致停产、减产,不仅固定成本无法回收,甚至连变动成本也很难回收。若舍去固定成本尽力维持生产,以高于变动成本的价格出售,则可用边际贡献来补偿固定成本,所以边际成本导向定价法又叫作边际贡献定价法,即抛开固定成本,只计算变动成本,并以预期的边际贡献补偿固定成本,以获得收益的一种定价方式。边际贡献是指,供应商增加一个产品的销售所获得的收入,减去边际成本后,如果边际贡献不足以补偿固定成本则会出现亏损。

某品牌洗发水公司开发建厂进行洗发水生产,固定成本投入2000万元。洗发水行业单位产品变动成本为15元/瓶。公司有三大销售区域,华东区预计销售量为 300 万件,华南区预计销售量为 200 万件,华中区预计销售量为 100 万件。公司为了打开市场,预期在不赚钱的情况下,这款洗发水的最低出厂价为多少钱一瓶?大家可以试着算一下,如图 77-2、图 77-3 所示。

(单位:元)

固定成本	20000000		
单位产品的变动成本	15		
	销量1	销量2	销量3
销售总量	1000000	2000000	3000000
单位产品的固定成本分摊			
最低出厂价			
边际贡献			
毛利总额			
纯利	0	0	0

图 77-2　边际成本定价请试算

(单位:元)

固定成本	20000000		
单位产品的变动成本	15		
	销量1	销量2	销量3
销售总量	100000	200000	300000
单位产品的固定成本分摊	20	10	6.67
最低出厂价	35	25	21.67
边际贡献	20	10	6.67
毛利总额	2000000	2000000	2000000
纯利	0	0	0

图 77-3　边际成本定价答案

3)目标成本定价法,是指供应商依据自身的一些条件,再考察市场营销的环境和分析相关成本因素,核算出来的成本。目标成本加上目标利润和税金,然后除以产品产量,得出的便是产品的单价。目标成本是供应商在一定时期内可以实现的,因此以目标成本为导向的定价方式,有助于供应商以积极的态度采取措施控制并降低成本,比较符合供应商的长期利益发展。但目标成本是预测的,在具体实施过程中,若影响成本的因素计算不准确,极易导致预测工作的失败,所以目标成本定价法并不是万能的方法。在预期与供应商进行长期合作的时候,可以给供应商探讨一下这个长期的愿景,但是最后选不选择这种定价方式呢,还需要与供应商商榷才能决定。目标成本定价法一般适用于竞争对手比较少、希望长期合作的、价格相对偏高的制造业,要求在目标成本的基础上按照目标收益率的高低进行计算,其计算步骤如下:

- 确定目标收益率。
- 确定目标利润。
- 确定出厂价。

某集团计划开办一家设备生产厂,总投资额为800万元,投资回收期为5年,固定成本为400万元,每台设备的流动成本为1500元,当企业产品销售量为每年2000台时,按目标成本定价法制定价格。

每台设备的价格应为:

- 目标收益率 = 1/5 × 100% = _____ %。
- 单位产品的目标利润额 = (8000000 × 20%)/2000 = _____ 。
- 单位产品的价格 = 4000000/(5 × 2000) + 1500 + 800 = _____ 。

第六年的价格为多少呢?(一家供应商报价2700元,一家供应商报价3900元,原因是什么?)

您的答案_____。

采用目标成本定价法有如下特点:

- 投资回收期不同,价格不同。
- 投资回收期内采购与期后采购,价格不同。
- 价格低未必利润低,价格高也未必利润高。

 采购人员还需要了解哪些非主流的定价方式

除了以上三种常用的供应商定价方式,还有以下几种,采购人员也需要进行一定的了解,以便能应对供应商的报价。

1）需求导向定价法，根据市场的需求来调整定价。产品定价所做的季度性的调整，像中国的"双11""6.18"等时候，企业会根据需求导向进行定价。

2）竞争导向定价法，具体做法是供应商在制定价格的时候，主要以竞争对手的价格为基准，与竞争对手的价格保持一致。竞争品的价格没有变，即使产品成本或者需求都变了，价格也可以维持不变；竞争品的价格变动了，即使产品成本或需求没有变化，也要做相应的调整价格。

3）随行就市定价法，对于难以估算成本的、需要与供应商和平共处的、需要与供应商建立长期战略联盟的，企业很难与供应商进行价格磋商。不论市场结构是完全竞争的市场，还是寡头竞争的市场，随行就市定价法都是同质产品定价的惯用方法。

4）密封投标定价法，常常用于公开招投标中。采购方发出招标函件，说明采购的数量、品种、规格等一些具体要求。这类价格是供货供应商根据对竞争者报价的估计而制定的，不是按照供货供应商自己的成本费用或市场需求来制定的。供应商的目的在于赢得合同，所以报价应低于竞争对手（其他投标人），这种定价方法叫作密封投标定价法。

六个日常使用的定价方式给采购人员带来什么启示

采购人员应了解以下六个日常使用的定价方式，从而能更好地进行采购工作。

1）同价销售法，在商贸销售过程中使用频繁。

之前有一家小店生意萧条很不景气。有一天，店主灵机一动，采用了同价销售法，10元一件，通通10元，10元便可在店内任选一件商品，这可谓抓住了顾客的好奇心。尽管有些商品的价格略高于市价，也有一些低于市场价，但仍招来了大批顾客，销售额比附近几家小店人气都高。还有一些小商店开设 1 块钱商品专柜、2 元钱商品专柜，而一些大商店则开设了 10 元、50 元、100 元商品专柜，都收到了非常好的效果。

2）价格分割法，这是一种心理策略，卖方定价时采用这种技巧，能造成买方心理上的便宜感。

用较小的单位报价。例如，很多中药店里，山参每斤 500 元报成每 10 克 10 元，还有一些月租费 300 元，每日只需 10 元就可以享受什么服务，只要一杯咖啡的费用就可以享受全年会员尊贵服务等。

3）低价法，指先将产品的价格定得尽可能低一些，使新产品迅速被消费者所接受，优先在市场取得领先地位。由于利润过低，能有效地排斥竞争对手，使自己长期占领市场。这是一种长久的战略，一般适合于一些资金雄厚的大企业。对于一个生产企业来说，将产品的价格定得很低，先打开销路，把市场占下来，然后再扩大生产，降低生产成本。对于商业企业来说，尽可能压低商品的销售价格，虽然单个商品的销售利润比较低，但销售额增大了，总的商业利润会更多。目前市场上一些品牌的快消产品使用这种定价策略的比较多。

4）非整数法，即把商品零售价定成带有零头结尾的非整数的做法，销售专家们称之为"非整数价格"。这是一种极能激发消费者购买欲望的价格，这种策略的出发点是利用消费者在心理上存在着零头价格比整数价格低的感觉。

例如，在超市或者在商场经常会看到产品的价格为 9.9 元，给人的感觉 10 元还不到，998 元大家电，给人的感觉还不足千元，就是用的非整数法。

5）分级定价法，先有价格，然后看顾客的钱袋定价，指在制定产品销售价格时，考虑顾客的购买能力。

根据目标顾客收入的高、中、低来定价的，就像同一款汽车，就设置标准配置13万元、尊享配置16万元、豪华配置18万元三档。根据调研发现，不同价位的车都有一定的消费人群，具有不同的收入和消费水平。商品价格是否合理，关键要看顾客能否接受，只要顾客能接受，价格再高也可以认为是合理的。

6）明码定价法，这在一些知名的电子商务网站运用得非常纯熟。

以前某网站刚推出的时候，大家一看价格都是明码标价，比一些小的网店贵多了，就不愿意去买。大家习惯的方式是买东西会去一些网上小店去比价再购买，后来发现比来比去其实比这家网店还要贵，还费时费力，到后来大家也就不再比价了，直接去网站购买。

你受到的启发：_____

供应商报价分析中暗藏了哪些小秘密

（1）和数字相关的，要有敏感度
- 供应商可能会改变计量单位报价，从而降低你对价格的敏感度。
- 报价单上小数点的精确位数，应该根据采购量来决定。
- 拆分的报价，要特别注意化整为零的报价策略和方式。
- 整数项目，供应商很可能是大致估算的很粗糙的价格，应该关注。
- 要重点分析占总成本比重大的项目，因为通常报价单中20%的项目时常占到80%的成本，30%的项目占到15%的成本，50%的项目只占5%的成本。
- 在分析、审核报价单时，尽可能用常用或熟悉的货币单位来分析。

- 尽可能分析费用的分配率，而不是费用的加减乘除。
- 应该评估采购量和模具的经济性。

(2) 和报价相关的，要仔细核算
- 按照采购方的成本结构来进行报价。
- 分析供应商原材料的来源，并且完善采购成本模型中非正常因素对成本的影响，这样有利于分析供应商真实的成本。
- 注意供应商利用正公差报价计算成本、负公差进行生产的问题。有时供应商在算采购成本核算全部都是按照正公差来算，但实际上做产品时全部都是用负公差生产。
- 应该定期评估模具的状态。
- 原材料审核不应该放松，尤其是拆分报价。
- 要注意报价单中的弹性项目。
- 全方位审核、追踪采购产品可能发生的税收变化。
- 报价单分析和成本分析，要实地到供应商工厂去分析。
- 价格低不等于成本就低，保质保量是很重要的，所以应该不断地追踪分析采购产品质和量上的变化。
- 塑胶件、铸造件等的生产，应该特别控制新、旧材料的比率。
- 报价单中应该规定原材料供应商的品牌，更换品牌应该经过采购认证。
- 应该注意分析产成品无法核算成本或者核算材料耗用的项目。
- 不要因为某些证明而停止分析供应商的成本，除非真的确信没有问题。

(3) 和感觉相关的，要明确目标
- 在需要供应商报价的时候，要学会隐藏采购目的，把握好采购的需求。
- 分析供应商的建议是否存在陷阱。
- 注意供应商使用心理感应报价法，一种形式是供应商制造出一种报价是被计算出来的感觉；第二种形式是供应商把价格报在低于采购人员的某个心理价位上。
- 供应商提供的所谓的证明，很可能是"二手"的资料和信息。
- 不要因为觉得供应商"靠谱"而感性地认为供应商价格也没问题。

81 哪些重要因素影响采购价格的高低

进行供应商价格分析时，首先要看供应商的报价单，在采购人员不作任何要求的时候，一般供应商给出的只是个整体价格或者简单的组合，可谓徒有其表而没有内涵。采购人员经常质疑供应商的报价合不合理，到底是不是这个价，商品到底值不值这个价，都需要采购人员真正做到"心中有数"。价格一般有三种类型，如图81-1所示。

影响采购价格的因素很多，最突出的主要有八点，如图81-2所示。

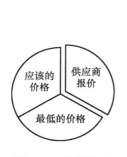

图81-1 价格类型

图81-2 价格影响因素

影响采购价格的最直观因素是市场行情的波动。供应市场的情况，直接影响着采购的购买难度和价格，买方市场还是卖方市场对价格有直接的影响。供应商的成本也是直接影响采购价格的重要因素，因为供应商原材料价格上涨，供应商的成本也会上涨，直接影响着供应商报出来的价格。供货渠道的不同，会导致价格不同。代理商、贸易商、原厂，从不同的渠道采购的价格也有一定的差异。和供应商的关系是影响价格的一个至关重要的软性因素。特别是在外界环境不确定的情况下，别人拿不到货，你可以拿到货，别人拿到少量货，你可以拿到更多的货，这时候和供应商的关系是起作用的时候了。供应商的付款方式、质量要求、交货期、采购的数量会直接或者间接地影响采购的价格，所以应设定合适的参数进行采购。

采购成本在总拥有成本中是如何体现的

影响采购价格的因素很多,不能单纯地认为采购的价格就是供应商产品的成本。采购价格包括供应商产品的成本,还包括订单处理成本、采购的管理成本等,即通常所说的总拥有成本(Total Cost of Ownership,TCO),包括产品采购后期使用和维护的成本。总拥有成本分类如图82-1所示,下面讲述三种分解总拥有成本的方式。

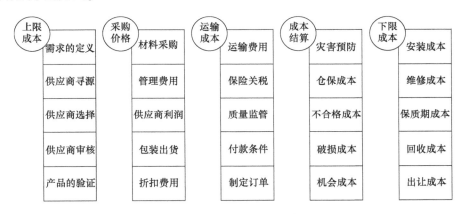

图 82-1　总拥有成本分类

1)按照功能模块分解总拥有成本。按照功能模块分解,总拥有成本包括材料价格、管理费用、运输费用等。上限区成本主要包括寻找供应商、评估供应商、选择鉴定产品等产生的费用。还有一些下限区的成本,主要包括安装费用、维修费用、质保期问题产生的质量成本、不按时交货的成本、供应商管理产生的成本、回收和出让折旧等产生的成本。

2)按照生命周期分解总拥有成本,可分为获取物料成本、持有成本和后期成本,如图82-2所示。

3)按照流程分解总拥有成本,可分为计划成本、寻源成本、生产成本、订单管理成本、物料采购成本、客户履约成本、退货成本七个方面,如图82-3所示。

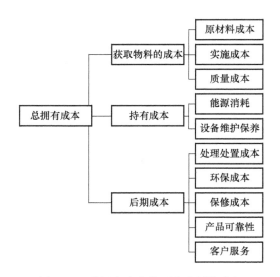

图 82-2　总拥有成本按照生命周期分解

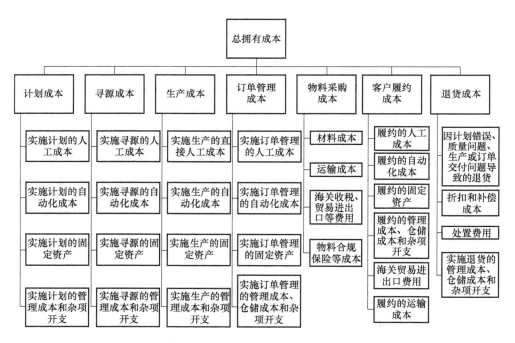

图 82-3　总拥有成本按照流程分解图

如何有效地进行供应商报价分析

供应商报价分析，是采购人的重点工作内容。很多企业现在还停留在供应商报一个价就认一个价，或者局限于对供应商进行粗暴砍价的行为中。在大多数企业中，大部分原材料是可以建立标准报价模板的。通过模板去洞察供应商之间报价的差异，从而降低采购价格过高的风险。采购价格一般等于原材料费用加上工费、管理费、税费和利润共5大块。再将这5大块进行细分，就可以看出供应商之间价格的差异到底在哪里。

1）原材料费用，主要分为材料成本、市场波动、溢折价以及库存分摊等。以一瓶饮料为例，从原材料的角度来看，它的原材料有塑料瓶、瓶盖、标签以及饮料，这些都是可以直观看出来的。

2）工费，主要包括台班费、人工费、加班费、专人工补贴和能源分摊等，这些都是可以直接算出来的。对于人工费的核算，生产线上的文员一般比较在行。还是以一瓶饮料为例，可以直接看出它的工序和工艺，吹塑、喷码、灌装、贴标签等工序，通过工序就可以核算出人工费用。

3）管理费。包括销售费用、财务费用、技术研发费用、物流费用等，每一项费用又是可以拆解的。如销售费用就可以拆解成差旅费、招待费等；财务费用可以拆解成短期借贷、利息、财务成本、汇率变动等；技术研发费用可以拆解成技术成本、研发成本、研发人员、专利或者技术变更等费用；物流费用可以按照货运方式进行拆解，是汽运、陆运、海运或者是航空运输等。

4）税费。供应商报价中的税费是不容易看出问题的部分，也是采购人很难去找出问题的部分，因为税费一般是固定的，即使知道企业会去做抵扣，但这也是企业自己的能力，如果供应商不松口，很难从这块去做文章。

5）利润。很多供应商在做报价单表格的时候会不填利润或者都不会设置这个项目。当采购人问其原因时，供应商常常会说这一单是不赚钱的，而有经验的采购人都会知道，一定是有利润的，只是供应商不想让采购人知道或者不方便让采购人知道而已。

根据产品的类目和材料的类别，给同类供应商制定出同样模板的报价单至关重要，这是清清楚楚买物料，明明白白做生意的开始一步。

在报价单中，必须明确哪些费用是可以看出来的，哪些费用是算出来的，哪些费用是拆解出来的，回答好这三个问题，报价单分析就容易多了，如图83-1所示。

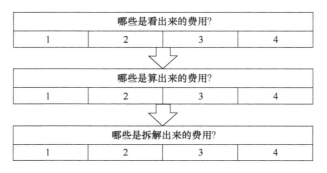

图83-1　报价单费用三问

　　其实困扰采购人的模具购买也可以按照这个逻辑，制作出标准模板。模具的报价单模板也是根据传统报价单的这五大块编制出来的，只是对模具而言，要注重其中的产品信息和技术参数。

　　产品信息中要清楚地阐明模具的名称、大小、材料厚度、材料重量以及需求数量等；技术参数如型号、寿命等。采购人员提供的信息越详细，供应商报价就越精准。对于购买模具的采购人员来说，实际了解模具的相关知识，对于购买模具来说是非常有必要的。

　　对于模具的材料费用，通过看得见的材料来进行直观的核算。对于模具工费，主要是通过工艺和工序来计算的，越复杂，工艺难度越高，费用可能就越高，有些模具还需要一些机加工、检测、热处理、抛光、打磨等工序。然后加上管理费、税费和利润三项，就构成了一个完整的模具报价单模板。

第四节 采购成本控制与降低之"器"

 采购降本有哪18种常规方法

采购成本控制绝不只是简单地削减成本，而是一个系统工程。单纯地削减采购成本会给公司带来很多的风险，如质量风险、及时供货风险、技术风险等。因此，采购成本管理必须综合考虑公司的战略及长期可持续核心竞争力的构建。

无论是要降低显性采购成本——采购计划编制成本、材料成本、物流成本、验收成本等，还是要降低隐性采购成本——时间成本、缺货成本、库存成本、批次批量成本、交货期成本、交运条件成本、付款账期成本等，都不是一个点也不是一个面的工作，而是一个系统工程，需要构建完善的采购系统，改变原有的采购观念，建立严格的采购制度，制定合理的采购计划，科学地使用合理的降本方法。常规采购成本控制18个方面如图84-1所示。

1	2	3	4	5	6
计划编制成本	材料成本	采购管理成本	物流成本	验收成本	时间成本
7	8	9	10	11	12
缺货成本	库存成本	批次、批量成本	交货期成本	交运条件成本	付款账期成本
13	14	15	16	17	18
沟通成本	谈判成本	市场供需状况成本	供应商能力成本	供应商技术水平成本	与供应商关系成本

图84-1 常规采购成本控制18个方面

 如何用物料号优选库来降低成本

一些企业做得很大也发展得很快，出现物料的品类逐渐增加，而物料号的增加远远超过品类的增加的问题。原材料的物料号非常多，其中有很多物料是定制的,定制物料的成本没有办法控制。很多定制的物料,在建立的时候是一个成本,在开发过程中,由于设计的不断变更,价格有可能涨成了两倍。因为没有天花板价格,等到产品上市的时候,才发现产品根本没有竞争力,上市即要退市,这又造成了更大的成本。在这些物料号中,用来生产持续的、能为公司带来效益的产品的 1/3 都占不到。采购人员要更多地协同研发人员构建设计成本的机会点,更多地去思考怎么做,以目标成本牵引战略供应商。采购人员和研发人员一起开发设计产品,在实现技术方案的同时,解决可量产性、可制造性等问题,需要想办法建立物料号优选库。

在物料管理时一定要建立物料号优选库。如果只有一个物料号库,则所有的物料号编码都在里面,研发人员可以随便选任何一个编码,这意味着任何一个编码采购人员都要为其提供交付和降本支持。这样会大大增加成本的投入,可以把这些物料进行分类,分成几个模块,A 模块是优选的物料,B 模块是限选的物料,C 模块是坚决不允许选用的物料,有效地进行物料号管理,把物料号的数量降低。物料号优化主要分为三个步骤:

- 第 1 个步骤,生命周期结束的物料号从系统里全部锁定或者删除;
- 第 2 个步骤,找出重复的料号进行整合;
- 第 3 个步骤,所有新的物料号,必须由专业技术人员审核后,才能建立。

物料号优化减少了不断膨胀的新料号,也降低了现有物料号的存量。建立物料号优选库,可实现供应商的降本优势,实现内外循环,对内可以进行控制,对外可以进行优选,实现集中效应,是非常重要的一种降本方法。

价值分析/价值工程如何实现采购降本

价值分析/价值工程 VA/VE 降本的原理可用一个公式表示:$V = F/C$。价值 V 等于功能 F 除以成本 C,表明在功能 F 不变的情况下,成本 C 降低,价值 V 就会得到进一步提升。

VA/VE 降低采购成本的实施一般分为准备阶段、工作阶段、检验阶段。

1) 准备阶段。选择成员,组成 VA/VE 工作小组,制定合理的工作计划,通过收集、整理和分析材料的成本，确定材料成本和重要程度的模型。

2）工作阶段一般包括三个步骤：①功能分析，进行对象的收集，功能的定义、分析及评价；②综合评估，对成本高重要度低的应该去除，成本低重要度高的要提升等；③评价阶段，包括制定去除的方案、提升的方案，判断可操作性如何等。产品的功能由研发设计人员决定，维持功能，以最小成本满足采购需求是采购人员的职责。

3）VA/VE项目执行完毕之后，到底做得好不好，可以用以下7个问题来进行检验。

① 该项目中产品是否有不必要的功能？
② 该项目中的一些产品功能是否可以删除？
③ 该项目中的产品是标准品还是非标品，是否可以使用标准品？
④ 该项目的产品配件是自制的还是外购的？哪种更合适？
⑤ 该项目中的产品是否有替代品？
⑥ 该项目中的产品外包装是否可以减轻重量？是否可以改变包装形式？
⑦ 该项目中的质量标准是否超出所需要的功能？

采购人员如何早期参与成本控制

每个产品项目基本包括五个环节：概念提出→项目批准→样件生产（打样）→试生产→批量投产。采购工程师从哪一个环节介入比较合适呢？很多采购人员会惊讶地发现自己是从批量投产开始介入的，介入时"为时已晚"，既对产品的成本无法控制，又对产品的质量无能为力。采购人员参与项目运作越早越好，不同环节介入对项目的影响大不同。采购人员应了解项目运作流程，如图87-1所示。

如果采购部门从批量投产开始介入，那么可能"受制于"研发部门或者质量部门。无论什么样的质量标准，什么样的材料，此时采购部门只能是跟踪执行的角色，没有任何建议或改变的可能性，因为产品已经定性了。所以，采购部门最好在概念提出或者项目批准的时候开始介入，最迟也要在样件"发包"

给供应商的时候介入。这样一来，对于质量部门提出的任何质量要求，包括所用的材料以及交货的日期，采购部门都能给出最专业的意见，不再像量产时介入那样被动。量产时才拿到采购需求，只能照做，而且还很难做好，交期比实际生产要短很多，技术上也只认可某家供应商，这一系列的问题会带来很多沟通成本、效能成本，甚至是采购操作的成本和材料的成本。不管是研发部门还是质量部门，他们都没有错，他们追求的目标永远是做到最完美，不管是材质上还是质量标准上。而采购部门的追求却有所不同，采购部门追求的是弹性，这里的弹性指的是结合质量部门和研发部门的完美目标，给出可行的材料，以及可寻源的供应商和可竞争性的市场形态。

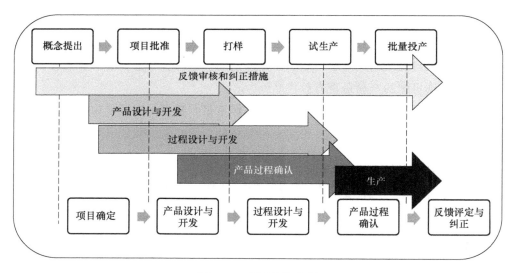

图87-1　项目运作流程

　　X、Y、Z三种材料都可以用在某产品上，从匹配产品的完美度来说Y材料最适合，但Y材料属于稀缺性材料，价格比较昂贵，可选择的供应商也有限。当采购部门知道这个情况之后，结合产品的特性和购买的弹性，选择了Z材料。Z材料在市场上可选择性比较强，价格相对稳定，成本相对比较低，可选择的供应商也比较多，功能上也可以满足质量部门和研发部门的要求。在采购部门介入后,综合地降低了整个采购成本,从而从源头上遏制了质量过剩和供应商唯一性而带来的高成本。这样对整个采购部门的要求就提高了,要求采购部门的相关人员不仅要懂商务,还要懂技术,了解质量要求,了解产品性能,了解材料市场,只有这样,采购人员才能给出具体的、有价值的意见。采购人员应充分了解采购成本的早期影响要素,如图87-2所示。

图87-2 采购成本的早期影响要素

采购人员如何运用供应链协同来降低成本

(1) 三个协同

供应链协同降本主要是要求采购方与供应商保持步调一致,以达成效能最高的一种策略。在跨国大公司、国内一些大型制造型企业,协同降本方法在实践上有特殊性和困难性,主要体现在需要实现以下三个方面的协同。

1) 企业组织文化的协同。笔者曾经做过一些世界五百强大型企业的供应链协同降本项目,发现很多企业的总公司和分公司之间,分公司和分公司之间,企业文化都不尽相同。

> **小案例**
> 一家荷兰机械制造公司的采购降本工作做得非常仔细,甚至连劳保用品、办公用品这样的低值易耗品,都有非常科学的管控办法。公司各个部门都有降本意识,在整个公司的流程上已经做了 ECRS 优化,有争议的流程和

环节不断地进行研讨和改进，将内耗成本降到最低。甚至这家公司在"语言"上也实现了高度统一，这里不是指英文、中文这样交流沟通的语言，而是指大家的认知语言，如公司有填写需求说明书（Specification of Requirements，SOR）的规则，销售在请购物料的时候，就必须详细地填写SOR。销售人员有这个基本认知，采购人员也有这个认知，没有完整的SOR之前，不盲目或者轻易地去寻源等。这家公司在供应链的整体协同降本上也下了很大功夫，从组织文化协同、认知语言协同、系统流程协同三个方面努力实现供应商协同。

后来笔者去这家公司的某分公司做项目。总公司实实在在地是要改善和精简流程的，而分公司的小伙伴则以为只是去看看，应该不会有实质性的改变。同一个集团公司，却因为总公司和分公司不同的企业文化，导致员工的想法不一致。

大型制造型公司、跨国集团想要做到供应链协同，首先要做的事是组织文化的协同，尽力找企业文化相同的供应商。

2）认知语言的协同。这里所谓的语言并不是说讲英文或者讲中文，而是整个公司上下开展相同工作时的认知表达方式。认知语言有差异，会导致步调不一致，甚至可能会导致对企业纲领理解的不一致，从而导致产出也有差异。一个公司内部各部门协同、步调一致，可以大大降低整个公司的运营成本、运作成本、内耗成本。集团公司需要协调各个分公司，使整个集团的成本得到很好的控制。

3）系统流程的协同。一些集团公司有好几套系统，甚至每个模块都用不同的系统，这样大大加重了员工的内耗，增加了员工的运作成本，很多时候还会产生信息的不及时、不对称等问题。集团公司和分公司在流程上、系统上如果没有办法协同，势必增加沟通成本。

（2）三个共享

采购人员在实现供应链协同时，还要做到与供应商保持信息共享，甚至在企业中建立物流信息共享系统，与整个公司内部、与供应商甚至是与客户实现信息共享，以实现最快捷、最透明的信息互联互通，从而提高效率。

供应链协同中的共享主要体现在三个方面：

- 整个公司各部门的资源共享；
- 整个公司的信息共享；
- 整个公司的管理路线共享。

这三个共享是整个供应链协同降本得以实施的强有力的基本保证。

一家上市公司，在全国有16家分公司，每家分公司各自为政，采购成本居高不下。具体表现针对同一个产品所选用的供应商，都是各分公司采购人员自行寻找的一些当地供应商。现在有两个问题，一是品类众多，一家供应商一个标准一个款式，其实功能基本一致；二是购买量也没有规模效应，导致成本居高不下。公司领导想要解决这个现状，起初各分公司通过内部采购的管理优化、采购人员的培训、提高成本意识、进行流程的优化等手段，成效不大并且也没有办法解决根本问题。这时，不能直接去做降本，而是先对采购管理者进行培训。因为公司的采购要降低成本，绝非采购一个部门的事，也绝非一个分公司的事情，想要有所突破，采购管理者必须寻求系统思维，致力于供应链协同，从资源共享、信息共享、管理路线共享三个方面上下功夫。

W公司是一个全球性集团公司，有18家分公司，遍布全球。针对本地化采购，他们的做法就是安排每个分公司的文员或者采购专员去购买，人力管理成本比较高，同时采购的物资标准化很难做到统一。做了供应链协同降本项目后，流程简化，将18个分公司负责这类产品的人员削减，集中到总公司专人负责采购，将权限收归到总部。公司总部安排专人去做供应商的寻源，通过招投标优选出可以全国供货的供应商（商务上、技术上和资质上全部达标的供应商），与总公司签订战略框架协议，并且将管理流程和模式下发到各分公司统一去执行。

实施供应商集中化，统计年度采购量，放大集中优势量的杠杆，可以做标准化的做标准化，可以做通用化的做通用化，可以做模块化的做成模块化，从而实现资源共享。分公司通过总公司指定的供应商进行采购，并且信息实时在线共享。货物的调配在信息系统可以完全看到,哪个区域缺货,哪个区域货物充足,都一目了然,了解库存状况从而实现信息共享。总部确认供应商、寻找供应商,分公司进行执行跟踪,到货验收交付等,将一系列管理模式统一化、标准化,从而实现管理共享。

(3) 四个保障

实施供应链协同需要一定的保障,按照以下四个保障有效地执行,效果自然就显现了。

- 流程上有保障;
- 组织上有保障;
- 技术上有保障;
- 人员上有保障。

供应链协同降本是个系统工程,需要各个部门的配合和支持,需要保证具有以上四个保障。

很多公司把供应链协同降本当作项目在运行,供应链条上的每个节点都要密切关注和重视。TASK 项目任务管理是一个供应链协同降本的工具,可以高效地开展供应链协同降本。供应链协同降本之前,先设定目标(T),这个目标可以是定量的数据,也可以是定性的目标,根据目标去设计合理的活动(A),根据活动安排执行的步骤(S),也要有关键人物(K)来保证项目的顺利进行,如图 88-1 所示。

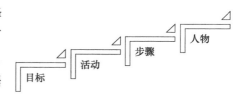

图 88-1 TASK 项目任务管理

联合采购技术在工作中如何降低成本

联合采购技术是指联合需求来进行采购。这种方法在一些非营利事业单位,如医院、学校的运用率是非常高的,能统合各不同采购组织的需求量,以获得较好的折扣价格。

第四章 采购成本控制与降低

小案例

上海张江高科一家公司的小伙伴曾给我讲过他是如何使用我培训课上提到的联合采购技术实现降本的。他们公司有员工428人，每年例行会给员工买体检，由人力资源部负责体检的同事跟医院或者体检公司谈体检事宜，最后跟体检医院直接购买。由于市场行情的变化，体检医院的报价一涨再涨，他发现今年价格比去年高了35%，公司要求涨幅不能超过35%，谈来谈去也没有办法达到预期目标，换了几个体检供应商也是同样的情况，因为普遍都涨价了。他就想削减体检项目，削减后，发现还是没有办法达到项目的预期，甚至得不偿失，最后也放弃了这个念头。这时他想起了联合采购这个办法，但是联合哪些需求呢？公司只有428个人，联合员工的家属，七七八八凑了500多人，各体检医院价格还是降不下来。最后他想既然要联合，就需要联合更大的需求。正好当时与同地区的其他公司开会，各个公司的人资负责人齐聚一堂，他就和大家聊了最近公司里关于体检的事情。发现每个公司都有这个苦恼，对涨价都没有办法，大家一拍即合，联合大家的需求，当天联合的人数就超过了20000人。

带着这个联合需求的量，他去跟几家大的体检公司谈判，让几家体检公司形成竞争的格局，很快得到了比较优惠的价格。

这是一个非常成功的案例。联合采购方法常被应用于一般商业活动之中，并且应运而生出第三者采购（Third-party Purchasing）这一新兴行业，专门替那些MRO需求量不大的企业单位服务，现在称之为工业品平台。

 如何运用赛马机制降低采购成本

赛马机制的内涵是"一图、一表、一指数"。"一图"是按月绘制经济运行综合评价五色图，分别赋绿、蓝、黄、橙、红五色，对应不同评价等级。"一表"是月评比表，将对内公布各市、县（市区）的工业、投资、出口、消费等报表。"一指数"是经济运行月度综合评价指数，反映各地经济目标实现度、经济发展协调度和经济工作推进力度。赛马机制如图 90-1 所示。

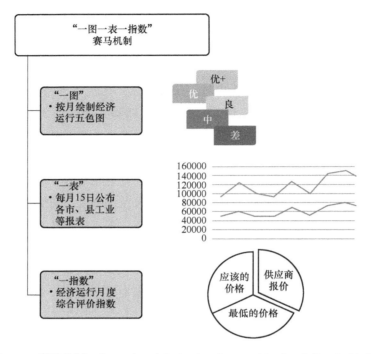

图 90-1 赛马机制（来源：中国政府网，浙江建立"一图一表一指数"赛马机制）

赛马机制已经广泛地被很多企业所采用，用于供应商管理时，可称作赛马机制降本。它主要是通过对供应商的一系列管理，来加强供应商之间的竞争，从而获得更加优质的供应资源。讲到有竞争，有同行会说，不断地更换新的供应商，不就是竞争的结果吗，这样也就把供应商潜在群体激活了。这么想是对的，但是行为是错误的，供应商的管理不应是一把抓，也不应是一碗水端平，一定应是有的放矢、区别对待的。运用赛马机制降本时，应首先做好以下五方面的工作。

1）对所有供应商进行分层分级。通过科学的供应商分层分级，去识别战略供应商。战略供应商不是靠竞争来管理的，是有自己独有的技术和企业需要的特定基因的，要考虑在新产品开发和批量交付的时候，怎么让这些战略供应商的资源为企业所用，变成企业的独有资源最好。

2）应用"鲶鱼"效应。引入"鲶鱼"时，一定要有前瞻性的思考，而不是当价格降不下来了时，才开始被动地去引入新供应商，应利用"鲶鱼"带动供应商你追我赶的劲头，创造良性的竞争环境。要分析清楚引入"鲶鱼"的过程中，鲶鱼和现有池子里的供应商，是不是在同一赛道的竞争平台上？如果你找一个小学生跟大学生一起做数学题，怎么样也没有办形成良性的竞争环境，也是无效的。

3）进行物料品类分析。根据不同的品类，对供应商资源进行整合，看看供应商资源是不是板结化了？还是说现在的资源过多，每一个供应商都不饱和？

4）对供应商进行末位淘汰。盘点现有的供应商池，哪家供应商是最末位的、跟不上公司发展的，想办法做优胜劣汰，让供应商有竞争意识和忧患意识，不要让供应商进入合格供应商名录后就有终身安全的感觉。

5）加强引入新供应商。引入新供应商能够使供应商资源不板结和活跃起来。引入新供应商后，应进行培养，关注供应商的需求，才能降本。企业应培养能够持续一起打仗的"同路人"，在供应商引入、绩效管理过程中识别"同路人"。

供应商管理赛马机制降本的核心工作如图 90-2 所示，具体又可分为三个方面的工作内容：

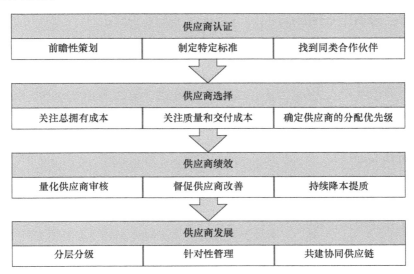

图 90-2　供应商管理赛马机制降本的核心工作

① 细分品类，建立可视化的看板资源。

② 盘点品类资源的具体现状和情况，合理规划布局，前瞻性地构思供应资源池。

③ 建立简历机制、定量标准，对供应商进行动态管理，促进良性竞争。

如何通过生产管理来降低成本

(1) 从流程分析寻找生产管理问题

身体如果哪里出现疼痛，一般是哪里不通畅了，这个"不通则痛"的道理在生产管理中也适用。流程分析是寻找生产管理问题最佳的途径。在考虑产品降本的时候，考虑生产的投入和产出，以及中间的各个环节，找出瓶颈工序进行改善。

(2) 从人、机、料、法入手，寻找生产现场成本因素中的浪费与低效能

通过对生产环节的四个模块进行分析，用提问的方式找出问题点后有针对性地降低成本，其主旨是消除浪费和减少低效能。

1) 人员（Man）。
- 是否遵循作业标准？
- 是否有明显的作业过失？
- 工作能力是否充分发挥？
- 是否适合该工作？
- 是否有足够经验？
- 还需要哪些培训？
- 责任心怎样？
- 是否有解决问题的意识？
- 人际关系怎样？
- 工作热情是否高？

2) 设备（Machine）。
- 设备能力足够吗？
- 运行效率是否正常？

- 能按工艺要求加工吗？
- 工作准确度如何？
- 是否经常出故障？
- 保养情况如何？
- 是否正确润滑了？
- 噪声如何？会影响生产吗？
- 设备布置正确吗？
- 设备数量够吗？

3）材料（Material）。
- 数量是否足够或太少？
- 是否符合质量要求？
- 标识牌是否正确？
- 有杂质吗？会影响加工吗？
- 进货周期是否适当？
- 材料浪费情况如何？
- 材料运输有差错吗？
- 是否对加工要求过高？
- 设计的材料是否合适？
- 质量标准合理吗？

4）方法（Method）。
- 工艺标准合理吗？
- 工艺标准提高了吗？
- 工作方法安全吗？
- 工作方法能保证质量吗？
- 工作方法高效吗？
- 工序安排合理吗？
- 工艺卡是否正确？
- 温度和湿度适宜吗？
- 通风和光照良好吗？

- 前后工序衔接好吗？

（3）应用鱼骨图分析低效能和浪费的原因

如图 91-1 低效能和浪费原因分析所示，应用鱼骨图通过七个步骤进行分析。

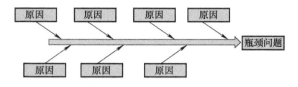

图 91-1　低效能和浪费原因分析图

① 确定需要分析的问题；

② 确定原因的主要类别；

③ 头脑风暴找详细原因；

④ 删除无用因素；

⑤ 讨论剩余的原因并明确哪一个重要；

⑥ 研究重要因素；

⑦ 消除、减少或控制重要因素。

（4）应用生产管理方法降本

如图 91-2 生产管理降本路线图所示，应用现场 5S 管理、四大标准化、消除七大浪费、六大改善等方法来降本，同时可实现企业产品品质提升、形象提升、竞争力整体提升。

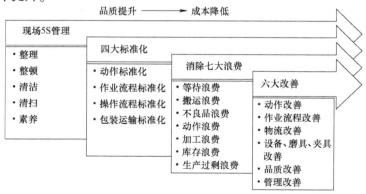

图 91-2　生产管理降本路线图

第五章
采购谈判的方法与技巧

第一节 找到采购谈判的方向和目标

 采购谈判前需要准备好哪三大思维

(1) 布局思维

任何微小的谈判，提前布局都会效果更好。很多谈判从一开始就需要正确地去布局，如谈判时间的布局，是淡季谈判有利还是旺季谈判有利，是库存高的时候谈判还是库存低的时候去谈判，是经营状况好的时候去谈还是经营状况不好的时候去谈，都可以提前做好相应的布局。

(2) 销售思维，也叫逆向思维

采购人面对谈判的时候是非常重视气场和气势的，需要充分在供应商面前展示甲方思维。销售人偶尔也会出现在我的课堂上，和几个销售人聊天时，问他们在采购谈判过程中最在意的是什么？他们说形式不重要，重要的是怎么获得一手信息来制约采购人的决定。"形式不重要"充分说明在谈判过程中，采购人不能固定于甲方思维。实质上的甲方是要通过市场和产品性质来决定的。在谈判的课堂上，销售人讨论最多的是，如果把利润放在这里采购人应该找不出来，如果这样报价采购应该会接受，很多时候销售人也在分析采购人的弱点或者软肋，但是采购人却很难捕捉销售人的弱点或者说软肋是什么。再强势的供应商遇到不愿意和他成交的客户都会强势不起来，再大的客户如果没有合理利润，销售人也会不太在意。销售人的软肋是成交和利润，那么反过来，采购人的软肋是什么呢？来看下面这个小案例。

小案例

有一个采购需求，某公司有28名高管要从上海市去哈尔滨市开销售大会，需要明天下午16:00之前到达会场，采购人希望28个高管都坐飞机过道，并且都乘坐南航787飞机，还希望可以每个人多一份水果餐，但是公司预算只有580元/人，怎么办呢？

如果你作为供应商必须接这个单，你会怎么做？

- 看到这个需求你估计会认为是"变态"的需求，这个肯定做不到。
- 还有人会说简单，直接外包给第三方就好了。
- 还有可能会说直接建议他们不要去哈尔滨市开会，就在上海市开视频会议，还省下不少费用。
- 还有人会说，先亏本接单，后面再考虑如何赚钱，或者请客户给出承诺的后续订单。
- 还有人会说，亏本接单然后带去旅游、去消费，开展承接会场等更多业务。

我把这个需求咨询了销售人小伙伴，他们的做法会让你大开眼界。一个销售人说道，遇到这个问题首先要搞清楚以下两点：

- 采购人的软肋是？
- 采购人最在意的是什么？

在这个需求中，采购人最在意的事和最不能改变的事是什么？也就是最能体现采购人的公司价值的是什么？现在来提取一下关键信息：

- 明天下午16:00前到达哈尔滨市的会场；
- 某航787飞机；
- 坐过道；
- 水果餐；
- 预算580/人。

第五章 采购谈判的方法与技巧

这五点为该需求的关键信息,其中哪些是必要信息?哪些是非必要信息?必要信息满足,非必要信息不满足,成交率为50%;必要信息满足,非必要信息也满足,成交率为0%。

通过分析知道,1和5为必要信息,其他为非必要信息,那么这个问题就迎刃而解了。针对第1点和第5点,把所有的航班信息和费用全部罗列出来给客户做选择,让客户根据公司高管的情况来做选择。非必要信息的问题弄清楚原因后进行各个击破,如为什么要全部坐过道?因为并不是每个人都喜欢坐过道的。为什么要多一份水果餐?为什么要某航787飞机?

总结一下上面的内容,必要项为实际公司价值,非必要项为个人感觉,这就是采购人的软肋,所有采购人都必须明确自己的弱点是什么,才能不被对方找到自己的短板。未来的采购工作中,你会发现经常来你们公司给你混脸熟的,你感觉靠谱的和放心的,一定是质量最好的吗?一定是交期最好的吗?一定是最合适的供应商吗?答案一定是否定的。所以很多时候采购人很容易忽视了公司价值,而把个人感觉放在了里面。这就是采购人需要调整的谈判思维,把采购思维变成销售思维,也称作逆向思维。

(3) 筹码思维

很多人在采购谈判中喜欢运用话术,比如唱红白脸、遛马蚕食、同理心等,其实这些技巧在早些年的采购谈判过程中确实还是可以用一下的,但随着时间的推移,这些方法已经被普通的运用了,属于扫盲阶段的技巧了。各位同行可以观察到一个现象,公司的销售人一年有几次培训和外出学习的机会,公司的回答一定是很多次。那么掰指头算一下,作为采购人一年又有几次培训和外出学习机会呢,有的公司竟然只有一次。普遍的现象是采购人的培训机会比销售人少得多。那么销售人去学习什么呢?学习与客户沟通的技巧?学习如何与客户谈判?也就是如何搞定采购人了。上述话术,一个成熟一点的销售人是会熟练掌握的,应用时效果很一般了,所以采购人应转变通过话术打动销售的思想,多培养筹码思维。

小故事

以前我在外企工作的时候,有两个员工曾到我办公室来要求加薪水。第一位是一个在公司工作了大约7年左右的采购工程师Jack,他开门见山地讲到了希望加薪水，接下来讲述了目前老家老宅子要翻修，现在儿子小升初，家庭开支巨大，也提到与行业内同等水平比薪水偏低等，听到这些我确实表示同情，但是按照公司规定凭这些很难调薪。隔了大概一周，另外一位同事提前预约了我的时间，来我办公室后说她是订单管理处的 Amy，每月发月报时候有抄送给我的。她坐到我面前说了一下最近手上的工作，和近一年来做的那些突出工作，说着递给了我一张 A4 纸。纸上面信息情况是这样的，有一个大饼图，显示她管理的供应商的账期状况，去年的预付款的供应商家数由 11 家变成了 8 家，账期 30 天变成 60 天的有 4 家，图下列表说明供应商的质量系数由原来的 98% 提升到 98.78%，供应商的准时交付率情况，以及部门平均交付率情况等，并用文字说明了去年一年参与了哪些公司层面的项目，起到了什么作用，获得了什么成就等。这是一份清清楚楚的"工作汇报清单"，我清楚地了解了一个普通员工原来做了这么多事，我很自然地说了一句辛苦了。Amy 很淡定自如地说了自己的想法和接下来的规划，还"点"了下某公司递给她的"橄榄枝"，也说清楚了她加薪的诉求，等她讲完这一切，我没有理由不给她加薪，没有理由不重视她。

这个故事告诉我们在任何谈判中，筹码都比技巧更重要，一开始就应该有筹码思维。

采购谈判前必须弄清哪三大问题

（1）界定谈判对象的问题

谈判对象包括两方面内容：人、物。人指的是可以"拍板"的人，所以谈判前必须搞清楚来谈判的对象是否可以做决定，如果他不能做决定，要了解谁可以做决定。物指的是购买的物资，采购人要对物有基本的分类认知，例如知道是垄断品还是竞争品。如果是垄断品，谈判方法针对的是如何应对强势供应商，谈判的目的是维系供应关系，促进供应合作。如果是竞争品，谈判方法针对的是通过筹码布局，拿到最优方案。采购谈判对象分析如图 93-1 所示。

（2）关不关注价格的问题

谈判时当然要关注价格，但不要只关注价格。这并不是说价格不重要，只是对谈判总体来说，要着重关注总成本，而不仅仅关注价格。例如去购买设备，除了设备的价格，设备的维修维护成本如何，设备供应商的付款方式、账期、库存状况、备品备件的购买情况等，都是要考虑的，凡是与成本相关的内容都要考虑进去，关注总成本才是谈判的王道。

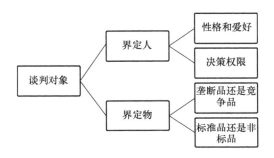

图 93-1　采购谈判对象分析

（3）多问还是多听的问题

谈判时，应尽量既多问又多听。应注意的是，多问与多听是有技巧的。

提问的方式一般有三种。第一种为开放式提问，比如说，对于这个问题你们怎么看？是为了收集更多信息而用的发散性提问，常常在采购谈判中因为不知道对方的想法而采用的提问方式。第二种为封闭式提问，也叫选择性提问，在谈判之前已经有选项的问题，为了避免漫无目的地牵扯太远，缩小范围供对方做选择。比如说，您觉得 A 方案好还是 B 方案更适合呢？这样提问可控制谈判的方案在自己的掌控之中。第三种为引导式提问，如果在谈判前已经有了很明确的想法或者只要达成某种共识，就需要有意识地引导对方朝着既定的目标回应。比如说，提问时说明如果你们这样做，你们会怎样，如果不这样做，你们会有什么后果等。

多听不是简单地听，而是有准备地听。比如说，不打断地听，听完全部情况再发声，或者适时地打断。

有一次某供应商来公司拜访，采购员是新来的，当时供应商还不知道他的底细，可以说这家供应商就是来会一会他的。供应商见到这位采购员之后很自信地介绍了一下他们公司的具体情况和产品类型，采购员很认真地听着，没有打断也没有插话。接下来，供应商开始介绍他们的市场和质量情况，说"我们公司在全国市场占有率达到了35%，质量系数在百万分之四（ppm）"。此时采购员说了一句，据我所知，在这个行业全国排名前三甲的是W公司、C公司和Y公司。听到这个供应商的心理会很清楚，这个采购员很了解市场状况，后面也就不敢再吹嘘或者虚高报价。采购员在适当时候的提醒起到了很好的"点拨"作用，俗话说的"人狠话不多"讲的就是这个道理。厉害的人不在于多说，而在于每一句话都说到点子上。

多听除了要做到做好信息准备和适时打断以外，还有非常重要的一点是要"会听"，即能听出破绽。

有一次我的团队去供应商那里谈判，因为是强势供应商，所以我们选择上门去拜访供应商。我们被安排进会议室等候，很快供应商的主要谈判人员陆续进场，老板一边进场一边在打电话，说："这个问题我们改天再谈好吗？我这里在开一个重要的会议，有客户在这里，你们的货我会尽快给你们安排的，放心。"然后，另一位参与者连忙解释道，不好意思，最近源头原材料上涨，我们拿到货也很难，这天天催货的要把人"整疯"了。这样的场景似乎很正常，其实是一种心理暗示，一开始就给谈判定下一个基调，暗示别说来谈价格了，要货都有可能没有。对于采购方，就要听出对方的破绽，也许这是给我们一个下马威，听完不仅不能中"圈套"，而且要识别出哪些是虚假或者浮夸信息。

 如何构建合适的采购谈判团队

采购谈判团队的构建，强调专业人做专业事，发挥团队每个成员所长。谈判不是采购部门的单打独斗，而是一个企业各部门参与的整体行动。

(1) 采购谈判团队成员来自企业各部门

通常，采购谈判团队由来自以下部门人员组成，准备谈判资料和参加谈判。

- 采购部门：主导采购谈判的准备工作，收集供应商的相关信息。
- 财务部门：分析供应商的成本结构、报价组成及其价格的合理性。
- 物流部门：合理安排运输路线和运输方式，提供供应商分布合理性的建议，实现总采购成本的最低。
- 生产或技术部门：分析因为生产制造和技术方面受影响的价格因素，对一些技术参数和生产瓶颈问题进行解答。

(2) 采购谈判团队成员的分工和角色扮演

在进入谈判前，需要对谈判中每个成员的角色进行明确。

- 谈判发起人（必须项），一般来自管理高层，在谈判开始时向供应商表示欢迎，为谈判订立基调，仅在谈判开始时进入会场，不参加具体的谈判过程。
- 首席谈判员（必须项），引发最初的讨论，控制谈判的进程和节奏，是谈判的主谈手。
- 第二谈判员（必须项），提供沟通渠道，寻找共同立场，实时地和谐谈判气氛，是辅谈手。
- 谈判助手（可选项），可以是质量或技术工程师，就具体的技术细节提供意见和建议。
- 信息分析员（可选项），对用户要求、技术需求、使用数量、价格分析等有全面的了解，对供应商情况、竞争和市场因素充分了解。
- 战略制定者（可选项），了解战略并对谈判战术提供支持，在出现分歧时喊暂停，有时候也可由首席谈判员充当。
- 记录员（必须项），对所有讨论内容、协议和未解决的问题提供详细的书面记录。

采购谈判团队成员讲究主次之分，一定要分清楚主谈手是谁，辅谈手是谁。在整个谈判过程中，不管是主谈手还是辅谈手，都是以此次的谈判目标为中心的，都是为了达成目标而努力的。辅谈手在整个判谈判程中，都是要想办法协助主谈手的，下面是一个典型案例。

某企业在一次大型谈判的过程中,主谈手非常自信地给供应商展示筹码,讲到公司准备在马来西亚、印度、非洲建立新工厂,预计在明年底可以投入生产,未来订单量会比现在的量增长35%左右。辅谈手补充到,前几天我在人事总监那里刚看到图纸,好像比我们现在上海的工厂要大好多啊,肯定不止增长35%。在这个简单的对话中,辅谈手来了一个非常好的神助攻,把这个筹码的力量无形中加大了。

(3) 采购谈判团队在谈判过程中应特别注意的事项

- 一个人可以同时扮演多个角色。
- 可先设立谈判准备小组,其成员与实际谈判小组人员可以相同,也可以不同。
- 确保准备小组成员有几人参与实际谈判,以确保信息的完整传递。

　　某公司是德资企业,小王为该公司的战略采购经理,拥有经济师、注册会计师和各种采购证书在一身的职场老手,曾在某知名全球100强外企工作七年,在该德资公司工作三年。与他们合作的供应商中有一家日本的原料厂商,也就是俗称的原厂,在这个领域该原厂属于龙头企业,年初开始受大环境的影响,各类原料价格不断攀升,供应商有想要涨价的苗头出现,所以有意识或无意识地出现了货物延期和货物不足的情况。老板委派采购经理小王去一趟供应商那里促进一下感情,实则是看看是什么情况,必要时候再进行一下谈判。小王也是蛮有自信的,毕竟他的经验和资历都还不错,为了保险起见他带了一个同事一起去到供应商那里。然而他发现自己引以为傲的资历是那样地不堪一击,在专业人士面前采购人只能算是杂家,在谈判桌上该原厂来了供应商的技术和研发人员,给出了为什么要涨价的技术上的因素,又来了财务人员讲述了从财务角度和成本分析角度来阐述他们的涨价其实是某种意义上的降价。技术问题让这位采购经理哑口无言,财务问题让这位采购经理百口莫辩,最后只有电话回公司寻求相关部门来紧急支援。采购人看起来什么都会其实什么都只知道"皮毛",所以采购谈判团队的构建需要企业各部门的整体作业。

在谈判的过程中，也会有这样的经历，老板一个人从头到尾独当一面，从头谈到尾，一起去谈判的人都低头默默地坐着，感觉与此事毫无关系一样。这是因为大家的认知是老板是拍板的人，做决定的人，所以老板发言是理所当然。看起来一点问题都没有，其实不然，真正成功的谈判都是团队配合的成果，而不是"一言堂"的结果。

（4）专业人做专业事、正确的人做正确的事

在谈判的过程中，常常会出现僵局或者对抗情绪，这个时候该怎么办呢？一般会有一个高情商的人会出来缓解僵局，从而让谈判可以顺利地进行下去。谈判想要继续进行下去，保证需方的利益，达成需方的期望，谈判团队成员应该有正确的和明确的分工，保证专业人做专业事、正确的人做正确的事，同时还必须有强有力的筹码，而展示筹码的人必须具有逻辑思维能力和数据分析能力。

如何设定合理的采购谈判目标

谈判团队构建完毕之后，确定合理的采购谈判目标就是首当其冲的大事了。采购谈判目标可以确保采购谈判实施过程中信息的一致性和完整性。具体来说，采购谈判目标包括以下四方面的内容。

（1）谈判的宗旨、范围、成员

① 该做什么和为什么，即宗旨。

② 明确的谈判范围。

③ 谁参加？即谈判组成员名单。

（2）谈判的时间计划和激励目标

① 积极的行动计划。

② 合理的谈判时间规划。

③ 合理的激励措施。

（3）供应商的明确选择标准

① 系统和零配件供应商。

② 物流、地域范围。
③ 技术标准、技术实力。
④ 其他因素的影响。

小故事

有两个小孩子在分五个橘子，请你给出你的方案。

有人说，这还不简单，一个人 2.5 个。还有人说，榨橙汁，一人喝一半。那么问题来了，每一方都想获得更多，大家不希望五五分，都想多一点，那怎么办呢？你多了我就少了，这样下来发现没有一方愿意，大家都想更多，大家都想赢。那么在这里就得想办法给对方制造赢的感觉，让双方都感觉赢了。那么必须首先搞清楚，他们要这个橘子干什么？问清楚之后发现，一个人因为喜欢喝橘子汁，所以要更多的橘子肉，一个人因为想做小橘灯，所以要更多的橘子皮，那么他们的需求点是橘子肉和橘子皮。这下就好办了，一个人拿橘子肉榨汁，一个人拿橘子皮做小橘灯。双方都很满意这样的结局，双方都有了赢的感觉，这才是真正双赢的谈判。

(4) 清楚地知道对方的需求点，依据对方需求点设定目标

需求点也就是你想要获得什么，对方想要获得什么，你的底线在哪里，你预计对方的底线会是什么。甚至你能够洞悉对方会有哪些筹码，你有哪些可以应对的策略，如图 95-1 采购谈判目标设定所示。企业要预计对方的底线（Must），对方的期望值（Want），对方的筹码（Give），同时对企业自己的各项情况也要了如指掌。

图 95-1　采购谈判目标设定

在谈判之前，既要很明确我方的底线在那里，也要大致估算出对方的底线在哪里，必要时要制定不同级别的限度，哪些内容是可以拒绝的，哪些内容是要酌情考虑和做出一些让步的，从而使谈判可以顺利进行下去，不会造成僵局。谈判前不但要设立自己的底线还要加固自己的防线，当对方逼近自己底线的时候一定要让对方知道自己的防线。

在谈判之前，还要做一些相关的模拟训练，假设谈判时候可能会出现的问题，这样在谈判的过程中就会心中有数，做到应对自如，将主动权牢牢地抓在自己手中。值得特别注意的是，底线一旦设置就不要轻易更改，并且让谈判团队中的每一人都知晓，避免谈判过程中出现不一致而露了底牌。

应设立期望值，期望和所得息息相关，期望越多，所得一般会越高，而且还要会估算对方会有哪些期望，哪些可以达成统一，或者需要什么条件进行交换。这里的交换指的是有哪些可以使用的筹码，前面列举的谈薪水的例子中，Amy 可以顺利加薪，就是因为她提供了强有力的筹码，而 Jack 虽然也提供了相应的筹码，但是他的筹码大多是软性的、感性的筹码，力度不够，所以加薪失败了。

从对等的角度来看，期望值和筹码应当大致相当。在设置期望值的时候，必须清楚地认识到自己有哪些筹码，筹码越有力，期望值可以设定得越高。

 谈判前如何有效地进行供应商背景调查

全面有效的供应商背景调查是开展谈判的基石，是谈判取得成功的关键。

（1）背景调查的 12 个问题收集信息

① 为什么要进行这次谈判？
② 这次谈判的背景是什么？
③ 什么时候是谈判的最佳时机？
④ 此次谈判需要什么人（部门）参与？
⑤ 对方预计会有哪些人（部门）参与？

⑥ 谈判的地点设在哪里比较合适？
⑦ 谈判该如何实施？（措施和步骤）
⑧ 需要准备哪些筹码或者需要哪些资源？
⑨ 此次谈判存在哪些潜在风险？
⑩ 预期会有什么样的结果？
⑪ 应急预案是什么？
⑫ 有没有替代方案？

（2）通过 5W2H2R 表进行分析

收集完供应商背景信息后，可通表 96-1 采购谈判 5W2H2R 分析表进行分析。

表 96-1 采购谈判 5W2H2R 分析表

序号	what 做什么	why 原因是什么	when 什么时候	who 什么人	where 在哪里	how 如何做	how many 需要哪些资源	risk 有什么风险	result 预期结果
1									
2									
3									
4									
5									
6									

（3）深入了解谈判人员和谈判原因

搞清楚对方的谈判人员是哪些人？他们基本情况如何？如工作背景、工作经验、性格特点，甚至个人喜好。深入了解谈判原因，比如供应商提出涨价需求，在进行价格谈判时必须弄清楚供应商为什么要提涨价？是供应源头造成的？又或者是供应商管理层的决策？还是因为市场的波动导致的？如果是市场波动，那么市场波动了多少？前三年的情况如何？未来的市场预判状况如何？对该行业的影响有多大？这些情况都得提前研究清楚，不能供应商一提涨价就只会一味地进行否定。可以拒绝涨价，但是必须清楚坚守底线是需要有筹码的，进行背景调查就是寻找信息筹码和情势筹码。

(4) 了解供应商的客户情况和自己的供应商情况

了解供应商有多少同类客户,供应商给哪些客户提出了相关谈判需求。还要很清楚企业供应商池中同类供应商有哪些,哪些提出了相关谈判需求。这样做到知己知彼,才能百战不殆。

采购谈判前如何设计供应商回应表

与供应商正式谈判前,从形式上需要对供应商在谈判过程中可能会提出的问题准备好统一的回答,避免谈判小组内出现不同的声音,并仔细考虑哪些问题应留有回旋的余地。可以采用头脑风暴的方法,利用以往的经验,站在供应商的立场上,充分考虑可能会出现的问题,做好应对方案。

(1) 列举供应商可能提出的问题,制作供应商回应表

- 这次有多少供应商参加谈判?
- 最终的决策要考虑哪些因素?
- 谁是最终决策者?
- 谈判一共要进行几轮?
- 在最后一轮报价中排名情况怎么样?
- 什么时候会确定合同事宜?
- ……

在供应商回应表中,填写企业对应的答案,见表97-1。

表 97-1 供应商回应表

序号	供应商可能提出的问题	企业对应的答案
1	谁是你方的决策者?	总经理会做最后的决策
2	这次谈判你们准备谈几轮?	谈判没有固定的轮数
3	这次谈判有多少供应商应邀参加?	在这个阶段还没有确定
4	最终决策会考虑哪些因素?	考虑包括成本、质量和交付等
5	我们在报价中的排名如何?	供应商的积分卡表明整体竞争力
6	……	……

（2）按照质量、价格、交期、服务、其他五类考虑供应商问题回应，制作采购谈判准备表

采购谈判准备表见表97-2，按类别考虑供应商会有哪些问题，预计供应商的反馈，我方会做哪些相应的回应，必要时如何让步，优先考虑哪些事情。

表97-2 采购谈判准备表

要素	问题	预计供应商的反馈	相应的回应	必要时的让步	优先考虑的事情
质量					
价格					
交期					
服务					
其他					

（3）设计谈判策略

从供应商销售人员的基础信息、供应商关心的问题以及我方筹码和可以交换的条件入手，致力于对谈判目的进行明确，对谈判进程进行控制，可设计如图97-1所示的采购谈判策略图。

图97-1 采购谈判策略图

如何制定采购谈判计划

正式谈判前还需要严格的时间规划,以确保谈判受控,采购谈判时间规划表见表98-1。谈判要谈几轮,每轮的目标、时间、形式、原则等问题都需要事前规划。

在进行时间规划的同时,应制定包括以下内容的采购谈判计划。

1)谈判地点的确定。首次会议一般在采购方进行,第二次会议一般会在供方进行。这样一来可以表明采购方的诚意,二来可以实地考察一下供应商工厂的情况。

2)谈判时间的确定。谈判组在上午还是下午状态最佳?一天要进行几轮谈判?

3)谈判顺序的确定。是随机挑选话题谈判、平行式谈判还是按照一定的顺序组织谈判?有没有优先谈判的话题内容?

4)谈判的每一轮目标的确定,谈判形式的选择,谈判让步原则的确定等。

表 98-1 采购谈判时间规划表

谈判轮次		第一轮	第二轮	第三轮	第四轮
目标		成本细分			
		订单的规则			
		重申节省成本的需求			
时间		下周三下午一点			
形式		电话或者邮件			
原则		坚持目标			
		不做让步			

第二节 做好采购谈判准备,按照逻辑"出牌"

99 如何根据采购谈判场景制定采购谈判策略

一般情况下采购谈判有五大策略,需要做我方和供方的需求强度分析。根据需求的强弱度再辨别双方的主导地位,通过谈判引导对方认清利益要害,明确如果谈判成功双方会获得怎样的利益,如果失败又会有什么损失。一个成功的谈判需先制定合适的谈判策略,在双方出现僵局的时候有相应的替代方案和准备好的筹码。采购谈判五大策略如图 99-1 所示。

图 99-1 采购谈判五大策略

根据采购的物资或者原材料相关的具体产品要求、交付状况和价格因素三个类别设定采购目标和谈判要素,来制定谈判策略,具体的采购谈判策略分析参见表 99-1。

表 99-1 采购谈判策略分析

类别	采购目标	谈判要素
产品要求	保证产品符合__要求,__精度,规格为__	因为某些不达标的要求而实现价格折扣
交付状况	交付的周期在__偏差以内,最低运输成本,供货数量保证	供货量和时间的保证,协助优化运输,贸易条款的优化
价格因素	实现比市场价格低 5% 的采购价格优势,设立价格保护机制,避免受市场影响	成本价格分析,付款条件,价格的拆分情况,采购量增大后的价格,长期协议签署

以石灰石采购谈判为例,从矿石的品级、粒度以及运输服务等维度入手,考虑谈判的出发点、最想要的结果、可以接受的目标、最低接受标准和最优替代选择方案几个方面来提前设定谈判策略。对于采购目标和谈判要素的设计,应该事先考虑到供应商的目标是什么。石灰石谈判策略分析见表99-2。

表99-2 石灰石谈判策略分析

谈判维度	谈判的出发点	最想要的结果	可以接受的目标	最低接受标准	最优替代选择方案
总价格	45元/吨,理由:	47.30元/吨,理由:	48.45元/吨,理由:	48.6元/吨,理由:	44.3元/吨,理由:
矿石品级	CaO含量定在51%以上	若品级不稳定,相应地扣除贷款和运费(制定标准)			
矿石粒度	粒度控制在250mm以下	若不符合要求,相应地扣除贷款和运费(制定标准)			
运输服务		准时出货			

 # 成功的采购谈判应具备哪五大核心内容

采购谈判的五大核心内容组成了一个完成的谈判路径,如图100-1所示。

图100-1 采购谈判五大核心内容

1)开场环节是一场谈判定基调的重要时刻,一个好的开端往往预示着谈判的结果。

某供应商给采购部发来调价函,该供应商想要涨价了,除了前面提到的对该供应商背景要做相关的调查以及准备好各项筹码外,也要开始进入真正的面对面的谈判环节了。供应商按照约定时间来公司进行谈判,开场环节为了缓和气氛和供应商寒暄,就有了以下的一问一答。

你:嗨,刘经理,辛苦了,您今天怎么过来的啊?

刘经理:坐地铁过来的。

你:是吧,确实很堵,还真不适合开车(你微笑着说)。

刘经理:呵呵,这是一个原因,但不是主要原因。

你:那是什么原因啊?

刘经理:最近油价涨了,开不起车了(微笑)。

你:呵呵,是啊,确实涨了不少(无奈)。

刘经理:所以啊,你看市场行情一路看涨,我们实在坚持不去了,这次不得不过来和您谈一下涨价的事情,能扛的我们都扛了,现在确实扛不住了,才迫不得已来找你们协商一下看看怎么办?

这是一个非常普通的开场,大家似乎都遇到过类似的场景,你觉得这个开场怎么样呢?

2)问的学问很大,不是简单地提出问题而已,应注意提问的技巧。推荐两种重要的提问技巧。第一种是封闭式+引导式提问,强调对事物有一定的把握,把结果限定在提问的范围之内,给出选择,其实引导了答复。第二种是开放式提问,如果对问题还没有太明确的想法,或者不清楚情况,可以用开放式提问来获取更多信息。

如果贵公司要涨价,未来的订单量可能由现在的50%下降到15%,如果保持原价,付款账期会从现在的60天调整到45天,你看你们觉得哪种方式会合适一些呢?在提问时给出两个方案,是在引导供应商做选择。

第五章 采购谈判的方法与技巧

小案例

现在这个问题我们也很棘手，您觉得有什么解决方案呢？提出这个问题，一方面在问解决方案的同时，另外一方面也在试探对方的想法，因为对方在说出方案的时候一般都会暴露自己的想法。

小案例

销售人员3月1日接到客户的需求，3月2日下单给采购人员，此材料标准交付周期为14天，销售人员要求3月8日出货。

你接到这个需求的话，怎么与销售人员进行简单的小谈判？请说说你的想法？

在你的谈判下，你运用引导式谈判，让销售人员答应了你的诉求，按照你的标准交付周期为14天，销售人员同意17日出货。现在问题来了，采购人员把这个需求下给供应商，供应商回复的交期是3月28日，此时如果是你，你该如何解决这个问题呢？

你通过和供应商的交涉，发现供应商无法如期交货，此时你想到要找你的领导求助，那么你将如何和你的领导阐述这个问题，并确保可以得到他的帮助呢？

3）谈判的过程中，应注意该怎么说，哪些能说，哪些不能说。

上述最后一个小案例貌似是一个小事件，但却涉及若干个小谈判、小技巧。例如，和销售人员谈判，用的是引导式谈判，告知其正确的交期。接下来在和供应商接洽中，可以大量地运用开放式提问方法获取信息。在和领导沟通的时候，应主动提供解决方案，运用封闭式提问方法。

4）在谈判前应了解供应商延期交货四维分析法，如图100-2所示。这样在听供应商的话的时候，能对号入座，及时分析出供应商延期交货的真实原因。

5）用于答复的解决方案应注意多方求助，如图100-3所示。采购人员在谈判过程中，应借助各方力量给出可供选择的方案，供谈判团队讨论确定后，用于对供应商进行答复。

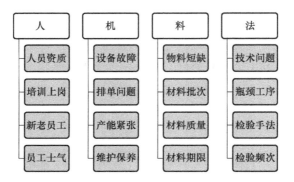

图100-2 采购谈判延期交货四维分析内容图

图100-3 采购谈判求助

采购谈判开局如何"破冰"

俗话说：知己知彼，百战不殆，谈判前应该做全面的准备，主要分为对人的了解、对环境的掌握、对谈判资料的确认和对谈判时间的把控。

1）对人的了解。对来谈判的人的个性应进行了解，如爱好，特别是是否有决策权限。与供方有决策权的人谈判非常有益，谈判时的理由都直接传达给了决策者，形成良好关系可以直接反映在有关的交易以及执行中，对于具体条件的解释会有较少的争议和混淆，也会有效地避免落入中间人设计的陷阱。

2）对环境的掌握。谈判前多方询问，货比三家，了解其他厂商的实价。向合格供应商以外的厂商询价、了解当下汇率、了解未来供需状况以及收集一直以来的品质状况，包括供方在同行中的状况以及在地理上的优缺点，作为谈判桌上的筹码。

3）对谈判资料的确认。准备好所有要用的资料，如报告用的幻灯片、供应商信息询价书、宣传册、计划方案、分析表等，对会议的目标做好充分的准备，并准备好合适的工具（投影仪、纸板）。准备好纸张或笔记本电脑，安排专人书面记录讨论的主要问题。

4）对谈判时间的把控。应准时到达会场，必要时提前到达。根据会议日程，在超过时间前转到下一个话题。可以使用计时器控制时间，确保供应商了解主要问题。首席谈判代表监控并管理谈判组成员的行为。在合适的情况下，使用暂停方式，根据供应商新的反馈，重新调整战略，以便在与供应商共同讨论前，对反馈信息和行动计划达成一致意见。

正式开局时的破冰是在做好以上准备的前提下进行的。谈判往往是有问题要解决，需要就某事达成共识或解决冲突，所以很多时候是对抗性质的。如供应商要涨价而采购方不愿意，如采购方要求降价而供应商不同意等，使得谈判的双方一开局就陷入对抗情绪中，这样不利于谈判的顺利进行。开局破冰，即打破僵局，需要注意三点：

① 开局切忌冗长，力求短小精悍。
② 开局话题轻松，创造和谐的氛围。
③ 不涉及谈判的主题，不设"炸弹"或圈套。

采购谈判中局如何有效地运用筹码

谈判一开始不能使用"杀手锏"。如供应商说要谈涨价，就有采购人员会威胁供应商，要涨价就要换供应商了；或者说你们如果不按时交货，我们就不付款。这样的筹码虽然打出去杀伤力很强大，但是搞不好就会"内伤"，甚至"走火入魔，恶性循环"。在谈判中，筹码准备了，还需要清楚怎么样出筹码才能得到好结果。很多采购谈判明明自己筹码很充分，却谈出了弱势的结果，就是因为没有出好筹码。

一个供应商提出来原材料涨价了,所以他们的产品也要涨价。在这个背景条件下,可以考虑的筹码有哪些呢?大概有如下14个需要准备的常规筹码。

1)合同有效期。所有的谈判一旦进入中局,就要表明自己的态度和决心,很多时候谈判是底线的坚持,有时候还是心理战。虽然是谈涨价,但是并不一定要全部围绕这个话题,契约精神对于所有的企业和个人来说,都是非常重要的。这个时候对于采购方,不管市场价格如何波动,合同是最基本的,首先要看与供应商的合同有效期是到什么时候,可以坚持说契约精神比任何市场情况都要重要。

2)涨价背景。供应商涨价的真实原因是什么,需要提前摸底弄清楚。供应商提出的任何涨价的比例和金额都必须找到出处,或者请供应商自行核算出来,不要去帮供应商核算。

3)此材料的未来预期和过去的情况。有时候供应商来谈涨价的理由是原材料价格涨了,所以我们的产品要涨价。那可以设想一下,原材料的涨价是非常态还是持续在涨,又或者之前降价的时候供应商有没有要求给你降价呢?如果供应商坚持涨价我们可不可以请他们配合签订相关的协议,现在原材料涨价,产品涨价,我们认涨,那么可不可以把以前所有跌价时候的损失先补偿回来,或者说未来出现了跌价是不是也会主动接受降价。

4)供应商的绩效考核(KPI)状况。无论什么样的供应商,都有做绩效考核的必要,这在谈判中可以作为强有力的筹码。不管是强势供应商还是弱势供应商,都会签订相应的合同或者框架协议,在合同或协议中都有相应的指标承诺,在经过一定周期的交易合作之后,这些指标和当初承诺的一定有出入。特别是对强势供应商,在谈判之前可以先不谈主题,先直接聊一下绩效的现状,即使是对强势供应商不能"有所作为",但是至少可以给强势供应商一种心理暗示,其实他们做的并没有完全履行合同义务。

5)供应商这一年来出现的问题。我以前在企业里的时候有一个习惯,大型的和正规的谈判之前,都会告知相关部门,比如质量部、生产部、研发部,甚至仓管部门,因为他们也是与供应商接触相当密切的部门。有一年,供应商出现了严重的质量事故,很多产品都召回了,给公司造成了很严重的影响。次年因为原材料的涨价,供应商还是过来谈了涨价的事宜,此时公司的供应商质量管理的同事提供了当时的一些最真实的数据和我们协助过的地方，把这些拿出来和供应商去谈，供应商表示对上次的事情很抱歉，态度明显没有那么强硬了，给我们的谈判赢得了心理上和数据上的先机。现实工作中这样的事情非常多，供应商请求我们提前收货的，请求我们提前给预测的，或者协助他们做一些生产调整的，对于采购方而言一般会说"举手之劳"，但是这些都是可以用来做筹码的一些小小的积累，有必要平时积累这些资料，供谈判时使用。

6）供应商的同类客户的状况。采购方在谈判前清楚了解这家要谈判的供应商拥有和我们一样的同类客户有多少家？我们公司在这些客户中处于一个什么样的地位？是给所有的客户都调价了还是少数几家调价？

7）同类供应商的情况。谈判前必须清楚自己公司这一类的供应商有几家？是不是独家供应源？这类供应商有没有特殊性？然后看同类供应商有没有提出涨价需求，如果普遍有涨价需求，有可能是原材料市场真的在剧烈震荡了。这时需要考察一下市场的波动状况，以及过去的情况和未来的走势，并进行预判。

8）原材料对产品的影响。往往供应商涨价一般会说是受原材料的影响，那么到底影响到什么程度，是要进行相应的核算的。例如在整个 BOM 表中一共有 50 个材料，一个料的涨价的影响是可以算出来的，而其他 49 颗材料中也许有降价的，将涨价平衡掉了。核算是为了心中有数，看一下供应商的涨幅是否合理。

9）库存情况。库存情况指两个方面，一方面是企业自身的库存，决定着谈判是快谈还是慢慢谈；第二方面是供应商的库存储备方式，比如材料是现货购买的多还是期货购买的多。如果是期货购买的，比如说有的是半年期，那么以现在的原材料涨价了而要求涨价看起来并不合理，应查核一下半年前这个材料购买时的价格。

10）订单分配量和价格的关系。需要给供应商强调一下订单分配量和价格之间的关系。供应商看重的是成交量和利润。可以给供应商说明，因为这个价格区间，所以才是这个采购量；如果价格变更了，采购量也会有相应的变化。并且还可以适当说明企业新产品的趋势，会相应扩大供应商的产品线。一般情况下，企业的销售量会逐年增加，可以出具一定的数据来证明这一点，这意味着采购量也会逐年增加。一般供应商不会考虑因为要求短期的涨价而失去长期的订单量。如果企业有新的工厂和新的需求量，那谈判的筹码就更大了。

11）产品生命周期。一个产品的生命周期，分为起步期、上升期、成熟期和衰退期。供应商最喜欢做的产品一定是周期长、稳定性高和批量大的产品。目前企业的产品用在哪个项目上，这个项目目前发展到哪一个阶段，未来是怎样的一个预期，这些信息提供给供应商，可以增强供应商的信心。

12）成本分析。前面的11项都可算作"招式"，成本分析以及下面要说的两项则是实实在在的内功了。基本的成本分析方法是要掌握的，可以用来考察供应商报价的合理性。但是，只有按照成本定价的产品才是可以核算出来的，核算基准不一样，核算也会较困难，所以"内功"在谈判的最后阶段发出比较合适，一旦前面的招式可以拿下，就不要使用这个"内功"了。用不好可能会"内伤"，搞不好企业算出来的成本比供应商的报价还高。

13）以退为进的妥协方案。实在谈不下去了，供应商死活也不肯退让，或者供应商本来就是强势供应商，企业不敢轻举妄动，那么此时就可以选择以退为进的办法。以退为进强调的是有退还有进，很多人谈不下去了就想着退，此时更应该想一下有什么办法可以在退的同时保持一点进，其实就是交换。谈判的深层次的意义就是达成共识，互相妥协和交换。搞清楚供应商在意的是什么，企业可以拿什么来交换，从而让双方都有赢的感觉。真正好的谈判在结束后一定是双方都有赢的感觉的。

14）替代方案。在谈判前就要想好替代方案，但是替代方案需要到谈判中局的后半程才需要呈现。如发现供应商确实有涨价的理由，但是企业也确实不希望供应商涨价，此时可以从外围去想办法。如可不可以通过企业的研发工程师协助供应商研究技术改善来降本，或者是否可以找到替代材料等。如果能够协助供应商降本，可以达到双赢的目的。

103 面对强势供应商，采购人员应如何实施谈判

面对强势供应商时，大部分时候采购的筹码稍显不足，或者是市场情况的原因，或者是供应情况的原因，采购人员很多时候很无奈，没有办法取得谈判的绝对成功，有时候可以缓和供应关系或者争取合作的机会其实就是一种胜利

了。面对这样的谈判，要从痛点、弱点和需求点三个维度去收集和制造筹码，以便达成有效的谈判。

小案例

W公司是一家给汽车做配套的汽车制造业企业，供应商库里有一家强势供应商A。供应商A的强势主要是因为W公司的采购量不大。W公司目前是行业内的标杆大企业，和A公司的全球排名差不多，照理说A应该是战略供应商，但是情况却不是这样的。W公司为此伤透了脑筋，一直受到A供应商一颗料的交期影响，有时甚至影响到整个项目的交付。最近老板派小张去谈这个问题，如果你是小张，你将从哪些方向入手呢？

小张拿到这个任务的时候非常纠结，合作三年以来都是这样的情况，公司上上下下都知道。公司的购买量少，目前最好的交期是15天，想要实现1周的交期，目前看来是绝对做不到的。针对这场看似不可取胜的谈判，小张开始了紧锣密鼓的筹划。

① 小张选择了在供应商货仓爆满的6月份去谈判（时间的选择很重要），小张收集到的相关信息：供应商A在W公司的供应商库中是C类客户，A公司占C类客户年采购量的50%，C类客户涉及行业非常多，有电子行业、汽车行业、化工行业等。

② W公司的供应商库中B类客户的年采购量为C类客户的3.5倍，主要为医疗行业。

③ W公司的供应商库中A类客户的年采购量为C类客户的5倍左右，主要为食品行业。

④ W公司一共有41条产品线，服务A类客户的有22条，服务B类客户的有14条，服务C类客户的有5条。

⑤ W公司因为产品的特殊性，每个大类的产品线都需要开模具。

⑥ 目前的交货周期A类客户为7~10天，B类客户为11~15天，C类客户为15~21天。

小张应如何从这些信息中寻求有用的筹码呢。

A公司的采购量与A类、B类客户的采购量没有办法比，但在C类客户中确实是有优势的，占到了C类客户的一半，无疑是C类客户中的大头。

细分发现，在 C 类客户中，其他 50% 由若干个其他行业的小单组成，说明 A 公司服务的产品代表的是一个产品类型，代表了一个行业，抓住这点就是一个很好的筹码。供应商 A 需要的是一个未来可以成为大客户的"种子"。W 公司代表汽车行业和供应商 A 合作，暗示了未来其他汽车行业企业与 A 合作的可能，这是一种合作效应。供应商 A 失去 W 公司相当于失去了一类客户。另外，A 公司开的模具主要是为 W 公司生产线服务的，一般的模具非常昂贵，一旦失去与 W 公司的合作，模具可能作废，必须让 A 供应商意识到这一点。

小故事

李工是公司的采购经理，刚从其他部门调过来，此时很多供应商过来拜访混脸熟，同时也是摸底看看李工是个什么样的处事风格。

一天供应商 M 来公司拜访李工，谈到了行业情况，并说明他们公司是目前合作供应商中价格最低的一家。很显然是有备而来，那遇到这样的情况该如何应对呢？

收集和制造筹码，首先就从供应商近一年的 KPI 指标和异常情况作为主要筹码，看一下该供应商在同类供应商中的表现情况来做评价。或者会发现供应商 M 的 KPI 确实不错，价格确实偏低，再来收集供应商的关注痛点。如供应商 M 除了价格还在意什么，找出一些可以交换的条件来与供应商 M 谈判涨价事宜。

像上面这样的例子在采购供应链管理过程中非常多，很多时候处理起来非常被动，甚至在很弱势的情况下貌似是不可实现的谈判，这个时候就要学会收集和采用有利的筹码，选择适当的机会，合理有效地打出这些筹码，从而达成谈判的目标。

如何有效地输出采购谈判的结论

谈判将近结尾的时候，有时会有口头承诺，甚至还会在饭桌上或者在其他场合当场口头答应。这些在非正式场合的承诺或者说非合同条文情况下的承诺是有很大的风险的，需要及时地以正式文件的形式输出，即使不是合同，也应该有双方签字的文本记录作为依据。

有一家民营企业,该企业有一家优质的日本供应商,经过长达三天的车轮战谈判,终于达成了17条相关协议,双方非常开心。这时日方谈判代表拿出早就准备好的合同,中方代表很开心地认为供应商想得太周到了,看到17项协议都包含在其中,很放心地签署了合同。谈判结束时,输出结论订立合同没有问题,但是一般情况下,最好是企业用自己的合同格式。因为如果出了问题,除了这17项协议以外,其他很多合同条款都是站在供应商的角度编制的,打官司诉讼地也会是供应商指定的。如果是强势供应商一定要采用其合同格式,那就要学会善用附加条款来进行合同补充。

在和供应商谈判后,一般情况下达成合作还需要一段时间,先形成会议纪要,然后综合评估并订立合同,评估时的注意事项如下文所述。

① 根据报价和非价格因素,以及上一轮供应商的表现和供应商表现出来的诚意,评估供应商的未来潜力和综合评估供应商的采购方案。

② 给供应商提供及时的反馈。提供谈判会议中供应商的表现的反馈,确保已经达成的问题和需要解决的问题,与供应商保持良好的建设性的关系,与供应商探讨并计划下一步合作或者将被筛选掉的决定告知供应商。

③ 与供应商沟通时,一定要非常谨慎,尤其是后续还有新的采购可能,反馈过程是进一步收集供应商信息的有利时刻,注意不要暴露自己的意图,力求平和沟通。

第三节 采购谈判应筹码为本、技巧先行

 采购谈判前中后三阶段的软技巧有哪些

除了一些硬性的背景调查、资料准备工作以外,谈判前中后阶段的软技巧也非常有用,各阶段常用的软技巧如下文所述。

(1) 谈判开局：开局破冰，弹性摸底，价值传递

1）开价策略。开价策略是指在需要开价时要考虑谁先开价，是高开还是低开等问题。

2）故作惊讶。故作惊讶可以给对方感觉我们的想法和他们的想法是有差距的，如价格他们开的太高等。

3）接受策略。开局不要急于接受供应商给出的方案，需要探寻摸底和搞清楚状况。

4）不情愿法。不要随意接受对方的想法，学会表达自己的不情愿。

5）假设成交。在一开始就想办法营造成交的场景，假设成交了会获得什么，如果没有合作会有什么损失。

(2) 谈判中局：讨价还价，影响决策，突破僵局

1）请示领导。谈判到中局时，主要问题进入议题。如果发现有些问题一时没有办法决定，可以利用迂回策略，运用请示领导的说辞来以退为进。

2）拖延政策。在很多谈判的过程中，供应商都比采购方要着急，如涨价供应商是比采购方更急切的，在谈判过程中可以有理有据地拖延也是一个技巧。

3）烫手山芋。在谈判的进程中，如果遇到非常棘手的问题，一时无法解答，可以当作烫手山芋抛给供应商，如问"这个问题你们怎么看？"

4）折中策略。很多时候采用折中策略，双方都做出让步感觉更有诚意，实现谈判的双赢。

5）礼尚往来。谈判的过程其实就是筹码的互相切磋过程，供应商出了一个筹码，采购方相应地回应一个。供应商给出任何让步或者优惠条件，采购方最好有相应的回应，做到礼尚往来。

(3) 谈判结局：签约成交，输出需求

1）红白脸。任何谈判都是团队合作的，谈判团队中安排角色扮演，红脸和白脸相互配合才能更好地达成谈判的目标。

2）蚕食策略。蚕食策略是指在谈判的过程中，不要试图一下子提出所有的条件，而是一点一点、一个一个地提出自己的条件。从小处着手，先取得对方的信任，再亮出自己真正的底牌。由于在整个过程中不呈现出咄咄逼人的态度，这种谈判方式较容易得到对方的认可。

3）反悔策略。在谈判的过程中，采购方有时会因为供应商的诚实和筹码而提早给出了优惠条件，但是后又发现超出了自己的预期，此时可以用反悔策略。需要特别注意的是，重要决定和内容不能反悔，不然供应商会怀疑采购方的诚意。

4）让步策略。成交往往是在最后几分钟甚至几秒钟达成的，之前都是双方互相博弈的过程，博弈时需要适当采用让步策略。表 105-1 中列出了 8 种让步节奏，你觉得哪种比较好？为什么呢？

表 105-1　采购谈判让步节奏

节奏	预定让步	第一期让步	第二期让步	第三期让步	第四期让步
1	60	0	0	0	60
2	60	15	15	15	15
3	60	13	8	17	22
4	60	22	17	13	8
5	60	26	20	12	2
6	60	46	10	0	4
7	60	50	10	−1	1
8	60	60	0	0	0

让步的精髓就是不能让对方看出你让步的规律，摸不着你的套路。让步的策略和原则：让步要小，要越来越小，最后要非常小，不要等额让步；可以使用反悔削减对方的期望值，但要有充分的理由让对方相信反悔的理由；不要头重脚轻，也不要头轻脚重地让步；寸步不让，除非交换；让步的次数要越少越好；让步速度要慢，要慢的有理。

5）草拟合同。谈判接近尾声，已经达成协议的内容一定要有正式的输出，例如草拟合同或者协议等。一般情况下应使用甲方的合同模板，但是遇到强势供应商不愿意使用甲方的合同模板时，要学会使用附加条件或补充协议来规避乙方合同带来的风险。

 采购价格谈判有哪些有效的议价方式

采购谈判中大部分议题是围绕着价格进行的，面对不同的状况要运用不同的议价方式，如图 106-1 所示。

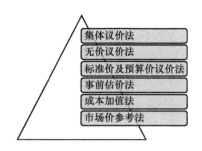

图 106-1 采购谈判的六种议价方式

1）集体议价法。如果谈判针对的是大量的、重要的采购物资，这个时候采取集体议价法是比较好的方式，和核心供应商谈定框架协议和长期战略协议。

2）无价议价法。针对新材料和新产品，没有可以参考的标准时，就是无价议价了。一切都是新的，应根据研发设计、材料、市场环境和供需情况考虑制定价格，再与供应商进行谈判。

3）标准价及预算价议价法。针对有一定标准和"前车之鉴"的供应商，可以使用标准价及预算价议价法，择优为基准，择劣为缺点，进行相互对照。

4）事前估价法。对于成本比较清晰明确、大量采购、市场占有率比较大的可以采用事前估价法来进行谈判。

5）成本加值法。有一些材料或者物资的价格不是定数，会根据市场景气程度和淡旺季来变化，在这样的情况下，运用成本加值法是最合适的。

6）市场价参考法。针对一些新的供应商，之前还没有合作过的，需要充分地了解市场情况和相关类似产品的价格，把市场价作为谈判的参考价格。

哪些情景是采购谈判的最佳时机

采购谈判的时机选的对，往往事半功倍，一般通过谈判人员的职责、谈判的客观环境、谈判的危机情况三个维度去挖掘最佳时机。

1）谈判人员的职责。从谈判人员的职责来看，采购谈判切入的适当时机如图 107-1 所示。

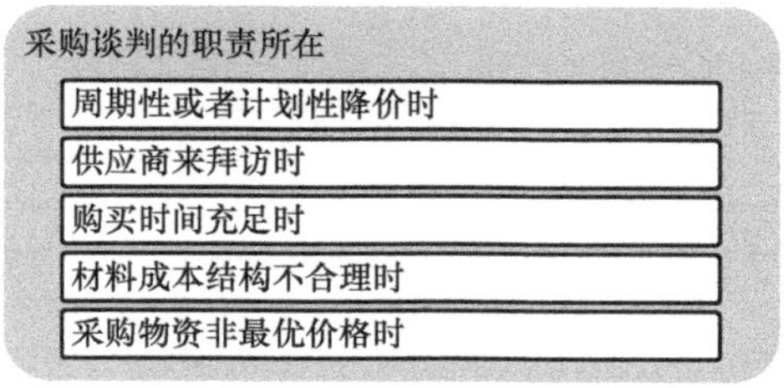

第五章 采购谈判的方法与技巧

```
采购谈判的职责所在
┌─────────────────────┐
│ 周期性或者计划性降价时 │
├─────────────────────┤
│ 供应商来拜访时       │
├─────────────────────┤
│ 购买时间充足时       │
├─────────────────────┤
│ 材料成本结构不合理时  │
├─────────────────────┤
│ 采购物资非最优价格时  │
└─────────────────────┘
```

图 107-1　从谈判人员的职责挖掘谈判时机

① 周期性或者计划性降价时。很多物资在最初导入新产品的时候，会谈定一个价格，但是随着采购量的增加和交易时间的增长，会有周期性或者计划性的降价。这时需要采购人及时提出来并和供应商进行洽谈，这是采购人的职责所在。

② 供应商来拜访时。采购人和供应商之间有很多沟通和联络的方式，如电话、微信、邮件等，但是最好的方式还是见面洽谈。俗话说见面三分情，当供应商来公司拜访的时候，可以面对面地洽谈，如果有什么需要进行洽谈的，此时是非常好的机会。

③ 购买时间充足时。很多时候，所购买的产品价格高并不代表该产品本身的价格高，而是在购买的时候没有时间去思考、去谈判，甚至受制于供应商。所以在购买时间充足时，应开展恰当的谈判。

④ 材料成本结构不合理时。一个成品的价格往往是由若干材料的价格拆分后加出来的，合理的材料成本结构是获得理想价格的基础。当材料成本结构不合理时候，提出谈判的需求是采购人的职责所在。

⑤ 采购物资非最优价格时。采购人的专业和职责是需要去了解相关市场行情的，要了解购买的产品价格是不是最合适的价格。在采购的物资价格还有一定的空间时，应主动出击去谈判。

2) 谈判的客观环境。从客观环境分析，采购谈判的最佳时机分为八个，如图 107-2 所示。

① 新材料开发成功之时，或者新供应商导入之时，是采购谈判的最佳时机。此时供应商为了后续的长期合作，进行谈判相对容易得多。

② 当材料有性价比更高的替代料或替代供应商的时候，谈判的成功概率会大很多。

图 107-2　从客观环境分析谈判的最佳时机

③ 当采购量增加时，有了量的筹码也是谈判的非常好的时机。

④ 当市场行情发生变化看跌的时候，采购人提出谈判是个非常好的时机。所以需要采购人实时地关注原材料或者市场的行情变化，以便掌握有利的谈判筹码。

⑤ 有很多企业是做外贸进出口的，汇率的变化对价格的影响是非常可观的，所以当汇率变动有利于供应商时，也是谈判切入的好时机。

⑥ 通过采购市场调查，得知供应商有大量库存存货的时候，去与供应商谈判或者采购货品，就是"雪中送炭"，也是个非常好的谈判时机。

⑦ 所采购的材料或者物资的规格要求变更，可以高规低代时，能降低总成本，此时进行采购谈判合情合理。

⑧ 在有新材料和新交易机会出现的时候，进行谈判也是好时机。

3）谈判的危机情况。为了将危机情况合理地转化为机遇，开展谈判是个好办法，如图 107-3 所示。

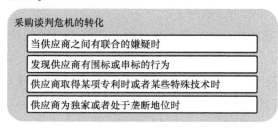

图 107-3　从谈判危机看谈判时机

① 当采购方觉察到供应商之间有联合的嫌疑时，要快速地开展谈判，化危机为转机，先人一步。

② 如果在招投标的过程中，发现供应商有围标或串标的行为，采取各个击破的谈判策略，及时进行谈判，化解危机。

③ 当供应商取得某项专利或者某些特殊技术时，后期可能会转变为强势供应商或者企业会受制于供应商，可及时地开展谈判，争取战略合作或者战略联盟等，化解未来可能发生的危机。

④ 供应商为独家或者处于垄断地位的时候，是需要适时谈判的。再强势的供应商，如果没有合作，没有交易，都不能对企业造成威胁，所以和强势供应商也是有谈判的空间的。

采购谈判中常用的商务软技巧有哪些

虽然在采购谈判的过程中，筹码比技巧要重要很多，但是没有技巧的润色有时候筹码也没有办法发挥作用，现在了解一下在谈判过程中常用的一些软技巧。

1）先礼后兵。俗话说礼多人不怪，在谈判的过程中，注重礼仪，多些礼貌对缓解谈判的冲突、缓和谈判的阻力有时候非常有用。

2）欲擒故纵。在谈判的过程中，采购方往往总是盯着目标不放松，双方都非常"警戒"，很难找到突破点，所以可以"要想抓住他，故意先放开他，使之放松警惕，充分暴露，最后想办法再抓住他"，即采用欲擒故纵的技巧。

3）若即若离。当谈判的过程中，不要急于表达采购方的目的，多虚心请教、诱敌深入，从听和问中找出达成谈判目标所需的信息。

4）以退前进。谈判就像打仗需要讲究战略，不能一味地进攻，有时候退让是为了更好地进攻。当谈判遇到无法达成的目标时，可以以退为进，先接受，以此为谈判的条件获得更需要的条件，如不管是付款条件还是交易条件。

5）借力打力。谈判讲究的是团队合作，要学会借助各方力量借力打力，以我方优势攻击对手弱项,或者借助对手的力量等。

6)攻"心"为上。任何谈判都有谈判的核心目标和关键人物,能够在谈判的时候抓住核心,谈判就胜利在望了。

109 采购谈判中遭遇僵局该如何处理

谈判的过程中经常会遭遇僵局,陷入焦灼的状态,此时不要忙着想如何去解决,也不要一味地退让,首先要做的是分析僵局的真假,再来有针对性地解决问题。

1)如果是真的僵局,一般需要采取换人或者试探的方式。如当高层在谈判时陷入僵局,可以采取换人给出替代方案,并以此来试探对方,如可以拿些轻筹码试探对方的想法。

2)如果是假的僵局,一般可以采取换话题、转换场景,或者给予优惠条件等方式进行反向搁置。

3)往往最困难的是,无法准确地判断僵局的真假,就只能假设推进谈判,刺探成交的条件,给些条件模糊的承诺,反复地追踪结果,通过轻重筹码的交换试探来化解僵局。

110 采购谈判的基本礼仪有哪些

(1)交换名片

1)递出名片的方法:自下而上递出,正面要正对着对方,不要上下左右的晃动,递出时要报姓名、公司以及职位。

2)接受名片的方法:双手接名片,迅速看清内容,再放到自己的面前。

3)注意保存名片,不要随意放在口袋里,或者放在杂乱无章的皮夹子里,自己的名片每天应该带好。

4)可以将名片作为话题。

（2）保持适宜的态度

1）和女性、长辈握手时，应由对方先伸出手，不可以贸然地采取主动伸手的行为。

2）不握手可以用点头的方式打招呼。

（3）重视礼节

1）勿轻视寒暄，寒暄往往是最好的拉近距离、缓和气氛的方式。

2）保持尊重，长幼有序，尊卑有别，尊重对手就是尊重自己。

（4）着装得体

1）着装不要夸张、暴露，以素净、整洁为适宜。

2）男士最好着商务正装。

3）女士妆容干净、得体，不要浓妆艳抹、太过张扬。

采购谈判中有哪七大灵魂拷问

思考清楚了以下七大灵魂拷问的问题，对整个谈判就铺平了前进的道路，也提前化解了谈判中的各项危机，已经成功了一大半。

1）谈判中到底谁先开价？

2）到底哪一方起草合同？

3）附加协议怎么使用？

4）团队作业还是一言堂？

5）坚守底线还是采取差不多原则？

6）锁住自己的立场还是不攻自破？

7）故作迟疑还是爽快答应？

Chapter 6 第六章 采购管理优化与质量提升

第一节 采购人需要了解的质量管理知识

做好采购工作为何要了解质量管理知识

从事采购管理工作多年后，我深深地觉得，采购人员必须了解质量管理知识和工作内容，才能做好采购工作。

小故事

一次去供应商处进行现场审核的时候，我带去的质量工程师突然家里有事，临时缺席。在开会的时候，我看到供应商提供的报告中指出新产品的批量生产频频出错，我当时认为把这个报告带回公司给质量工程师就好了，还未见到负责这个项目的质量工程师，我就被领导召集开会了。领导指着报告质问我，为什么供应商打样没有问题，小批量没有问题，量产却频繁出错呢？我一脸茫然地杵在那里，心里还在想我哪里知道这么专业的问题呢？我没有作答，领导走到白板前，绘制了一张鱼骨图，指着白板肯定地说："应该就是这些问题了，你去看看我们哪里有漏洞。"随后领导又说："其实这个问题已经不是个案，而是在制造业中经常发生，有经验的采购能监督和协助供应商去做好这个工作，出现这个问题主要是过程控制不够稳定，要从人机料法环测六个角度去找问题。"领导的话既凸显其能力，也是对我的一个警醒，作为一个合格的采购人员，质量管理内容也是基本功，是采购工作的基础。

一般来说，新入职的采购人员对质量管理的认知就是来料检验。未系统了解质量管理的采购人员会有以下一些错误认知，使采购工作出现差错。

- 供应商质量管理其实做的就是进料检验。
- 公司的来料质量控制（Incoming Quality Control，IQC）、供应商质量保证（Supplier Quality Assurance，SQA）部门应该全权负责供应商质量管理问题，与其他部门无关。
- 供应商受到产品成本的压力，不会重视产品的质量。
- 一旦供应商引入某项制度或者进入某项系统，他们就会自动把产品做好，并不需要采购人员过多控制。
- 如果当前的供应商出了质量问题，可以直接导入第二供应商或者开发更多的新供应商资源。

以上这些错误认知在采购人员了解了质量管理后，会慢慢知道是错的，从而承担起采购人员应承担的质量管理工作内容，保证采购工作顺利进行。

质量管理有哪些相关职位

首先了解一下什么是质量？质量在 ISO 术语中的定义是：客体的一组固有特性满足要求的程度。用公式来表示就是 Q = VOC/VOP，VOC（Voice of Customer）指的是客户需求，VOP（Voice of Process）指的是供应商的过程水平（能力）。产品是生产出来的，生产过程的过程能力直接影响产品质量，而采购人员是这个过程的参与者，对质量也是负有责任的。采购人员应了解的质量相关职位如下文所述。

1）QC（Quality Control）人员——品质控制人员，关注产品质量要求的执行，即进行产品质量检验。QC 人员主要以发现质量问题为主，有些公司也会赋予一些初步的分析职能。QC 人员的工作一般包括以下内容：IQC（Incoming Quality Control，来料的质量控制，简称来料控制）和 OQC（Out Quality Control，成品出厂检验），OQC 有时也称作 FQC（Final Quality Control，最终质量控制）。

2）IPQC（Input Process Quality Control）人员——制程控制人员，负责产品从物料投入生产到产品最终包装过程的品质控制，也称为 PQC（Process Quality Control）人员。

3）QE（Quality Engineering）人员——质量工程人员，通过建立和维持质量管理体系来系统地策划和解决质量问题，也称为质量工程师。这个职位可细分为以下几个方向。

① AQE（Advanced Quality Engineer，前期质量工程师），主要负责项目开发阶段的质量策划工作，在前期规避一些质量风险。

② DQE（Design Quality Engineer，设计品质保证工程师），在设计阶段给项目组提供一些质量策划经验，在产品结构阶段规避质量风险，如对新产品、新制程、新设备、新夹具、新模具、新供应商的确认，对新项目的风险评估提供合理的建议，有时由 AQE 担任。

③ JQE（Joint Quality Engineer，客户端品质工程师），也称为 CQE（Customer Quality Engineer），主要负责客户端的信息对接，要有把客户需求转换成内部过程能力。

④ PQE（Process Quality Engineer，过程质量工程师），一般负责量产移交后项目的过程质量管控，与 AQE 是前后期关系，在对应的节点进行工作移交工作，不排除一些公司不分项目前后期，AQE 和 PQE 职能都由一个人承担。

4）SQE（Supplier Quality Engineer）——供应商品质工程师，有时候也分前后期，跟采购工作直接相关的工作内容是参与供应商的选择、风险排查、质量协议的签订以及后续的供应商质量保证等工作。

QC 人员与 QE 人员的主要区别如下文所述。

1）工作内容的区别。QC 人员关注产品质量要求的执行，也就是检验、发现问题、反馈问题并协助解决问题。QE 人员则需要系统地策划和解决问题，不仅要知道问题出在哪里，还要知道这些问题的解决方案应如何制定，今后该如何预防。

2）工作目标的区别。QC 人员要知道的仅仅是有问题就去控制，但不一定要知道为什么要这样去控制。在工作职责上，QC 人员主要是从事事后的质量检验类活动，不过问错误是如何发生的，只是发现并选出差错品，力求实现"零流出"。QE 人员主要从事事先的质量保证类活动，以预防为主，工作核心目标是预防缺陷的发生，期望降低错误的发生概率，确保过程可控，力求实现"零发生"。

3）工作范围的区别。QC 人员从事使产品满足质量要求的作业技术和活动，它包括检验、纠正和反馈，QC 人员进行检验发现不良品后将其剔除，然后将不良信息反馈给相关部门采取改善措施，因此 QC 人员的工作范围主要是在工厂内部，其目的是防止不合格品投入、转序、出厂，确保只有合格品才能交付给客户。QE 人员的工作范围主要是面对客户，为满足客户要求获得客户信任，即需要让客户相信提供的产品能持续满足要求，QE 人员需要从市场调查开始，随后在评审客户要求、产品开发、接单及物料采购、进料检验、生产过程控制及出货、售后服务等各阶段留下证据，就各规格要求与客户进行交流并及时纠偏，确保企业的每一步活动都是按客户要求进行的。

4）工作目的的区别。QC 人员的工作目的是确保只有合格品才能交付给客户，而 QE 人员的工作目的是提供信任。这种信任可分为内外两种，外部是使客户放心，相信企业是按其要求生产和交付产品的；内部是让企业老板放心，因为老板是产品质量的第一责任人，产品出现质量事故老板要负全部责任。企业内部人员是不是按文件要求操作，老板不可能一一了解，需要 QE 人员代替他进行稽核，以了解文件要求是否被遵守。两者工作目的的主要区别可以综述为：前者保证产品质量符合规定，从直接执行层面防止不良流出；后者依据体系并确保体系按要求运作，关注过程质量稳定性，预防缺陷的发生，以提供内外部的信任。

QC 人员与 QE 人员的主要相同点主要为：QC 人员和 QE 人员都要进行验证，QC 人员按产品标准检测产品是验证产品是否符合规定要求，QE 人员进行内审是验证体系运作是否符合标准要求。

为了更好地理解质量管理职位，下面列举几个比较典型的与采购工作相关的质量管理职位的工作内容。

1）JQE 的主要工作内容：

① 负责客户质量问题的处理，组织相关部门讨论，制定纠正及预防改善措施，并跟进关闭。

② 客户 8D（8Disciplines of Problem Solving）报告的撰写。8D 报告是解决问题的一种工具。

③ 定期对客户进行质量拜访活动，了解客户的需求，并每月对客户投诉进行评审，总结经验教训并标准化。

④ 进行客户退货产品的统计分析，协同相关部门制定对应的改善方案，跟踪实施情况并验证。

2）PQE 的主要工作内容：

① 编制年度型式试验计划、产品审核报告等并定期提交、归档。

② 更新量产移交后外协件、成品的检验指导书，制定控制计划，封样件等。

③ 处理产线生产质量异常、客户质量投诉，提交整改报告并确认整改效果。

④ 完成项目移交后的质量策划和管控工作，客户端认可，推行内部持续改善。

⑤ 收集项目移交阶段的问题，并跟踪问题整改进度。

⑥ 主导量产移交后的内部工程更改，并确认更改的效果。

3）SQE 的主要工作内容：

① 入料异常处理，协助制程以及 CQE 对产线原材料异常和客诉原材料异常进行处理。

② 针对不良原材料向供应商索赔；针对严重不良，向供应商提出 8D 要求，并跟踪纠正措施的有效性。

③ 供应商质量开发，协助供应商对产品和制程进行质量改善。

④ 供应商绩效评定以及质量改善推动。如每月对供应商的入料、上线品质状况、报告回复的时效和配合度等进行综合评定；每年度对供应商进行定期稽核，当供应商绩效评定出现下降或重大异常时对其进行不定期稽核；定期与供应商召开品质会议；组织供应商在项目前期进行技术评审（TR）交流以及对应的质量验收协议（公司对供应商所供产品的要求）签署。

⑤ 与采购、产品、制程、环资、物流等部门一起对新供应商进行开发认证。

⑥ 与 PQE 或者 JQE（CQE）一起培训检验人员，对 SOP（Standard of Process，标准化作业）进行更新。对检验人员等进行检验手法、环境和标准方面的培训，对检验标准进行修订和宣贯并发送至供应商现场。

另外，采购人员还要了解以下的质量岗位职责。

1）质量管理体系（QMS）工程师，其主要职责是让整个公司的质量管理体系在受控的状态下运行，其工作对象不是事件本身，而是整个体系。

① 体系的策划、推行、维护、改进，体系推行过程中的监督管理等。

② 体系文件的编制、修订及培训。

③ 协助管理者代表/体系责任者/管理者，组织内部的审核活动及管理评审活动。

④ 提出改进需求及建议。

⑤ 向管理层汇报评审结果。

2）质量经理（QM），其主要职责是让整个公司的质量工作得以有效运行，同时带领团队争取更优异的绩效。

① 全面负责质量工作，组织实施公司有关质量管理的规定，适时向企业领导提出有关产品质量的意见和改进建议。

② 保证本企业产品在符合质量体系要求下进行生产。

③ 对全企业有关质量的人和事实施监督、改正及阻止的责任。

④ 对有利于生产配置的指令在指定人员审核签署后进行复核批准。

⑤ 对检验结果进行复审批准。

⑥ 对新产品研制、工艺改进的中期计划及结论进行审核。

⑦ 审核上报有关技术、质量书面材料。

⑧ 负责组织制定原辅料、包装材料的质量标准和其他文件。

⑨ 审核不合格品处理程序。

⑩ 因质量管理上的需要，会同有关部门组织编写新的技术标准或讨论修正技术标准。

⑪ 审核各产品的生产工艺规程和批生产记录、批包装记录，决定成品发放。

⑫ 处理用户投诉的产品质量问题，指派人员或亲自回访用户。对内召开会议，会同有关部门就质量问题研究改进，并将投诉情况及处理结果书面报告企业负责人。

⑬ 定期（至少每年一次）会同总工办、生产部对企业进行全面质量体系执行情况检查，并将检查情况及时报告企业负责人。

114 质量管理可分为哪四个级别水平

质量管理水平简单来讲是指衡量一个公司质量管理好坏的指标,一般从低到高分为四级:质量检查、质量保证、预防次品和完美卓越。

1)质量检查。公司保证质量的主要方式是进行临时性和最后阶段的检查,消除残次品。质量的功能与其他功能是分离的,有独立部门来负责产品质量,这些企业的最终产品容易出现重大缺陷,研究开发工作与生产几乎完全脱节,这个级别的质量管理重心是确保不良品不流出。

2)质量保证。质量保证的做法是通过生产部门实现生产工艺的优化和稳定,通常工序能力指数 Cpk 低于 1.33。服务质量已经明确,设计质量测定标准还没有完全确定,处于这一质量级别的企业占比较高。这个级别的质量管理重心是确保不良品不被制造出来。

3)预防次品。在此级别的质量管理首次出现面向客户的特征,产品设计与生产工艺相互影响,生产过程工序能力指数达到 1.67 且极为稳定,与供应商密切协作,供应商管理水平较高,供应商产品质量较稳定。处于这个级别的企业大概占比 1/4。这个级别的质量管理重心是在前期工艺设计过程中提前预防。

4)完美卓越。这个级别的企业是顶尖的优秀企业,整个公司都会有非常浓烈的质量管理文化氛围,方方面面都有助于提高质量,员工的质量意识很清晰,明确了解质量的重要性,并且不断地在寻求实现高质量的途径,始终如一地面向外部客户,最大限度地优化供应商到客户这个流程中的所有程序和环节,生产过程工序能力指数达到 2.0 左右。

另外,在制造型企业中,可采用 PPM 指标来衡量质量管理水平。PPM 的英文全称是 Parts Per Million,指每一百万个产品中的不良品个数,表示产品的不良率。一般结合六西格玛水平并应用 PPM 指标对企业的质量管理水平进行界定,PPM 指标为 3.4 时,是指 100 万个产品中仅出现了 3.4 个不良品,这相当于世界顶级水平,也就是六西格玛水平,企业在这个质量级别时质量成本小于 10%。参见表 114-1 西格玛水平分界表,六个层级分别代表世界级水平、工业平均水平以及缺乏竞争力的水平，对各个行业都有一定的参考作用。

表 114-1　西格玛水平分界表

西格玛水平	PPM	合格率（%）	Cpk/Cp	质量成本	竞争水平
6	3.4	100.00%	2	<10%	世界级水平
5	233	100.00%	1.67	10%~15%	世界级水平
4	6210	99.99%	1.33	15%~20%	工业平均水平
3	66807	99.73%	1	20%~30%	工业平均水平
2	308537	95.45%	0.67	30%~40%	缺乏竞争力水平
1	690000	68.27%	0.33	>40%	缺乏竞争力水平

质量管理的绩效考核指标有哪些

（1）八个方面绩效

质量部门的工作是围绕质量管理的绩效考核展开的，一般包括以下八个方面的绩效：

① 客户投诉次数≤1 次/月；

② 质量成本≤5%；

③ 检验及时性为 100%；

④ 品质异常反馈及时率为 100%；

⑤ 报表评价正确性、及时性为 100%；

⑥ 管理评审达成率为 100%；

⑦ 质量体系认证通过率为 100%；

⑧ 客户审核通过率为 100%。

（2）切实把控质量成本，以实现绩效指标

质量成本是指企业为了保证和提高产品或服务质量而支出的一切费用，以及因未达到产品质量标准，不能满足用户和消费者需求而产生的一切损失。质量成本一般分为两类：

① 为确保与要求一致而做的所有工作的成本，即一致成本（以预防成本

为主)。

② 由于不符合要求而引起的全部工作的成本,即不一致成本(COPQ, Cost of Poor Quality, 也称为不良质量成本)。

质量成本也可分为四大类:预防成本、鉴定成本、内部损失成本和外部损失成本,可以用公式表述:

质量成本 = 预防成本 + 鉴定成本 + 内部损失成本 + 外部损失成本

其中,预防成本和鉴定成本属于一致成本,而内部损失成本和外部损失成本属于不一致成本。

1)预防成本包括质量策划费用,以及为减少质量损失而发生的各种费用,是在产品生产完成前为了达到质量要求而进行的一些活动的成本,主要包括以下七个方面的费用:

① 实施各类策划所需的费用,包括体系策划、产品实现策划等;

② 产品/工艺设计评审、验证、确认费用;

③ 工序能力研究费用;

④ 质量审核费用;

⑤ 质量信息调研费用;

⑥ 培训费用;

⑦ 质量改进费用。

2)鉴定成本包括按照质量标准对产品质量进行测试、评定和检验所发生的各项费用,是在产品生产完成之后,为了评估产品是否满足要求进行测试活动而产生的成本,主要包括三部分费用:

① 检验费用;

② 监测装置的费用;

③ 破坏性试验的工件成本、耗材及劳务费。

3)内部损失成本包括产品出厂前因不满足要求而支付的费用等,主要包括以下六个方面的费用:

① 废品损失;

② 返工损失;

③ 复检费用;

④ 停工损失；
⑤ 质量故障处理费；
⑥ 质量降级损失。

4）外部损失成本包括产品出厂后因不满足要求，导致索赔、修理、更换或信誉损失而支付的费用等，主要包括以下六个方面的费用：
① 索赔费用；
② 退货损失；
③ 保修费用；
④ 降价损失；
⑤ 处理质量异议的工资、交通费；
⑥ 信誉损失造成的费用。

采购人应如何理解不良质量成本

不良质量成本 COPQ（Cost of Poor Quality）是不一致成本，是指由于质量不良而造成的成本的损失，也就是常说的需要第一次就把事情做正确，如果没有做到而额外付出的成本。

一般情况下，不良质量成本的发生是计划外的，是不受控的质量成本，相较于有计划、可控制的预防成本和鉴定成本而言，不良质量成本所造成的损失是非常惊人的，更需要加强关注。

从图 116-1 不良质量成本分析中可以看出，大家真正看到的可能是通过检查发现产品的不合格，需要返工，甚至有些产品需要重新去修理，最后有的修理好了，有的报废了，知道这些会造成损失，但是却不知道这些背后还有不良质量成本损失。例如，可能会造成产品设计的变更、生产周期的延长产生额外的作业量、额外返工的再次作业量、流失了销售量和延迟了交期、降低了在客户端的信赖度，甚至有时候会丢掉客户而造成非常大的损失。所以，应层层剖析到根本原因并予以消除，最终达到控制和减少不良质量成本的目的。

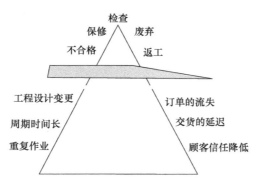

图116-1 不良质量成本分析

不良质量成本可大致分为预防不良质量成本、结果不良质量成本以及设备不良质量成本。

1）预防不良质量成本，顾名思义是为了防止不良的产生所花费的一些成本。管理层可以直接控制这类成本，以消费者能接受这些产品和服务为目标。

2）结果不良质量成本包括内部和外部的差错成本，即所提供的产品不符合客户的要求，客户对提供的产品和服务不满意所造成的损失成本。企业应重视结果不良的前期预防，减少结果不良质量损失。

3）设备不良质量成本，主要是因为设备管理不到位、执行力度不够、重视产量而忽略设备管理、设备保养投入不足而造成的。此项成本一般需要单独列出来向管理层进行汇报。

企业减少不良质量成本的基本做法有哪些

企业应采取一些减少不良质量成本的做法，寻求生产更高质量产品的途径，解决质量管理中存在的问题，甚至可以开源节流，将整个供应链部门由成本中心变成利润中心。一般来说，企业应做好以下几个方面工作。

1）全员参与质量成本的管理。企业应实现全员参与质量成本的管理，从而全力进行质量成本优化、全过程落实质量成本控制，以全方位实现质量成本效益为目标进行规划并有效地实施规划。

2）合理设定质量目标。企业在不同阶段，对不同行业和不同客户需要制定不同的质量目标，不能一味地设定高目标。阶段性、有针对性的目标才是一个企业明确的指示灯，大家才能围绕着目标前进，目标设定得过高和过低，企业实际实施起来困难，会产生问题。

3）记录真实可靠的质量数据。在质量控制过程中，所有使用的质量数据务必真实、可靠和有效，只有这样才能做到核算准确、分析透彻、考察真实、控制有效，否则将流于形式而无法获得真实的收益，在此基础上企业应配备专业的团队对数据进行分析。坚持记录数据是较容易实现的，注意还需要有一个"指挥棒"来策划数据的记录。记录的数据应能够进行分析，用于考察对企业运行效果并进行反馈。

4）把质量成本管理的职责用文件形式列入各个相关部门的管理文件中。质量成本管理是生产经营全过程的管理，其中包括财务、检验、生产、研发、售后甚至仓库等，只有把质量成本纳入各个部门的管理中，才能坚持不懈地开展这项工作。各部门都要为不同岗位责任者制定明确的质量职责和职权，并注意接口和合作，以保证全员密切配合，协调、高效地参与质量管理工作。

5）建立完善的成本核算体系对成本进行控制，对成本核算有统一的口径。如对人工的工时、对成品的成本、对损失的成本、对生产的定额、对售后的成本等有决算的完整体系。

减少不良质量成本，还要制定恰当的产品质量标准。企业制定产品质量标准时，应参考以下四类标准。

1）国际标准化组织 ISO 标准。ISO 现已制定了上万个标准，涉及各个行业各种产品的技术规范，很多行业标准是建立在 ISO 标准基础上的。企业也应了解其他一些行业性的国际标准。

2）国家标准，是在全国范围内统一的技术标准，分为强制性国家标准和推荐性国家标准，由国家标准化主管机构（国家标准化管理委员会）批准发布。

3）行业标准，又称为部品标准，是对没有国家标准而又需要在全国某个行业范围内统一的技术要求所制定的标准，由国家各主管部、委（局）批准发布，在该行业范围内统一使用。

4）企业标准，对企业范围内需要协调、统一的技术要求、管理要求和工作要求所制定的标准，是企业组织生产、经营活动的依据。国家鼓励企业自行制定严于国家标准或者行业标准的企业标准。

第二节 采购人应了解的质量管理方法与工具

  质量管理七大原则是什么

质量管理的七大原则是进行质量管理时必须遵守的。

1）以顾客为关注焦点：质量管理的主要关注点是满足顾客的要求并且努力超出其预期范围。

2）领导作用：各级领导建立统一的宗旨和方向，创造全员参与的条件，勇于承担责任，总体改进。

3）全员参与：整个组织的各部门人员参与质量管理，有意识地强调组织的目标。

4）过程方法：在活动组织过程中进行质量管理目标分解，可以更加有效地得到预期的结果。

5）持续改进：改进过程中的绩效、自制能力以及顾客满意度，提高对内部、外部的风险和机会的预测和反应能力，通过加强学习实现改进。

6）循证决策：基于数据和信息的分析和评价来做决定，更有可能产生期望的结果。

7）关系管理：为了持续改进，组织管理与供方的关系。

对这七大原则的理解可以设想为一个场景，有3个人（领导、全员、顾客），通过3种方法（过程方法、循证决策和关系管理），做1件事情（改进），这样理解简单易记。

采购人员应着重应用持续改进与过程方法这两大原则。

有时会有这样的情况发生，发现供应商有这样或者那样的质量问题，但不是严重的原则性问题，由于产品的进度或者销售进度的要求，着急出产品，企业就直接纳入合格供应商名录进行使用了，想着后期再进行改善，这种情况称作暂时接受或有条件接受。供应商投入使用之后，企业很难推动供应商进行改善。特别是一些汽车配套行业的供应商，所用供应商的产品规格会放到设计图纸上，放入正式的 BOM 表中，一旦要变更，需要呈总经理签核，需要报备一级级的客户审批，更换供应商的成本可能比当初纳入供应商的成本还要高。一旦发现问题，采购人员必须想办法尽快解决问题，并且对供应商进行持续不断的改善。

采购人员管理供应商是分内之事，应主导推动供应商产品质量的不断改善。

一般采购人员对质量管理的过程方法不够了解，应跟踪和协同公司的质量管理人员，了解和应用质量管理的过程方法，做好相关质量管理工作。

在质量管理过程中聚焦客户需求，实现全员参与、供需双赢。

怎么理解和运用质量管理的七大手法

质量管理的七大手法是质量管理核心方法，可以说是开展一切质量管理活动的基础。

在 20 世纪 60 年代，日本质量专家们总结出了质量管理（QC）七大手法，包括检查表、层别表、柏拉图、特性要因图（因果图）、散布图、直方图、控制图。质量管理业界认为使用这七大手法可以有效地解决企业质量管理工作中 95% 以上的问题，如图 119-1 所示。

图 119-1　质量管理七大手法

(1) 控制图

使用控制图能够监控产品的生产全过程，提前发现质量隐患，以便更好地改善生产过程，降低废品率和次品率。通过不断使用和改进控制图，目前已形成了相对固定格式，已成为一个不可或缺的质量管理工具。利用现场收集的数据绘制成控制图，通过观察图形的变化来判断产品生产过程的质量问题，可以提供很多有用的质量管理信息，用来区分引起质量波动的原因是偶然的还是系统的，从而判断生产过程是否处于受控状态。控制图中往往有上下控制限，并有反映出按照时间顺序抽取的各样本统计量的数值点，中心线为平均值，上下限与中心线相距数倍标准差。大多数制造业应用三倍标准差作为控制限，如果数据够充分也可以使用其他控制限。运用控制图的目的是通过观察控制图上的产品质量特性值分布情况，分析和判断生产过程是否发生了异常，分析发生质量波动的原因是偶然的还是系统的，一般情况下改进会针对偶然变因进行分析和改善，要采取措施加以控制或者消除，使整个生产过程恢复稳定。

下面讲解如何看控制图，先通过图119-2来说明控制图中的几个基础概念。

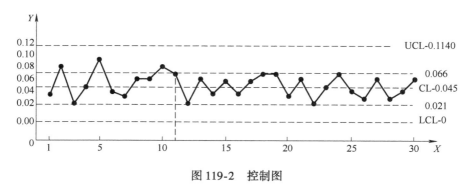

图119-2 控制图

① X 轴，这个轴表示子组抽样的时间顺序，在绘制和解读控制图时，保持时间维度的完整性是至关重要的。

② Y 轴，表示质量特性的测量值，例如长度变化的测量值、缺陷点数变化的测量值。

③ CL 中心线，中线表示过程平均值，也就是这一轮抽样的均值，一般有且唯一。

④ UCL/LCL 线，上下控制线 UCL 和 LCL 并不是平常所说的上下公差线，这个控制线是根据抽样的数据计算出来的。

⑤ Zone 值（范围值），代表单个标准差之间的距离，在讨论是否失效时特别有效。

⑥ Rational Subgroup 值（合理分组值），抽样的时候会分为子组进行抽样，子组越小越能精准地探测子组之间的变化。

再来看看控制图中出现的异常现象，也就是通常所说的失控现象，一般有 8 种类型。

① 类型 1：点超出控制线。

② 类型 2：连续 8 个或者更多的点在中心线的某一侧。

③ 类型 3：连续 6 个或更多的点上升或下降。

④ 类型 4：上升与下降的变化趋势交替出现。

⑤ 类型 5：3 个点中的 2 个点在同一区间。

⑥ 类型 6：连续 5 个点中的 4 个在同一区间。

⑦ 类型 7：15 个或者更多的点在中心线附近两个标准差之间。

⑧ 类型 8：测量点没有出现在中心线附近两个标准差之间。

知道了以上这些关于控制图的知识点，采购人员再看供应商提交的控制图就不会"发怵"了，对着这几条规则看到不符合的类型可以与供应商去交流，然后再商讨怎么去做改善。但是一定要注意一点，控制线不是规格线，超出控制线仅代表过程中有特殊原因，并不一定代表该测量值就超标（超出标准值）了。同样地，全部的点都符合控制图要求也不代表产品就 100% 符合标准，这只能说明供应商的过程受控，还有一种可能就是供应商的产品非常集中于某一个值，但是这个值是超标的，就跟平时常开的玩笑"做选择题时稳狠准地躲过了正确答案"是一个道理。

控制图的主要用途是现场过程特性的监控和判断，但是控制图并不是每一次都能够计算控制限的，特别是当现场数据收集还在进行中的时候，如果现场的情况和以往差不多，就可以按照历史经验，沿用稳定生产的控制限，也就是常说的抽样法。采用抽样法主要分为以下四个步骤。

① 随机抽取一定数量的样品，不同的控制图要求数量不一致，同时也会受

到 CT 等因素的影响。一般比较典型的抽样是 5 件/组 ×25 组 =125 件，测出样品的数据，计算控制界限，做出控制图。

② 观察控制图的稳定情况，看点是否都在控制界限内，有没有异常，如果没有问题，则直接进入步骤④。

③ 如果有些许异常，但是没有超出控制界限，表明可以采取措施进行改善，然后再重新获取数据，进行下一步骤即可。

④ 把数据绘制成控制图，然后与上、下界限进行比较，如果没有达到要求，就要采取改善措施，以便减小偏差，从而达到理想值。

对于采购人员来说，控制图是七大手法中比较难的一种，因为需要采购人员具备一定的数理统计能力和数据分析能力，所以把它放在第一位。

(2) 层别表

层别表又称为层别法、分类法、分组法或分层法等。它是把汇集在一起的不同类型的数据按一定的性质、范围或目的进行分类，从而归纳成可以分析或具有同种意义的数据表的方法，是一种基本的、相对简单的质量管理方法。这个方法主要通过四个步骤来应用。

① 确定要研究的主题，定位明确。

② 收集相关数据，设计层别表并填入数据。

③ 对数据进行分析。

④ 找到问题并找出原因，进行相应的改善。

读者可对表 119-1 的层别表案例进行分析，考虑需要进行哪些改善。

表 119-1 层别表案例

产品类别	A	B	C	D	合 计
产 量	1000	600	500	800	2900
性能不良数	12	8	9	7	36
外观不良数	9	5	10	6	30
总不良数	21	13	19	13	66
不 良 率	2.10%	2.17%	3.80%	1.63%	2.28%
直 通 率	97.90%	97.83%	96.20%	98.37%	97.72%

(3) 柏拉图

柏拉图又称为帕累托图。它是根据收集的数据，先以不良原因、不良状况、不良发生的位置等项目分类，计算出各分类项目所占之比例，然后用从高到低的顺序排列成矩形，写出累计和的图。柏拉图的核心原则是认为 80% 的问题来源于仅 20% 的主要原因（80/20 法则），可以以有限的人力和时间来识别主要问题，就能有效地解决大部分问题。典型的柏拉图如图 119-3 所示。

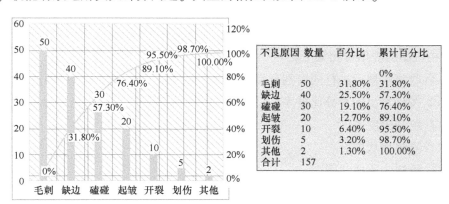

图 119-3　柏拉图

从图 119-3 可以得出一些有用的结论：①产生问题的主要原因是毛刺、缺边和磕碰，占累计不良率的 76.4%；②验证了柏拉图制作的基本目的，是可以一眼看出在整体项目中，占主要影响因素的缺陷项目有哪些；③数据表明是符合 20/80 法则的。

在发现问题阶段，可通过分析不良现象的柏拉图来发现问题的主要原因。一般用柏拉图分析"质量、成本、交货期、安全"四个方面的问题。

① 质量，主要包括不合格的情况、故障情况、顾客满意度、退货率、维修情况等。

② 成本，包括费用情况和损坏数量。

③ 交货期，包括交期达成情况、延期情况、货物短缺情况、付款情况、违约情况。

④ 安全，包括出现差错的原因和发生事故的情况。

针对已经找到了根本原因后的问题，再对问题的来源进行确定，主要是找出与过程因素有关的来源，在"人机料法环测 5M1E"六个环节中寻找。

① 人（Man/Manpower）：操作者对质量的认识、技术熟练程度、身体状况等。

② 机器（Machine）：机器设备、工夹具的精度和维护保养状况等。

③ 材料（Material）：材料的成分、物理性能和化学性能等。

④ 方法（Method）：包括加工工艺、工装选择、操作规程等。

⑤ 环境（Environment）：工作地的温度、湿度、照明和清洁条件等。

⑥ 测量（Measurement）：测量时采取的方法是否标准、正确。

柏拉图的应用步骤如下：

① 收集数据后进行同层别分类，并计算各层别项目占整体项目的百分比。

② 按计算出的百分比排序。

③ 绘制刻度图。

④ 绘制柱状图。

⑤ 绘制劣迹曲线图。

⑥ 记录差异项。

⑦ 分析柏拉图。

（4）因果图

因果图也称为鱼骨图，主要用于分析品质特性与影响品质特性的原因之间的因果关系。通过对事物主次原因的分析以及现状的把握，来寻找措施去更好地解决问题，可以举行头脑风暴会议来确定潜在的原因、子原因等，会议的参与者应该包括对过程有工作知识的人员以及主题专家，经过几个步骤的头脑风暴后，可以完成因果图的基本构建。由团队构建因果图的好处在于，一个人的思维过程可由其他人激发，一个团队通常比各自独立工作更有创造力，思维也更加广阔，有时候一个人的想法会让其他人沿着新的思路思考。7M 因果分析图如图 119-4 所示。

图 119-4 中的 7 个 M 释义和容易出现的问题如下文所述。

① Machines 机器（设备），如精度的问题、设备稳定性的问题等。

② Methods 方法（程序），如错误的工具、不合适的程序和没有按规定使用的工具或者程序。

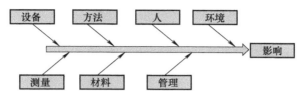

图 119-4　7M 因果分析图

③ Manpower 人，如缺乏培训能力不足以及缺乏动力等。

④ Mother nature 环境，如温度、湿度、气压、光照、噪声、振动以及排放等问题。

⑤ Material 材料，如状态材料状态不一致、时间不稳定以及过期的风险等。

⑥ Measurement 测量，如测量设备的校验情况、测量操作不准确以及读数错误等问题。

⑦ Manage 管理，如审批流程不合理等问题。

一般情况下，根据前 6 个 M 确定根本原因来源就基本确定了因果关系，第 7 个 M 可作为额外的考量。

（5）检查表

通过使用检查表将需要检查的内容或者项目一一列出，然后定期地者不定期地逐项进行检查，并将有问题的地方进行记录，有时候也称为点检表或者工程异常分析表等。检查表比较简单，主要由检查的人员、项目和频次等组成。应用检查表的步骤主要分为以下六步：

① 确定检查的对象。

② 制定检查内容。

③ 依次对检查的项目进行记录。

④ 对检查出问题的责任单位要求及时整改。

⑤ 检查人员在规定时间内对改善进行确认。

⑥ 定期总结，持续改进。

检查表看起来比较简单也比较基础，但是有些供应商在实际应用的时候却存在很多问题。在审核供应商现场时需要关注，如果时间不允许但又想去看供应商的管控水平，建议大家去看下灭火器或者车间设备的点检表，如灭火器是否有失压的情况？上一次的点检记录是什么时候？如果有不符合项，对应的反应措施是什么？基本上如果灭火器的点检能够做到位的供应商，在其他环节的管控上是不会太差的。

（6）散布图

散布图也称为关联图，是用来表示对应的变量与变量之间的相互影响与相互作用的图。这些变量之间往往存在着某种关系，或相互关联、制约，或在一定条件下可以转化。通过对这种关联状况的分析，总结其变化规律，进而采取措施实施管理，是制作散布图的目的。散布图制作的主要步骤如下：

① 收集数据。这种数据应该是具有对应或关联性质的成对的数据，而且数量不宜太少，一般要25组以上，太少没办法看出趋势或者容易误判。

② 建立二维坐标图。找出两个量的最大值和最小值，将两个最值描入X轴或者Y轴，再根据剩余变量的值设定坐标的刻度，根据变量在坐标上的刻度描出坐标点。一般横坐标表示原因变量，纵坐标表示效果变量。

③ 写上图名、制作时间、制作人和项目名称。

上述三个步骤完成后，根据坐标点的阵群分布状况，判定变量之间的关系；分析和判断散布图的相关性以及相关程度；当有异常点出现时，要分析原因，而不能盲目删除。

以下的例子是关于学生的学习时长与最终考试成绩的关系，前期数据收集见表119-2，依据表119-2制作出的散布图如图119-5所示。

表119-2 前期数据收集表

学生	学习时间/小时	测试成绩（百分制）	学生	学习时间/小时	测试成绩（百分制）
1	60	67	6	40	55
2	40	61	7	50	62
3	50	73	8	30	50
4	65	80	9	45	61
5	35	60	10	55	70

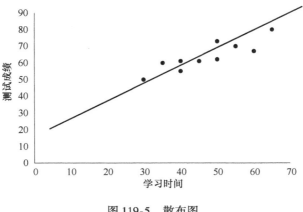

图 119-5　散布图

图 119-5 中代表相关性的斜线是如何得到呢？如果是比较简单的线性关系，对相关性没有特别精准的要求，描点连线即可；如果对于相关性系数要求比较准确的案例，则需要进行线性回归计算得到。对采购同行来讲，要求得到相关系数可能会有点挑战，有兴趣的可以学习一下相关性分析知识，了解求出这个线性方程和相关性系数的过程。常见的散布图规律大致有如下几种情形：

① 正相关：两组数据基本按一定比例呈相互上升关系，一般表现为 Y 随 X 增大而增大，如图 119-5 所示。

② 负相关：两组数据基本按一定比例呈相互下降的反关系，一般表现为 Y 随 X 增大而减小。

③ 不相关：两组数据之间呈完全散乱的状态，X 增大，Y 有时最大，有时减小，毫无规律可言。

④ 非线性相关：有些数据呈现非线性相关的关系，可能需要按照不同阶段进行相关性分析。

(7) 直方图

直方图是质量分析工具，可针对某产品或过程的特性值，利用正态分布的原理，对一组或几组收集到的数据进行分组分析，并算出每组出现的次数，再用直方图描绘在横轴上。它的制作过程为：通过收集同类型的数据，计算出极差值（最大值后的最小值），设置相应的组数，确定测量的最小单位，计算组距，求出各组上下的限值，计算出各组的中心值制作频数表，按照频数表画出直方图，就像图 119-6 这样的图。一般单列高度越高，代表该区间内的数据出现的概率越高；整体越集中于某一列数据附近，代表过程管控越好。

直方图一般根据常见形态来解读。有正常形的服从正态分布的，代表过程正常；还有许多不是正态分布，不服从统计规律的，如缺齿形、偏态形、离岛形、高原形、双峰形等。不规则形的出现，代表过程出现了异常，这时必须尽快找到问题的原因，并且需要采取解决方法去进行改善。直方图常见的形态如下：

① 正常形，如图 119-6 所示，中间高两边低，有集中趋势，表明制程在正常运转。

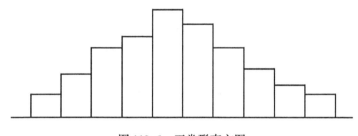

图 119-6　正常形直方图

② 缺齿形，如图 119-7 所示，两边高低不一，有缺齿情形，说明可能是分组过细或数据不真实。

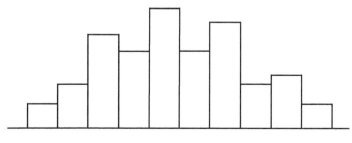

图 119-7　缺齿形直方图

③ 偏态形，如图 119-8 所示，高点不处于中间，偏向一边，另一边低。针对这种情况，应讨论在技术上是否能够接受。

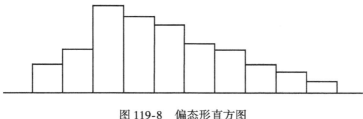

图 119-8　偏态形直方图

④ 离岛形，如图 119-9 所示，左端和右端形成小岛，说明可能测量有错误或由不同原材料引起。

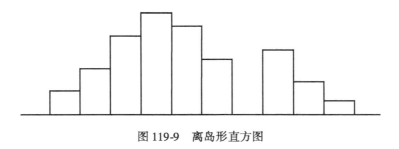

图 119-9　离岛形直方图

⑤ 高原形，如图 119-10 所示，平顶且整体比较高，说明抽样时将不同平均值的批混在了一起。

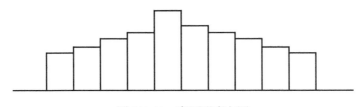

图 119-10　高原形直方图

为了便于应用，采购人可以记住质量管理七大手法应用的记忆口诀：检查表收集数据，柏拉图抓重点，因果图追原因，散布图看相关，直方图显分布，层别表作解析，控制图找异常。

120 供应商管理中如何运用质量管理五大工具

(1) 质量管理的五大工具起源于汽车行业要求的五大工具

汽车行业的五大工具在推广和使用过程中，其价值含量被越来越多的企业所认知，现在已经发展为所有行业的质量管理工具。在竞争越来越激烈的今天，各行各业都越来越关心有什么方法可以在提高产品质量的同时还能同时降低生产成本，从而在市场竞争中处于有利位置和获取更大利润。经过实践证明，质量管理五大工具不仅在汽车行业运用起来十分有效，同样适用于其他制造行业，对预防和改善质量、节省时间和提高效率、减少浪费和降低成本能起到巨大作用。质量管理五大工具包括：

① 统计过程控制（Statistical Process Control，SPC），是控制工具。
② 测量系统分析（Measurement System Analyse，MSA），是质量评定工具。
③ 失效模式和效果分析（Failure Mode & Effect Analyse，FMEA），是分析工具。
④ 产品质量先期策划（Advanced Product Quality Planning，APQP），是技术质量管理线索工具。
⑤ 生产件批准程序（Production Part Approval Process，PPAP），是验证工具。

(2) 五大工具的相互关系

五大工具的相互关系可简述为：APQP 是总框架；PPAP 是 APQP 的产出；FMEA 是过程中的风险识别工具，而识别出来的高风险项目需要用 SPC 控制；MSA 是 SPC 的前期工具，以保证测量系统可靠，如图 120-1 所示。

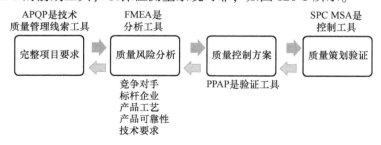

图 120-1　质量管理五大工具的相互关系

第六章
采购管理优化与质量提升

小故事

用孕育小宝宝的过程来阐述质量管理五大工具是如运用和相互关联的。

APQP 相当于计划小宝宝的孕育过程，整个过程环节为"备孕—受孕—孕育—出生"，在质量管理中 APQP 指从基础构想到实现的计划，包括"项目确定—产品和过程设计—反馈纠正—量产"，确定每个阶段需要准备什么、需要做什么、需要输出什么。

APQP 是统领整个任务的纲领，它根据时间进度表安排开展 FMEA、SPC、MSA、PPAP，按照一定规则把它们团结在周围，实现在正确的时间、正确的地点做正确的事情，整体协作从无到有地完成任务。

FMEA 相当于优生优育和有针对性地进行预防，在质量管理中主要是基于同类产品的过往缺陷、过往 FMEA 文件和实践经验，在关键环节采取适当的方法进行控制，输出 FMEA 文件。高效率、低成本、高质量、无先天缺陷的产品往往需要一定的前期投入成本，等后期成品时再去纠正的话就比较困难而且成本也比较大了，甚至可能是难以根治的。PFMEA 和 DFMEA 分别贯穿在产品设计和过程设计的过程中。DFMEA 相当于家庭准备备孕了，然后准爸爸准妈妈就要对孕育条件进行排查了。而 PFMEA 呢，就是在孕育过程中根据以往他人的经验（孕期定期的检查等）进行风险的识别和排查。

SPC 类似于对孕期胎儿的检查和观察，以确保胎儿的发育状态正常，在质量管理中相当于在生产中利用监控手段来发现异常和维持生产的稳定性。具体做法是对产品可量化的特殊特性进行统计监控，这期间会用到很多统计学工具对数据进行分析。

MSA 用来保证检查和观察这些动作是准确和有效的，实际上就是需要确保影响上述 SPC 检测稳定的因素是受控、可预知的，相当于孕期就诊的医生、医院、设备是可靠的，不会由于检测不稳定导致数据错误而造成误判。在计量型测量系统中，用再现性、重复性分别计算人和仪器的变差，再计算其占总变差的百分率来评估。

PPAP 相当于胎儿要做的产前的最后一次检查，确保与之前的所有分析和检查结果相吻合，确保出生时宝宝的健康。就像产品获得量产批准前，绝大多数客户会安排人员到工厂进行量产前的审查，一般称作 PPAP 审核。不同工厂有不同的审查规定，但基本检查的实施需要与 PPAP 手册里面的项目相吻合。

(3) 采购人员需要着重关注 APQP 的运用

APQP 指的是产品质量先期策划的制定，确定某产品使顾客满意所需的步骤。常常提到的采购人员要早期参与研发设计，很多时候是从这个早期策划环节介入的，只有早期介入才能把问题控制在预防阶段，才能把质量管理成本降到最低。

APQP 产品质量先期策划是 QS9000/TS16949 质量管理体系的一部分，它对开发过程具有指导意义，并且是组织与其顾客之间共享结果的标准方式。APQP 涵盖的项目包括设计稳健性、设计实验和规范的符合性、生产过程设计、质量检验标准、过程能力、生产能力、产品包装、产品实验和操作员培训计划等。

采购人员参与早起的研发策划，是保证量产阶段品质、效率、安全、成本、交期的根本，还可以引导公司资源优化配置，保证项目目标的实现。采购人员在早期识别和控制问题，可以避免后期问题难以控制，尤其是到量产或交付时发生问题和变更再要介入时，成本会比前期介入高出许多倍。

(4) APQP 的 5 个阶段

APQP 的 5 个阶段都有对应的输入和输出（2~5 阶段的输入为上一阶段的输出），如图 120-2 所示。

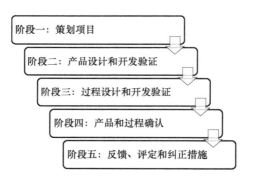

图 120-2　APQP 的五个阶段

① 策划项目阶段，输入顾客要求、业务计划、产品指标、产品设想、产品可靠性，输出设计目标、质量目标、初始材料清单、初始流程图、初始产品明细表、产品保证计划。

② 产品设计和开发验证阶段，通过输入设计验证、样件制造、工程图样、

材料规范等来输出新的加工设备、工装、量具、试验设备要求等。

③ 过程设计和开发验证阶段,通过输入过程设计、样件制造和工程图样,输出包装标准和规范、产品过程流程图、车间平面布置图、特性矩阵图、过程指导书、初始过程能力研究计划等。

④ 产品和过程确认阶段,通过输入前一阶段的输出,输出一定数量的生产运行和处理系统、量产件的批准以及包装的评价等。

⑤ 反馈、评定和纠正措施阶段,输入前一阶段的输出,本阶段输出减少变差,增强顾客满意,增强交付和服务,经验教训和对最佳实践的有效利用。

(5) 供应商端的产品质量策划是如何实施的呢?

可以用图 120-3 来表示 APQP 的开展过程。从图中可以看出,在前期策划阶段,如果能有供应商的参与,就能够获得更加直接、更加专业的建议。因为供应商长期钻研自己的细分领域,对自己的模块非常熟悉,那采购方在前期产品设计时就会有更多的供应商参与其中。在这一领域主机厂是做得比较好的,在前期的技术和概念阶段,就会跟供应商进行交流,让供应商送一些概念件进行前期研究。同样地,供应商也能在其中受益。前期知道的信息越充分,供应商后期的产品开发就会更加高效,甚至一些前期碰到的失效模式都已经在策划阶段中规避了,供应商后期的项目对接、成本核算以及质量规划会很清晰。

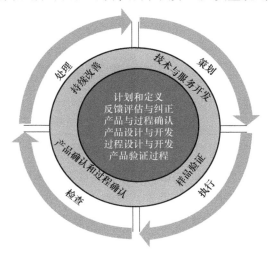

图 120-3　APQP 的实施

在 APQP 实施的策划阶段让供应商介入，顾客的要求会更直接地传达给供应商，更有利于后期项目的落地，与供应商一起完成布点之前的风险控制和承诺，包括制造技术风险、成本风险、物流风险、生产效率、应急考虑等。在 APQP 的另外三个阶段也让供应商充分地介入，同样能够让双方获益。

对于 APQP 来说，项目组织的有效沟通、团队合作、定期的项目跟踪都是非常重要的，能够争取到供应商高层的支持和推动，对于采购部门来说，是做到了为项目实施提供保障。

8D 问题解决法是怎样分步骤实施的

8D 问题解决法（Eight Disciplines Problem Solving，简称为 8D）也称为团队导向问题解决方法或 8D 报告，质量工程师或其他专业技术人员经常用来处理和解决问题。在供应商端开展 8D 方法时，企业的采购人员一般也应参与其中。应用 8D 问题解决法识别出频繁出现的或者严重度比较高的且不希望再次出现的问题，矫正并消除此类问题，从而提升产品及制程管控。条件允许时，可应用 8D 问题解决法进行统计分析来产生问题的永久对策，用确认根本原因的方式聚焦在问题的根源。8D 问题解决法应用流程如图 121-1 所示，由 1 个准备步骤和 8 个应用步骤组成。

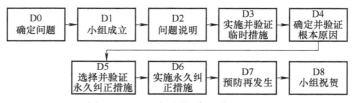

图 121-1　8D 问题解决法应用流程

1）D0 确定问题。确定改善主题和问题，针对要解决的问题，确认是否要用到 8D 问题解决法，并确定先决条件。发起人需要明确地知道要准备干什么。

2）D1 小组成立。需要懂产品或者制程等专业知识的人员组成一个团队，但这个在实际工作中往往被忽略了。经常出现的情况就是质量工程师一人包打天下，到最后 8D 报告的水平好坏完全取决于质量工程师个人水平的高低。针对供应商的相关问题进行分析时，采购人员需要主动参与其中，必要时还需要把供应商拉进来一起推进，会起到事半功倍的作用。

3）D2 问题说明。一般描述问题会用到 5W2H，再加上具体的照片、视频等，进行补充描述。What，产品出现了什么问题？就是上文中 FMEA 描述的失效模式是什么。When，问题是何时发生的？Where，问题在哪里发生的？一般会有生产现场、客户端、最终用户使用等描述。Who，问题是谁发现谁提出的？How，在什么样的情况下发生的问题？一般会有疲劳试验、客户装配还是常态下等描述。How many/How much，缺陷数量和比例是多少？

4）D3 实施并验证临时措施。实施并验证临时纠正措施，确认临时对策能矫正已知的问题，即确认对策的有效性，避免用户受到问题的影响等。

5）D4 确定并验证根本原因。确认、识别及最终确认根本原因及漏失点，找出所有会造成此类问题的原因，并且找到为何在问题发生后没有及时注意到这些问题。所有的问题原因都需要经过确认和证实，可以用 5W 法或是鱼骨图进行问题分析。

6）D5 选择并验证永久纠正措施。针对问题或不符合规格的产品参数，选择及确认永久对策，经过试量产来确认永久对策以解决客户端的问题。

7）D6 实施永久纠正措施。定义并实施永久对策，如果涉及供应商，对应的协议中也需要进一步更新相关内容。

8）D7 预防再发生。为了避免此问题或类似问题再度发生，修改管理系统、操作系统、业务流程等，这个阶段需要问题解决小组能够丰富原有的失效模式库，总结问题解决的经验，并实际用于预防问题的发生。

9）D8 小组祝贺。认可小组整体的贡献，由上级部门正式感谢和奖励此项目团队。

第三节　质量管理在供应商管理中的应用

采购人如何实际操作供应商准入程序

很多采购人都有供应商审核的经历，也了解供应商审核的流程（包括潜在供应商审核、供应商年度审核等），理解质量管理项目就显得容易多了。开展质量管理项目与供应商审核过程有很多相似之处，在供应商寻源选择过程中的"铁三角"（质量部门、技术部门以及采购部门）也是要全程参与的。一般情况下，供应商准入程序大致可分为十二个步骤开展，很多企业也会细化成十五个步骤或者更多，其中质量管理工作贯穿全流程，如图122-1所示。

图122-1　供应商准入程序

1）**战略资源**。通过采购人的主导寻源来进行资源的最优选配，通过谈判或者招投标，在采购部门提供的资源库里本着资源最优化的目标进行选配。

2）**供应商调查**。这一项工作貌似采购人在主导，但其中涉及质量管控方面的，特别是质量风险识别的工作内容，主要是由质量管理部门负责的。例如供应商调查中需要供应商提供的质量体系证书，是需要质量部门去甄别的，从质量体系角度判断供应商的水平，通过质量管理体系文件判断供应商组织内部所建立的、为实现质量目标所必需的、系统的质量管理模式是否符合要求。

3）**实际考察（现场稽核）**。供应商管理中现场稽查有四大模块——仓库、生产线、实验室和管理，前三个模块都是和质量管理相关的模块。现场稽核根据质量管理提出的各项指标和要求进行符合程度的确认，现场稽核是肯定会发现问题的，供应商的取舍需要稽核团队去评估风险的大小，看这个风险的大小是否在可接受范围之内。

4）**改善再稽核**。通过书面的供应商调查和现场的供应商稽核，质量管理部门找出供应商不合规和不合格的项次，要求在某期限前进行改善，发放纠正预防通知书，并进行再次稽核。

5）质量协议签订。经过再次稽核后，质量管理人员此时要和供应商商谈质量的相关协议，达成合作共识，并签订质量协议。

6）选择供应商。将合格供应商纳入合格供应商名录，再与供应商制定详细的质量管理计划，以项目跟踪的形式来监督和实施项目。

7）质量管理计划，对于选取的供应商有针对性地制定质量管理计划。

8）设计评审，设计决定了质量，前期的设计评审，质量工程师必须严格的给出标准、规格或者要求，并给出相应的指导建议。

9）新产品导入会。与供应商开技术开发交流会，也就是新产品的准备会。核对图纸，设计和研发产品，改善和打磨客户需求。这个阶段很重要的一点是要让供应商全程参与产品的可行性分析，至少是制造可行性分析，有条件的可以让供应商进行内部的模拟生产和分析可行性。这一步骤对于新产品的前期评估尤为重要，一般这时候供应商没有感受到痛点不够重视，采购人一定要提醒供应商全程参与这一阶段，否则产品定型、模具成型后再想回头去改进，可行性就比较低了。

10）质量管理。前期的供应商选择、质量计划的制定、新产品的打样、小批量生产，以及后续的量产，各阶段都要严格地实施质量管理的各项要求，以确保产品的质量。

11）质量改善。在质量管理过程中不断地针对出现的问题，改善和提升产品的质量。

12）工程变更，观察样品质量状况，进行小批量试生产，找出问题并不断改善或者有针对性地进行工程变更和过程控制。

13）监督和重复之前确认过的样品生产过程，顺利地实现量产。如果量产的过程控制与小批量和样品完全一致，基本不会出现样品合格、小批量合格，量产却出现不合格的问题。

14）商务评审。项目结案后召开商务评审会，反思商务合作细节与质量管理的配合度。

15）持续改善计划，也就是通常说的 BPI（Business Process Improvement）。

作为采购人,必须清晰地知道并关注以上供应商准入程序的流程步骤和关键节点,以便于工作的开展。

采购人必须熟知的供应商新产品导入流程是什么

前期的供应商现场审核流程执行完后,接下来需要对供应商进行产品认证,即进行供应商新产品的导入。

供应商新产品导入流程包括5个环节,如图123-1所示。

在这5个环节中,样品认证环节之前的准备工作非常重要,采购方所提供的图纸,供应商需要和采购方理解一致,采购方的要求和供方的建议要相互匹配,供方与采购方的能力要对等,未来会遇见哪些问题要事先设想好。样品质量确认控制如图123-2所示。

图123-1　供应商新产品导入流程　　图123-2　样品质量确认控制

此外,产品的功能要求、产品的特征、产品的过程特性以及控制措施等都是在产品打样阶段必须考虑好的。只有在打样阶段严格要求,标准一致,精准执行了采购方的样品认证,才会顺利进行小批量的试生产和PPAP的大批量生产。样品质量预防控制如图123-3所示。

功能要求 → 产品特征 → 过程特性 → 控制措施

图123-3　样品质量预防控制

采购人如何协助供应商提升质量管理水平

一些企业的采购人员倾向于认为出现质量问题就是供应商质量管理部门的问题,其实不然,不单单是供应商质量管理部门的问题,是供应商多部门的问题,也有企业采购部门的责任。采购人员应该从以下角度出发,提升供应商的质量管理水平。

- 掌握影响企业来料品质的关键供应商;
- 统计供应商的质量水平及其问题核心;
- 现场了解供应商的质量管理体系和组织架构;
- 辅导支持供应商加以改善;
- 培训供应商相关部门人员掌握品控能力;
- 对 IQC、IPQC 供应商的供货品质情况数据进行收集和整理。

采购人员可以根据企业的情况,帮助供应商制定于纠正预防措施,主要进行以下供应商的现状分析、供应商的辅导以及供应商的战略合作三个方面的工作。

(1) 供应商的现状分析

① 供应商的分类,可以根据供应商供应的零件进行分类。
② 对重点零件的供应商质量数据进行排列。
③ 对现有重要供应商的质量能力进行分析,可以采用 1~10 分进行赋分。
④ 对供应商进行质量能力分类,列出优秀、合格、不合格的供应商。

(2) 供应商的辅导

供应商团队分析,针对重要的供应商进行个案分析,可以调出来几个比较有代表性的。进行有针对性的供应商辅导,基于供应商的团队状况,制定辅导计划,进行质量标准的辅导、检验技能的辅导、现场管理的辅导以及人员意识的辅导等。

(3) 供应商的战略合作

与重要供应商应达成战略合作,列出针对不同供应商的长期战略合作方案(可以是宏观的也可以是微观的)。

总体来说,采购方要围绕供应商的质量管理,通过相关的各个部门和岗位的配合，组织建立各个体系的标准以及进行标准的完善和运用，从而不断地提升和优化供应商质量，包括优化供应商的标准、工具、流程和体系。

从职能的维度考虑供应商的质量管理时，可以通过供应商质量工程师这个核心职能展开，在六西格玛质管控、质量工程师质量把关、来料质量控制和出货检验四个维度去进行供应商质量管理，从而保证质量管理的完整实施。

从供应商质量体系建立的维度考虑供应商的质量管理时，可以从供应商质量的标准、供应商质量的系统流程、供应商的系统体系、供应商质量管理的工具四个维度去进行供应商质量管理，从而保证质量管理的完整实施。

质量体系建立如图124-1所示。

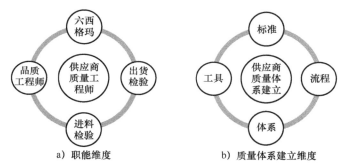

图124-1 供应商质量管理的两个维度

为何说采购人应重视质量预防管理

（1）质量管理中的三种人

路上有个坑，第一种人是等人掉进去后救人，第二种人是竖起牌子进行危险标识，第三种人是把坑填起来。一般人们会感激第一种人，记住第二种人，忘记第三种人，优秀的质量管理人是第三种人，去做预防质量事故发生的工作。

第一种人是被动地进行质量管理，出了质量问题再来解决。此时老板看到的是他解决了问题，有时不看重费用和浪费，花了老板的钱而又能得到老板的赏识和奖励。

第二种人是"绕道而行"，能避开问题却不能最终地解决问题。虽然工作效率低了点或导致项目成本大了点,但是老板也能知道避免了质量事故,一般还是会得到老板肯定的。

第三种人是进行预防管理,将质量事故消灭在萌芽之中,以预防措施来保证产品质量。优秀的质量管理就是第三种人,工作就是"填坑",即排除质量隐患、预防质量事故的发生,但大部分老板反而看不到他的工作和成绩。

(2)扁鹊长兄医术的启发

有一个故事说,扁鹊认为其长兄治病,是治病于病情发作之前,由于一般人不知道他事先能铲除病因,所以他的名气无法传播出去。

这个故事说明事后控制不如事中控制,事中控制不如事前预防,可惜大多数的管理者未能体会到这一点,等到造成了重大损失时才来寻求弥补措施,有时可能是亡羊补牢,为时已晚。

一般人认为,可以解决企业管理过程中的各种高难度问题的人,就是优秀的管理者,但这句话是有待商榷的。俗话说:"预防重于治疗",能防患于未然,更胜于治乱于已成之后,企业问题的预防者,其实是优于企业问题的解决者的。对于质量管理尤为如此,在出现问题时再来补救,一般成本惊人,在中期控制的时候也是要付出沉重的代价的,只有预防质量问题的管理成本才是最小、最可控的。质量管理不同阶段的代价示例如图125-1所示。

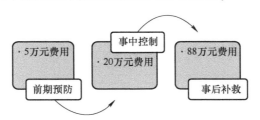

图125-1　质量管理不同阶段的代价示例

 # 如何全方位做好供应商质量预防管理

质量预防指的是防患于未然,将质量问题控制前移。质量预防主要分为三大类,如图126-1所示。

图 126-1　质量预防分类图

1）设计研发预防，是指通过对整个产品细节输入的分解、结构模型的建立、结构的拆分、工艺方法的优化和防呆防错的处理五大方面去实现产品质量即开展 DFMEA 工作，如图 126-2 所示。

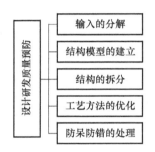

图 126-2　设计研发质量预防

2）质量保证预防，又称为制造过程预防，主要在人、机、料、法、环、测六个方面去进行质量预防，如图 126-3 所示。

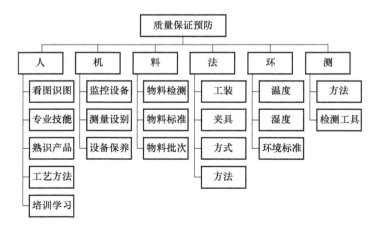

图 126-3　质量保证预防

3）质量控制预防，通过识别图纸中产品的结构，有效地对图纸进行拆分，通过一定措施进行预防。通过检验的标准、测量的工具以及检验的方式方法来进行前期的预测，制定相应的检验程序，通过日常的检验和一些年度试验来监控实物的质量，制定相应的对策进行预防，防止不良产品流入到客户端。质量控制预防如图 126-4 所示。

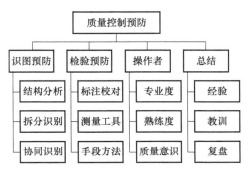

图 126-4　质量控制预防图

供应商现场改善的 5S 管理办法如何有效实施

很多企业引入了 5S 管理，供应商每天的晨会以及日常的会议都会提及 5S 管理，但是在日常的供应商管理甚至是内部管理中总是还有很多不达标的现象，没有把 5S 管理在实际的现场落实透彻。在一些企业中只要是一看到现场不整洁，马上就在晨会说是 5S 不良，好像 5S 不良就直接等同于脏乱差，但是其实 5S 问题不仅仅等同于脏乱差。

对于采购人员来说，一般 5S 听得比较多，深入了解的却比较少。从采购管理和供应商管理的角度上来看，5S 可分为有用、有序、整洁、标准化和规范性这五个步骤，每个步骤都有其相应的程序和要点。按照这几个步骤去理解 5S 的概念和推行方法，在供应商现场推行并且落实，对供应商现场的实物控制和改善以及管控文化的形成是非常有效的。有时候往往看似简单的方法但推行起来却很困难，推行之后收益确实巨大，正所谓"大道至简"。现场改善 5S 活动步骤如图 127-1 所示。

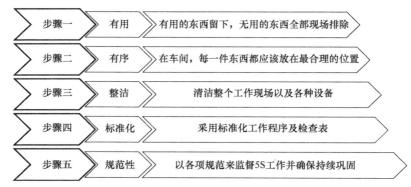

图 127-1　现场改善 5S 活动步骤

（1）有用（SEIRI）

① 确定在哪个工作区域实施 5S 活动。

② 确定哪些物件是对现场工作无用的，把这些物件清除掉或移到其他地方。

③ 如果对某一物件是否"有用"存在疑义，可以用以下办法来解决：该物件上贴一张红色的"使用情况"标签，如果该区域的工作人员在 30 天内使用了该物件，则在使用时顺便在标签上的方框中打一个勾；如果 30 天内标签上没有人标记，则应将该物件从现场清除掉。

④ 如果某物件不是频繁被使用，则应将其放置于工作区域之外的某一位置，使该物件不至于在现场形成"干扰"。

（2）有序（SEISO）

① 在选定的工作区域内设计最佳的现场布局。

② 在硬件上对该区域重新布置，符合设计好的布局，然后对新的现场布局进行检查，看是否需要修正。

③ 用地面标签或油漆标出所有设备、架子、生产资料等物件的所在位置。对于经常使用的物件，可以做几个架子、挂板等以便放置，使物件靠近使用的位置，并保证重的物件靠近主要使用的位置，轻的物件可以放在较远的位置。

（3）整洁（SEITON）

① 彻底清洁整个试点现场，包括清洗地板、墙壁等。

② 彻底清洁现场的所有物件及设备。

③ 对于漏点、开裂的防尘罩壳等可能会在以后影响现场整洁的问题点上贴上标签，确保在最短时间内将贴上标签的地方弄干净。

④ 如果必要，要对某些部位上漆或重新抛光，并更换破损的玻璃等。

⑤ 确保现场有合适的清洁工具，以便今后保持清洁状态。

⑥ 确保有合适的收集垃圾方法，收集因正常工作产生的残渣和废料。

（4）标准化（SEIKETSU）

① 确定应定期做哪些工作来保持现场的整洁、干净和有秩序。

② 确定每种物件的使用频率，按照每日、每周、每月或每半年等恰当的时间跨度来确定使用频率，利用这些信息填写标准化的5S核查表。

③ 确定填写每张核查表的负责人，各责任方标准的工作要求应体现在核查表中。

（5）规范性（SHITSUKE）

① 把总体性的5S核查表作为指导规范，制定适合供应商的5S核查表，在改善后的工作现场尝试使用该表。

② 根据整个企业的布局图，将工厂分为若干责任区域，指派专人负责这些区域内的5S工作。

③ 指派工段长或经理定期负责核查5S工作情况，可以是每周或每月核查。

④ 采用直观管理方法，利用核查系统，定期将数据资料收集起来，制成图表张贴公布。

第四节 采购人必须掌握的质量提升方法

 克劳士比的零缺陷思想对采购人的启发是什么

什么样的产品质量才能称为优秀质量呢？这个问题的答案可以参考克劳士

比的零缺陷思想，图128-1所示为六维一体零缺陷思想。

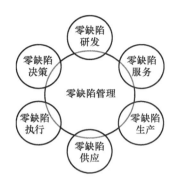

图128-1　六维一体零缺陷思想

菲利浦·克劳士比在20世纪60年代初提出"零缺陷"思想，并在美国推行零缺陷运动，后传至日本，在日本制造业中全面推广，使日本的制造业产品质量迅速提高，达到了世界级水平，继而扩大到日本工商业所有领域。零缺陷又称无缺点，零缺陷思想的精髓是主张企业发挥人的主观能动性来进行经营管理。是工作者努力使自己的产品、业务没有缺点，并向着高质量标准和目标不断奋进的过程。无缺陷管理要求各环节工作者从一开始就本着严肃认真的态度把工作做得准确无误，在生产中考虑产品的质量、成本与消耗、交货期等方面的要求来合理安排，而不是依靠事后的检验来纠正。零缺陷强调预防系统控制和过程控制，第一次把事情做对并符合对顾客要求的承诺。

对于采购人来说，第一次把事情做对是指选择供应商比管理更重要。如果采购人在供应商开发和准入阶段严格把控，选好正确的合适的供应商，后续因为供应商的质量或者交付等出现问题的概率就会大大降低。这就是做好供应商的准入预防，也就是零缺陷思想在采购管理中的实际运用。

克劳士比有一句名言"质量是免费的（Quality is free）"。在实际执行过程中不能实现免费，主要是由于"没有第一次把事情做对"，产品不符合质量标准，从而形成了"缺陷"。要求每一个人"第一次就把事情做对"，即作业人员在每一时刻的每一操作都满足工作过程的全部要求，那些浪费在补救措施上的时间、金钱和精力才可以避免。

"第一次把事情做对"，这句话包含三个层次的"正确"，即①正确的事；

②正确地做事；③做正确。控制系统做得再好、质量手册编得再精美、通过的认证再多，如果没有人正确地执行，那些都是徒劳的。公司的高层管理者必须认识到执行的重要性，必须确保质量经理确实在正确的执行，而不仅仅是编制一些文件。

在质量管理中，有一个金字塔原理，包括一个中心、两个基本点、三个代表和四个基本理念，如图128-2所示，可以作为采购人质量工作的指南。

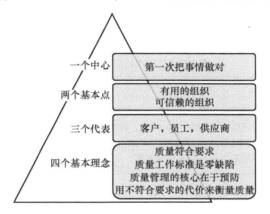

图128-2　质量管理的金字塔原理

图128-2中的四个基本理念有四个绝对的含义，严格定义了质量管理的基准。第一个绝对：品质的定义绝对与要求相符，要彻底明白客户需要什么。第二个绝对：品质体系的目的绝对是预防。第三个绝对：操作标准绝对是"零缺陷"，第一次就做对。第四个绝对：品质的量度绝对是"不相符"的代价。

六西格玛质量管理技术是如何具体实施的

六西格玛是一种改善企业质量流程的管理技术，以"零缺陷"为完美商业追求，带动质量大幅提升和成本大幅降低，最终实现财务成效的提升和企业竞争力的提高。

对六西格玛的理解有很多，但是很多人仅仅把它理解成出错率不能超过百万分之 3.4，这种理解仅仅是对六西格玛表象数据化的理解，其实它代表的是一种管理策略、一种方法论。运用六西格玛时应追求极高的目标，依靠数据以及分析结果，通过改善来减少产品和服务的缺陷。

运用六西格玛主要包括，六西格玛 DMAIC（定义、测量、分析、改进、控制的英文首字母）和六西格玛 DMADV（定义、测量、分析、设计、验证的英文首字母）。采购人员需要了解六西格玛 DMAIC 的实施过程。六西格玛 DMAIC 是对当前低于六西格玛要求的项目进行定义、测量、分析、改进以及控制的过程，见表 129-1。

表 129-1 DMAIC 的实施过程

阶段	定义	要点	常用工具
定义阶段	确定改进活动的目标，针对组织的战略目标，提高投资回报率或者增加市场份额；针对作业层目标，可以增加产出或者提高产量；基层目标，可以降低不良率，增加产出率等	项目启动	头脑风暴
			平衡积分法
			排列图
测量阶段	测量现有过程或者体系，制定合理的、可靠的衡量标准，以监督过程的进度	确定标准	排列图
			失效模式分析
			PCDA 分析
			检查表
分析阶段	分析过程或体系以确定应用哪些方法来消除目前业绩与目标之前的差异	确定要因	因果图
			回归分析
			抽样计划
改进阶段	改进过程或者体系，运用新方法，新观点，新理论，运用项目管理、目标管理等管理方法	消除要因	测量系统分析
			过程改进
			响应曲面法
			过程改进
控制阶段	控制过程或体系，通过修订激励机制，方针，目标等改进后的体系或过程	维持成果	过程文件控制
			防差措施
			控制图
			统计过程控制

1）定义（Define）阶段，确定改进活动的目标。

2）测量（Measure）阶段，测量现有过程或体系。制定合理的、可靠的衡量标准,以监督过程的进度。首先确定目前的状况或水平,利用一些工具,如过程流程图、失效模式分析、散布图等一系列的工具,把各项指标量化数据清晰显示出来,让所有人清楚地了解当前存在哪些问题。

3)分析(Analyse)阶段,定义和测量阶段是发现问题,接下来就是分析问题。分析问题的时候,通常会需要领域专家一起帮忙,否则采购人员能够解决的问题都是皮毛问题,通常用头脑风暴法、鱼骨图法、5W2H法等来分析问题。这个阶段需要发动小组成员,让所有人都参与进来,一起去分析到底是出现了什么问题,而且要分析出根本原因。

4)改进(Improve)阶段,主要是根据前面的测量和分析结果,列出相应的行动计划。这一阶段需要应用很多精益工具,如连续流、标准作业、拉动生产、看板等。

5)控制(Control)阶段,依据已有的控制过程或体系,通过修订激励机制、方针、目标等使改进后的过程或体系制度化,主要用到的工具是控制图。

特别需要注意的是,列出行动计划后要立刻开始做。如果还没有很好的工具,可以先进行纸板模拟,通常开展两三天之后,就知道改进方法是不是有效。比如如果要实现连续流,立刻就用连续流去模拟,如果模拟出来的结果不错,就证明这条路是可以走得通的。改进项目的时长根据项目的复杂程度来确定。

怎样使用群策群力工作法来参与质量管理

对于质量管理来说,很多时候是需要全员参与进行群体决策的,如做FMEA的时候需要各个部门的同事一起参与来讨论评估失效模式以及对应的控制手段。另外8D的开展也需要全员参与来更深层次地思考问题一直到最后彻底解决问题。群策群力工作法不失为一个非常好的通过内部联动来改善质量管理的办法。

很多企业都在说让员工当家做主,然而有时在企业的内部会议上,只看到领导侃侃而谈;在部门会议上,只听到部门主管在发表演说。如果下面的群众意见不能表达出来,思想被禁锢,那么让员工当家做主又怎么能体现呢?如何让"一线"的人做决策?可引入群策群力(Work Out)工作法。

群策群力工作法的特点是，打破部门墙，真正做到在事先就跨部门协同协作，真正实现授权，尊重关联人员的意见，强调参与和各负其责，而不是依赖于领导者。群策群力工作法包含9个流程，如图130-1所示。

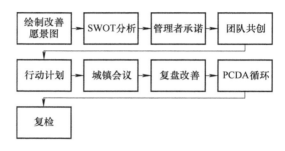

图130-1　群策群力工作法流程

第一步，绘制改善愿景图，让大家写出项目完成后会实现什么样的目标愿景，并绘制成愿景图，这样做的目的是唤起大家的参与感，愿意彼此交流，展开想象，加深了大家对项目目标的认同感，更有动力为之奋斗。

第二步，SWOT分析，把大家拉回到现实中，理性分析内外部的优势和劣势以及机会与威胁，详细列表进行分析。

第三步，管理者承诺，若不能完成项目，团队应付出什么样的代价，这种代价可以以某种惩罚性的方式来体现，并为此要当众承诺。

第四步，团队共创，因队成员通过一系列科学的方法，如头脑风暴法等，来参与讨论并制定策略。

第五步，行动计划，上一步形成框架性的整体行动思路，这一步落实成具体的行动计划。

第六步，城镇会议，通过会议汇报的形式，把方案向相关领导说明。会议的特点是被汇报者不能告知和评价，而是采用提问的方式帮助汇报者理清方案的有效性，启发汇报者补充遗漏的地方。最后评委打分，给出方案的分数。

完成以上六步以后，需要团队成员以开放的心态回头看之前定下来的一些策略是否对解决问题起到了作用，如果还没有彻底达到团队最初设定的目标，那就还需要以下几个步骤来开展下一步的工作：第七步，复盘改善；第八步，PDCA循环；第九步，复检。